魂の保護バリア

オーラ・ヒーリング

Exploring Auras

自分のエネルギー・フィールドを清め、強化しよう

スーザン・シュムスキー　小林淳子(R.I.C.Publications)=訳

徳間書店

序文――スーザン・シュムスキー博士が著した「オーラの本質」！

1975年、初めて臨死体験をしたとき、魂が肉体から遊離し、肉体のずっと高いところにいる自分に気づきました。寝室の天井のすぐ下に漂い、私は家族と友人がなんとかして私を蘇生《そせい》させようとしているのを眺めていました。

この重大な瞬間、私は初めて人のエネルギー・フィールド、ライト・ボディを垣間《かいま》見《み》ることができたのです。

生きとし生けるものの周囲にあり、光を放つ、多面的で宝石のような、そしてプリズムのような色調を持つオーラというものの存在に気づいたのです。

幽体離脱状態にあるとき、私はオーラが気分に合わせてその色や明暗を変化させるということを知りました。

愛する人々が私を蘇生させようと奮闘しているとき、彼らのオーラは暗赤色とオレンジの色合いで、とげが突き立っているようでした。ストレスが溜《た》まり絶望的な気持ちでいたからです。

トンネルを抜け、指導者《ライト》のほうへと向かいながら、私は次々と出会うほかのライト・ボディの刻々と変化する特徴と息をのむような美しさに魅了されていました。

もちろん、クリスタル・シティでは最も素晴らしい光景を見ることになります。知識の殿堂で私を歓迎してくれた13人のライトの存在は、誰にも想像できないほど神々しく光り輝くものでした。

思い返してみると、向こうの世界のライトの存在がこのうえないほど明るかったのは、私たちが無条件に愛する能力を高め、精神的に成長していくにつれて、オーラが正比例で強まっていくからだと今ならわかります。

このことを直接知った私には、シュムスキー博士の著した本書はとても興味深いものでした。最初から最後までじっくりと読ませていただきましたが、博士が魂の真実と人のオーラの本質をしっかりとつかんでいることに疑問の余地はありません。

スーザン・シュムスキー博士は私が個人的に存じ上げているなかでも、最も純粋で誠実な魂の指導者のひとりです。有言実行の貴重な人であり、内なる神性と深い結びつきを持っていることは明らかです。

驚くべき本書『「魂の保護バリア」オーラ・ヒーリング』においても彼女の高潔さと知恵は輝いていて、読者のみなさんがつかまえどころのない〈気〉を見て感じることができるように、そしてエネルギー・フィールドを妨げている障害を取り除けるように助けてくれることでしょう。

本書で述べられているアファメーションと祈りはあなたの生活を一変させるかもしれません。今すぐやってみて、心の平和を、精神的な健康を、楽しみを、澄んだ心を、自信を、内なる力を手に入れてください。

『未来からの生還』著者　ダニオン・ブリンクリー

カバーデザイン：坂川事務所

本文デザイン・図版作成：BOTANICA（水崎真奈美）

イラスト：金内あゆみ

編集協力：小林久美子

校正：麦秋アートセンター

第2部 エネルギー・フィールドを体験しましょう

第3部

エネルギー・フィールドの浄化

第4部 エネルギー・フィールドの強化

はじめに

わたしが初めてオーラを見たのは中学生のときでした。数学のニーダーハット先生は、とても変わっていて魅力的な先生でした。ときどき机の上で、木の枝にとまる鳥のようにしゃがむのです。その位置からだと、代数の高みや生徒たちに大きな影響を与えたそのほかの数学の秘密にも簡単に到達できるのかしら。わたしはそんなふうに想像していました。

ニーダーハット先生はとても大きなオーラの持ち主でした。頭のまわりにエネルギーが見え、放射されたエネルギーが先生の周囲で動き、光を発していました。けれど1962年、14歳だったわたしの周囲で「オーラ」の意味をほんの少しでも知っている人は誰もいませんでした。

うれしいことにそれから数年後、親友のベヴが〈気〉に対する私の目を開かせてくれたのです。そして彼女の影響のおかげで、わたしはヒッピーの聖域ヘイト・アッシュベリー（訳註：サンフランシスコの一角。1960年代のヒッピーの中心地）からインド側のヒマラヤ山脈までの冒険へと旅立つことになりました。インドではビートルズやディーパック・チョプラの有名な導師、マハリシ・マヘーシュ・ヨーギーのアーシュラムで勉強しました。わたしはマハリシ師のアーシュラムに22年間とどまり、そのうちの7年間は彼の個人スタッフとして働きました。

アシュラムにいるあいだ、私は1日最高20時間を瞑想に費やしました。ときには自分の部屋にこもって、8週間のあいだ人前に出なかったこともあります。食事は扉の前に置かれました。わたしは沈黙を守り、4か月間声を立てなかったこともあります。最大2か月間の断食もおこないました。つまり、わたしは世捨て人だったのです。この状況は、この言い方でも控えめすぎるくらいです。

22年間、目を閉じて過ごしたあと、わたしはついに、ずっと探し求めていたけれどアーシュラムの生活の中では見つからなかったものを見つけました。それは、わたしの内なる神の「静かで小さな声」を聴く方法です。神と接触し直接コミュニケーションをとるその方法を学んだのです。

サンディエゴのピーター・メイヤーは、〈直観的形而上学教習所：Teaching of Intuitional Metaphysics〉の創設者で、わたしの超能力の開発を助けてくれました。つまりオーラを知覚し、感じ、察知し、見るための特別な感覚、「第六感」の開発です。

本書では、この微妙な感覚を察知する能力を開発するのにわたしにとって助けになった方法をいくつかご紹介します。どうぞ自分の能力の強化に利用してみてください。

本書で学ぶこと

本書では自分のなかにあるとらえどころのないエネルギー・フィールドについて、また宇宙という大きなシステムのなかでのエネルギー・フィールドについて学びます。このエネルギーが世界中であらゆる時代に研究されてきたことを知って驚かれることでしょう。

それからオーラを見る方法、感じる方法を練習し、オーラ・フィールドの生命力、健康、健全性を回復する方法を学びます。

本書では〈気〉のパワーを高める多くの訓練法をマスターできるように道具やテクニックについて述べています。たとえば微妙な〈気〉を知覚する方法、スピリチュアル・ヒーリング、直観的キネシオロジー、色や音のセラピー、呼吸、動き、瞑想、アファメーション、それに視覚化などです。

身につけやすく効果の実証された道具やテクニックを使うことによって、以下のような効果があります。

✤ 感覚を研ぎすまし、オーラを見たり感じたりできるようになる

ワシントン州バンクーバーの心理学者、メアリー・アルバートソンはこう言います。「私はずっと、オーラを見るということは、人の頭の周囲に色のついた形を見ることだと思っていました。今

は、目を閉じていてもオーラを見たり感じたりできることがわかりました。この新しいテクニックは自分でカウンセリングをおこなうときにも、とても役に立っています」

✤ サイキック・スポンジ症候群、感覚過敏症、サイキック・バンパイアを克服する

フォート・ワースの教師ネル・クラフトはこう報告しています。「わたしはスーザンがワークショップで話していたようなサイキック・スポンジのひとりでした。スーザンのテクニックを使い、オーラをハイアー・セルフ以外のものに対しては閉ざしておくようにしたら、内省的になり気持ちがしっかりしてきました。わたし自身よりわたしがどうすればいいのかよくわかっている、という人の影響を受けることが少なくなったんですよ」

✤ スピリチュアルな護身術を身につけ、オーラを護り、自信を持つ方法を身につける

デンバーの会計士エリオット・アトキンスはこんなふうに話しています。「スーザンの本には感謝の気持ちでいっぱいです。私はディーパック・チョプラからガーウェインまで多くの本を読みましたが、スーザンの本はそのなかで最も完璧で、情報量が多く大切なことが書かれています。私は特に〈保護〉に関する指摘が気に入っています。もっと多くの人がこのことについて知る必要があると私は考えているんです」

✤ エネルギー・フィールドのパワーを増幅し、バランスをとり、集中し、心を澄ます方法を知る

ペンシルバニア州レビットタウンから来たお母さん、ローズ・エラービーの報告はこうです。「エネルギー体を癒し、他人の影響を受けない自分になる方法を知るまえのわたしの生活はめちゃくちゃでした。そしてわたしの心のなかも。今、心の中心にかつて感じたことのない平和を感じています。心の中心に平和をもたらし、しっかりとした気持ちを持つ素晴らしいテクニックを教えてくれて、どうもありがとう、スーザン」

✤ 自分の周囲の重たいバイブレーションを癒し、

取り払う

オマハの書店経営者、ジョナー・ラスフォードのことばです。「私は見本市でシュムスキー博士のワークショップ〈店のなかのスピリチュアルな波動を高める方法〉に参加しました。私はこれを実践し、書店内に巣くっていた霊的なもやもやを振り払ったのです。書店は明るくなり、多くの客が来るようになりました。ここにはいい波動があると、褒《ほ》められることもしょっちゅうなんですよ」

✤エネルギー・フィールドで結晶となっている執着や依存症を解放する

ニュージャージー州ホボケンに住むセールスマン、ジェイコブ・ラドルフスキーの感想を聞いてください。「スーザン・シュムスキーの本にあった祈りをおこなうようになってから、希望が持てるようになったんだ。以前の自分は迷子になっていてどうやっても脱出できないように感じていた。アルコール依存症と数年間闘っていて、もうどうしようもないと思っていた。この祈りのおかげで、ぼくはAA（訳註：アルコール・アノニマス―アルコール依存症患者のための会）に参加し、そのプログラムをきちんと守れるようになった」

✤より健康的な関係をつくりだすために霊的な結びつきや束縛を断つ方法

テネシー州メンフィスの建設業者、ラッセル・ヴォーケンバーグの話はこうです。「スーザン・シュムスキーのワークショップで学んだ〈アファメーション〉の方法には、家族や友人、同僚との関係における自分について前向きで大きな影響を受けたよ。今は人が自分をどう見ているんだろうと不安に思うことがずっと少なくなった」

✤心霊力を閉じ込めるような網、締めつけ金具、金属板、フック、触手、弓、監獄、穴、漏れ、鎧《よろい》、殻、霊体、周囲の雑音、ジオパシック地域を克服する方法を身につける

カリフォルニア州ベイカーズフィールドのマッサージ治療師、ベロニカ・ロットはこう言います。「教会でスーザンが癒しの祈りを教えてくれて以来、この簡単な〈アファメーション〉が持つ効果

の大きさに驚いています。わたし、お客さんのエネルギー・フィールドにおかしなところがあるのを見つけるとこの祈りを使うんですよ。その結果にはほんとにびっくりしています。この癒しの祈りがわたしの生活をどんなに変えたか、ぜひ説明したいわ」

✤ 人の、そして周囲にあるエネルギー・フィールドを癒し、増加させる方法を知る

ミルウォーキーの美容師、ステファニー・マクミランは教えてくれました。「スーザンの癒しのテクニックは、わたし自身のオーラの健《すこ》やかさとわたしの周囲に驚くような効果をあげました。実践するのはとても簡単で、わたしにだってできるくらいです。家庭で、職場で、それからこのテクニックを使おうと集中したすべての場所で、今までの生活とは違うと感じています。すてきな贈り物をありがとう、ドクター・シュムスキー。あなた自身が地球への贈り物です」

本書の構成

本書は4部構成になっています。

第1部：自分のエネルギー・フィールドを見つけましょうでは、人のエネルギー・フィールド（オーラ）とはなにか、それがどのようにひとりひとりに生命を吹き込むかについてお話しします。**第1章オーラってそもそも、なんなの？** はオーラについてと、この本を読んで得られる効果について書いています。**第2章あなたのオーラの明るさは？** では、エネルギー・フィールドを形成する重要な本質〈プラーナ〉についてお話しします。**第3章多面的なオーラ**では、あなたの内面世界のロードマップ、微細身のさまざまなレベル・存在の次元についてお教えしましょう。**第4章科学の考えるオーラ**では、微細身とエネルギー・フィールドについてのわくわくする研究成果について書いています。

第2部：エネルギー・フィールドを体験しましょうでは、いくつかの異なる方法を用いてオーラを見たり、感じたり、体験したりしてみてください。第

5章オーラは見ることも感じることもできますは、透視力とオーラを感じる超感覚を発達させる特別な練習について書いています。**第6章あなたのオーラの大きさは？**　では、振り子やLロッド（L字型の杖）などオーラを計測する道具について勉強します。**第7章オーラはどんなふうに見える？**　では透視能力のある人にはオーラや思考形態がどんなふうに見えるかわかるでしょう。**第8章あなたのオーラの色は？**　ではオーラのなかに見える色の意味をお知らせします。

第3部：エネルギー・フィールドの浄化では、自分のオーラだけでなく、周囲のオーラのゆがみを治す方法を学びます。**第9章周囲の精神的雑音を癒す**では、周囲の濃いエネルギー、霊体の影響を受けている場所や環境的雑音を癒し、変化させる方法についてお教えします。**第10章サイキック・スポンジになっていませんか？**　を読むと、気持ちがしっかりとして、自分のオーラを保護できるようになり、周囲の影響を受けにくくなるでしょう。**第11章あなたの心が最大の敵？**　では、自分の精神体、思考形態、否定的感情を癒します。**第12章祈りの治癒力**ではエネルギー・フィールドを癒し、そのレベルを高める大切な祈りについてお教えします。

第4部：エネルギー・フィールドの強化では、エネルギー・フィールドの量を増やし強くする方法を学びます。**第13章色と音を利用する**を読むと自分のエネルギー・フィールドを活気づけ、肉体の活力を取り戻す色と音のことがわかります。**第14章意識して呼吸する**では、簡単なヨーガの呼吸法を学んでオーラを明るく大きくさせましょう。**第15章エネルギーの動きを利用する**では易《やさ》しくてすぐに大きな効果が出る運動、エネルギー・フィールドを活性化させる方法を学びましょう。**第16章直観的キネシオロジーを利用する**では人のエネルギー・フィールドを強化し、ジオパシック地域を癒す道具についてお知らせします。そして**第17章深い瞑想を利用する**では、微細身とオーラを明るくし、強化し、大きくし、活気づける瞑想を練習しましょう。

本書であなたはどう変わるか

この本を読むと楽しくなったり、気持ちが明るくなったり、大変だと感じたりすることでしょう。でもここに書かれた簡単な方法を実践してみようという気があれば、あなたはきっと変わります。これらのテクニックはとても簡単で、誰にでもできます。必要なのは参加しようという意志だけです。

今日からあなたの人生は変えられます。今までエネルギー・フィールドに溜め込んでいた、精神的、感情的な重荷、エネルギーとしての重荷を解放できます。こうした障害があなたを悩ませることはもうありません。重荷を解放してやりましょう。自由で、透明で、楽しいあなたになりましょう。この本に書いてあることを理解したら、一緒に壮大な旅へと出かけましょう――あなたの精神を高揚させ、心を解放し、身体を癒し、魂を歌わせる旅へと。千里の道も一歩からです。

さあ、一緒に最初の一歩を踏み出しましょう。

第1部

自分のエネルギー・フィールドを見つけましょう

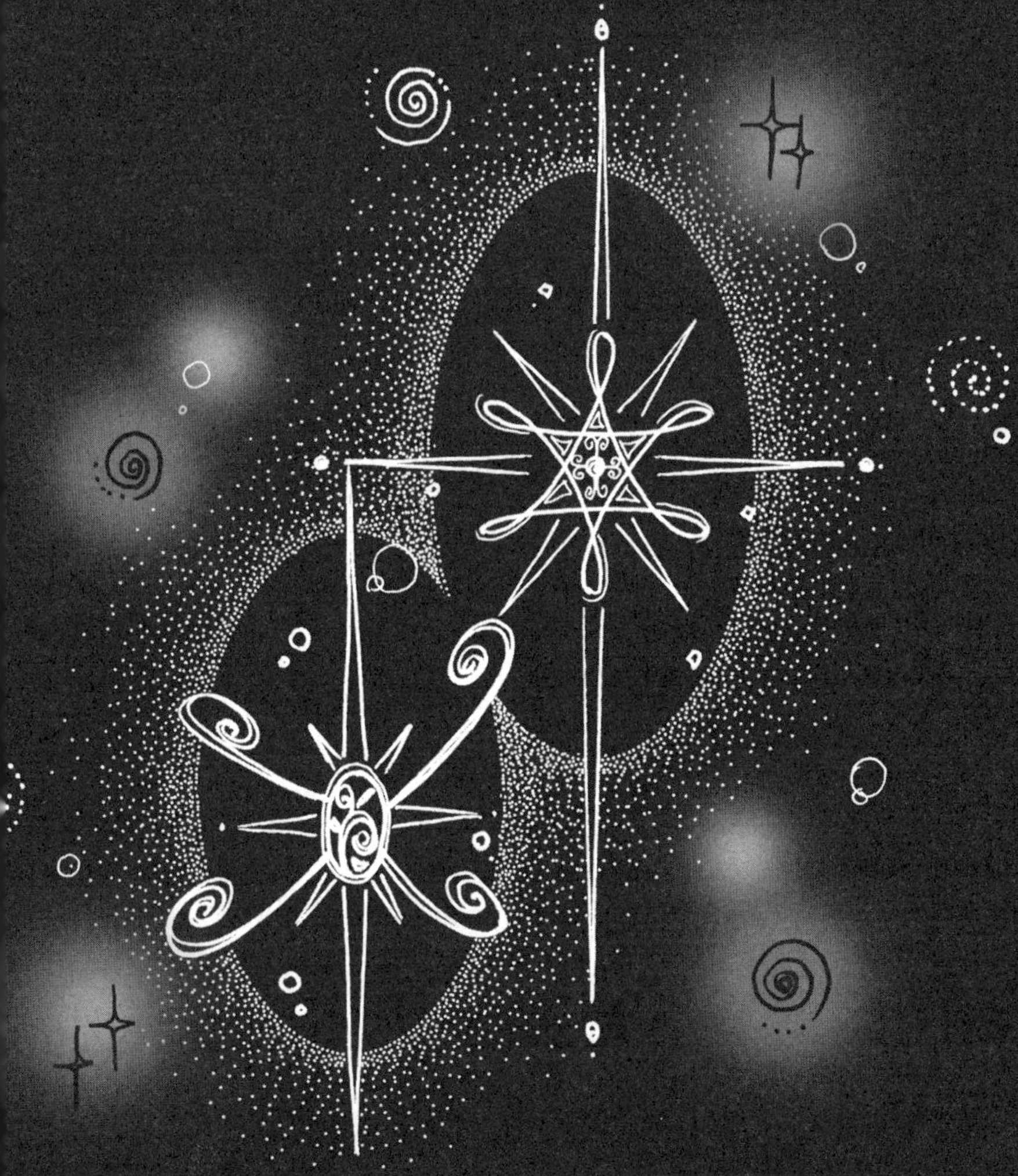

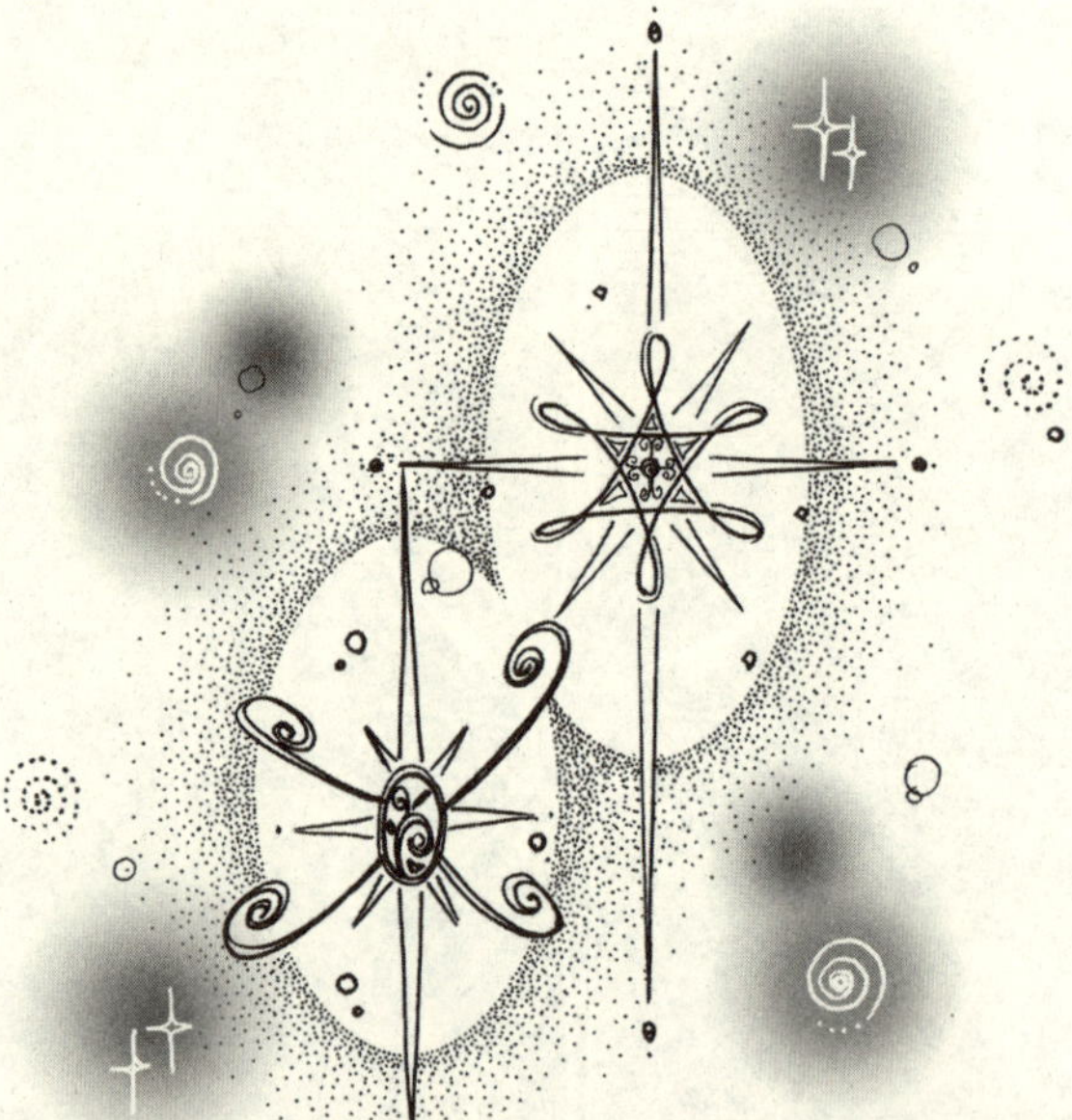

第1章

オーラってそもそも、なんなの？

エネルギー・フィールド入門

人間のエネルギー・フィールドであるオーラについて、多くの人が疑問に思っている基本的なことを押さえておきましょう。関連語についてテストで確認してみてください。

人間の肉体はエネルギーの複数の層でできた微細身《サトル・ボディ》に囲まれており、インドや中国では昔からこの基本エネルギーをプラーナと呼んでいます。これがオーラです。本書ではエネルギーを増加させる方法を学び、自分や周囲の人のオーラを浄化し、癒す方法をマスターできます。

さあ、オーラ探検の冒険に出かけましょう！

〝太陽と共にある者が暗闇を知るだろう〟
――ニサルガダッタ

旅の途中で、わたしはダラスのマッサージ・セラピスト、ジョディに会いました。ジョディはもう何十年もスピリチュアル・ヒーリングを勉強し、実践している人です。ジョディとのプライベート・セッションで、わたしは彼女のエネルギー・フィールドにおかしなものを見たのです。それは、顔と胸部の前にある、大きく分厚い長方形の「サイキック・プレート」でした。ジョディが精神的な教師と呼ぶクリヤがこのプレートを置いたのだそうです。ジョディはクリヤのことを非常に進化したスピリチュアル・マスターだと考えていました。わたしが癒しのアファメーションを使ってこのプレートを溶かすと、ジョディはクリヤと一緒にこのまま勉強を続けるべきなのだろうかとわたしに訊《き》きました。わたしはこう答えました。「自分の前にサイキック・プレートを置いたために、真実が見えなくなり、神の声が聞こえなくなり、愛を感じられなくなるのが楽しいことだと思うのなら、クリヤのあとをついていくといいわ」

この話は、簡単なことを教えてくれます。わたしたちはみな人のエネルギー・フィールドについて誤解をしていて、それはどんなに長いあいだスピリチュアル・ヒーリングを勉強したり実践したりしていても関係ないということです。そしてわたしたちは〝自分より進化した〟と考える教師にだまされてしまうことがあるのです。

ですから、まず多くの人が疑問に思っている基本的な事柄について説明するところから始めましょう。

オーラについてよくある質問

Q：「わたしには透視能力はありません。どうやったらオーラが見られるようになりますか」

A：この本は特別な能力がなくてもオーラが見られるような簡単な道具とテクニックをたくさん紹介しています。微妙な感覚をつかむ力をつける方法も紹介していますので、オーラを見たり感じたりできるようになりますよ。

Q：「わたしにはヒーリングの能力がありますか。わたしもヒーリングを実践できるようになりますか」

A：ヒーリングの能力は誰にでもあり、それを発達させることができます。この本では自分やほかの人のエネルギー・フィールドを癒すたくさんの方法を学べます。このテクニックのほとんどはあらかじめ能力を持っている必要もありませんし、訓練の経験がなくてもかまいません。

Q：「他人にコントロールされてすっかり疲れています。まるで吸血鬼にエネルギーを吸われているみたい。なにかいい方法がありますか」

A：この本を読めば、サイキック・スポンジ症候群——周囲の影響に対する過敏症——を克服する方法がわかります。

Q：「わたしは怖いと思うことが多いんです。どうしたらこれを克服できるでしょうか」

A：この本では精神的な護身術を紹介しています。これを実行すれば、安全で安心な感じ、あなたのハイアー・セルフに守られている感じを経験できるでしょう。

Q：「自分自身のバランスがうまくとれず、頭がぼうっとしているとき、混乱しているとき、自分が役立たずに思えるときにはどうしたらいいでしょうか」

A：この本で紹介している、誰でもできる簡単な方法を使って自分がより力強く感じられ、しっかりとしてバランスのとれた状態にあり、集中できる状態になります。エネルギー・フィールドを浄化する方法を学んでください。

Q：「否定的な考えや感情に押し流されそうです。これを乗り越えることができるでしょうか」

A：この本に書いてある、あなたの精神体、感情体の性質を変える癒しのアファメーションと祈りを学んで実践してください。

Q：「職場に漂っている、いやな波動をどうしたらいいでしょうか」

A：この本は、周囲にある濃い波動を癒して解放するのに役に立ちます。

Q：「家庭や職場の人間関係を改善するにはどうし

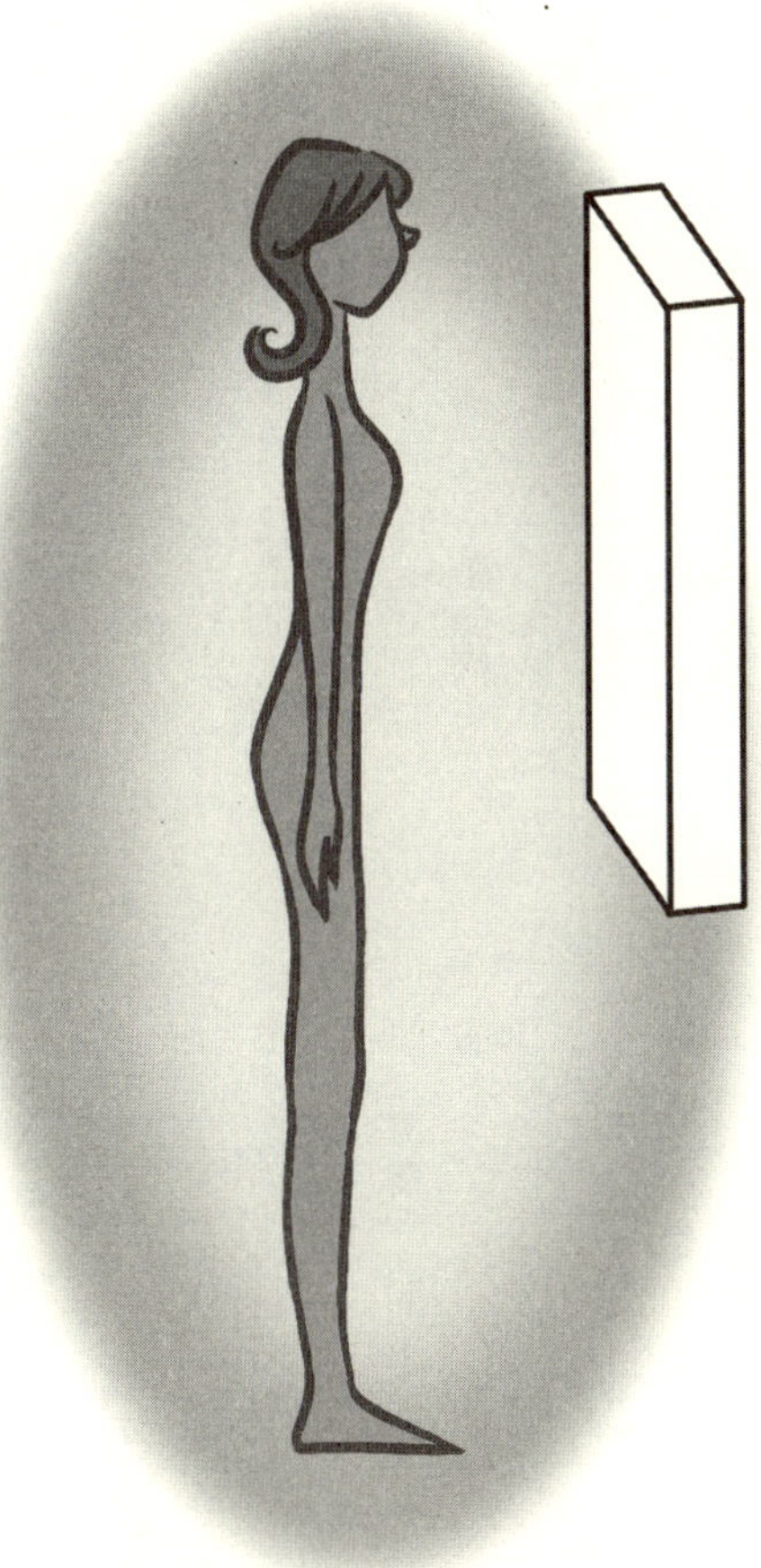

サイキック・プレートを置かれてしまった人の図 (図1a)

サイキック・プレートが置かれていると、真実が見えなくなり、神の声が聞こえなくなり、愛が信じられなくなってしまう。

ときには、スピリチュアル・マスターと考え、信頼していた師に、サイキック・プレートを置かれてしまうことがある。“自分たちより進化した”と考えられる教師にだまされてしまうこともあると学び、気をつけなければならない。

たらいいでしょうか」

A：エネルギー・フィールドを利用して健全な人間関係をつくるテクニックや道具をご紹介しています。

Q：「依存と中毒でめちゃくちゃになった生活を立て直すことができるでしょうか」

A：この本ではエネルギー・フィールドのなかで結晶化してしまった過度の依存、中毒を解放する方法を学べます。

Q：「実践するのは易しいですか。それともむずかしくて厳しくて大変な訓練を積まなければいけないのでしょうか」

A：この本はわかりやすく、論理的で実際的です。紹介しているのは簡単な方法で、これまでになんの経験も知識もなく、訓練を受けたことがなくてもだいじょうぶですし、特別なバックグラウンドも必要ありません。

オーラIQテストをやってみましょう

それでは、オーラIQテストをやってみましょう。

スピリチュアル・ヒーリングを何十年も勉強していて、この話題については専門家だという方もいらっしゃるかもしれませんね。この本は初心者向けで簡単すぎると思っているのでは？　専門家を自任される方も答えに迷ってしまう問題があるかもしれませんよ。

1—オーラということばの意味は？

A．エネルギーから成る球体
B．保護のための泡
C．そよ風
D．身体の周囲の円
E．クリームをはさんだチョコレートクッキー

2—人のエネルギー・フィールドとはなに？

A．わたしたちがエネルギーを受け取る場所
B．高い水準にある存在
C．高い水準にある意識
D．微細身
E．「それをつくれば人が来る」（訳註：『フィールド・オブ・ドリームス』の名セリフ）

3―プラーナということばの意味は？

A. 動く力、呼吸する力

B. とらえにくいエネルギー

C. なくてはならないもの

D. 呼吸の練習

E. 人喰い魚

4―思考形態とはなに？

A. 否定的な考え、習慣、状態

B. 結晶化してしまった強い信念や考え

C. 精神体

D. 無意識

E. ブリトニー・スピアーズに関してあれこれ想像すること

5―パワー・スポットとは？

A. エネルギー・レイの交差する場所

B. 力の強い存在がいる場所

C. 地球のエネルギーのグリッド

D. クロップサークル（ミステリーサークル）

E. 洗剤のコマーシャルに出てくる犬

6―サイキック・タイとは？

A. 霊的な結びつき

B. 愛による結びつき

C. 束縛する依存関係

D. ロープ、糸、紐

E. ラッシュ・リンボー（訳註：超保守派ラジオ・パーソナリティ）の身につけるもの

7―ファサード・ボディとは？

A. 本物のあなたを隠すマスク

B. あなたのハイアー・セルフを具体化する微細身

C. あなたの知性のなかにある思考形態

D. あなたの心を具体化する微細身

E. アリス・クーパーの格好をしたマリリン・マンソン

8―食物鞘《アンナマヤ・コーシャ》とはなに？

A. 肉体

B．霊体
C．精神体
D．微細身
E．過食を防ぐためにつける口輪

9―精神体（メンタル・ボディ）とは？
A．結晶化された思考でできている微細身
B．ハイアー・マインドでできている微細身
C．自我と知性
D．アートマン（超越的自我）
E．精神病患者のためのやわらかいクッションを張った部屋で着る服

10―歓喜鞘《アーナンダマヤ・コーシャ》とはなに？
A．ハイアー・セルフでできている微細身
B．原因身
C．高次の精神体
D．本当の精神体を隠すベール
E．お兄さんの財布のなかにあるもの

11―チャクラということばの意味は？
A．車輪
B．身体の中心
C．開くと悟りを得られるもの
D．神経の先
E．黒板を引っかいたときのキーッというういやな音

12―クンダリーニということばの意味は？
A．インドの女神
B．とぐろを巻くエネルギー
C．高次の意識を経験しているという兆《きざ》し
D．蛇
E．パスタ

13―霊体とは？
A．死んだ人
B．悪霊
C．地縛霊
D．チャネリングを通じて情報を与えてくれる高次の存在
E．ヒューストンのチームに所属する野球選手

（訳註：ヒューストンの野球チーム・アストロズ）

14―筋力テスト（マッスル・テスティング）とは？

A．霊体を癒す方法
B．身体を癒す方法
C．エネルギー・フィールドを強化する方法
D．筋肉の強さ・弱さを測定する方法
E．カリフォルニア州のヴェニス・ビーチでやっていること（訳註：ヴェニス・ビーチはゲイが集まることで有名）

15―サイキック・スポンジとは？

A．神経過敏な人
B．超能力のある人
C．サイキック・バンパイア
D．否定的な人
E．心を掃除するのに使うもの

16―超感覚（クレアセンティエンス）とは？

A．はっきり見えること
B．はっきりとした音
C．はっきりとした感覚
D．はっきりとしたにおい
E．クレール・ド・リュンヌの双子の姉妹（訳註：クレール・ド・リュンヌはフランス語で月光の意）

17―ミラー・ゲイジングの役割は？

A．透視力の発達に役立つ
B．内なる声を聞くのに役立つ
C．質問の答えを得るのに役立つ
D．心を読むのに役立つ
E．誰が一番きれいか教えてくれる

18―Lロッド（L字型の杖）とは？

A．超能力者が未来を語るのに使う道具
B．水を得るために地面に穴をあける道具
C．直観を超える道具
D．角度のある杖や揺れる杖
E．サイエントロジー教会の創設者（訳註：創設者はL・ロンハバード）

19―振り子（ペンデュラム）とは？

A．時間をはかるのに使う道具
B．構成物の一部となっているおもり
C．鎖につながっている水晶
D．未来を予言する道具
E．エドガー・アラン・ポーの書いた怖い本

20―キネシオロジーとは？

A．動きの科学
B．筋肉テスト
C．テレパシー
D．ダウジング
E．かかりつけのカイロプラクティック師とやるレスリングの試合

〔採点〕

正解したら、左の四角にチェックマークを入れましょう。このテストの正解は以下のとおりです。

□1―C．オーラということばは、古代ギリシャ語で〝呼吸〟や〝そよ風〟を意味する〈アヴラ〉に由来しています。

□2―D．人のエネルギー・フィールドとは、肉体の内部を満たし周囲を覆《おお》う微細身を言います。

□3―A．サンスクリット語のプラーナは動く力、呼吸する力を意味します。

□4―B．思考形態とは非常に強いエネルギーをともなう考えや概念を言い、結晶化し、とらえにくい構造を形成します。

□5―A．パワー・スポットとはエネルギー・レイが交差する場所で、オーラを強化する地球の特別なエネルギーが蓄えられています。

□6―C．サイキック・タイとは、人、場所、ものごと、組織、状況、環境、記憶、経験、中毒症状への過度の依存または嫌悪を言います。

□7―A．ファサード・ボディは、あなたが投影している偽《にせ》のペルソナ、身につけているマスクまたはベールを指し、それによって

本物の自分を隠しています。

□8—A. 食物鞘とは肉体のことです。食物によってつくられ維持され、死後は自分以外の何物かのための食物になります。

□9—A. 精神体（メンタル・ボディ）は思考形態——結晶化した思考や感情——でできています。

□10—B. 歓喜鞘とは原因身を指し、個人の自我の一番の核になります。

□11—A. サンスクリット語でチャクラということばの意味は〝車輪〟です。その中心は多くの〈気〉の導管につながり、スポークが〈気〉を放射していると考えられています。

□12—B. サンスクリット語の語根にあたるクンダールということばは丸まるという意味です。クンダリーニとは背骨の下の部分にとぐろを巻いている特別な魂のエネルギーのことを言います。

□13—C. 霊体とは、さまざまな理由で死後すぐに神のもとへ行かない、したがって〝地にとらわれた〟状態にある魂のことを指します。

□14—C. 筋力テストによって筋力が強くなったか弱くなったかがわかります。いろいろな影響因子にエネルギー・フィールドがどれくらい影響を受けているかを測定することができるのです。

□15—A. サイキック・スポンジとはスポンジが水を吸い込むように周囲の波動を吸収する人を言います。

□16—C. クレアセンティエンスとはフランス語で〝はっきりとした感覚〟を意味します。

□17—A. ミラー・ゲイジングは透視能力を発達させる練習法です（英語の千里眼を意味するクレアヴォヤントは、もともとフランス語で〝はっきりと見えること〟を意味します）。

□18—D. Lロッドは、角度のある杖、揺れる杖とも呼ばれ、失《う》せ物を見つけたり、見えないエネルギーを測定したり、直観力を強化したりするのに使います。

□19―B．振り子は線状のもの（普通は紐か鎖）におもりをつけた道具です。〈気〉の測定に使われます。

□20―A．キネシスとは〝動き〟という意味で、オロジーは〝科学や知識の体系の一部〟という意味です。したがってキネシオロジーとは動きの科学ということになります。

〔評価〕

✤20問正解の方、おめでとうございます！　あなたのオーラＩＱは２００です。満点のあなたにはオーラ探求博士の称号を差し上げます。

✤15〜19問正解の方は、オーラ探求修士です。スピリチュアルな事柄を実に深く勉強してきましたね。オーラＩＱは１７５です。

✤10〜14問正解の方は、オーラ探求学士です。多くのことを知っていますが、まだ勉強することが残っています。オーラＩＱは１５０です。

✤5〜9問正解の方は、この本に目を見張ることでしょう。多くのことを学べますよ。オーラＩＱは１２５です。

✤1〜4問正解の方、まだ見込みはあります。あてずっぽうでも結構当たるものだと証明しましたね。オーラＩＱは１００です。

✤全部間違った方、驚くにはあたりません。オーラＩＱは75です。

✤どれか1問でもEを選んだ方、おめでとうございます！　少なくともユーモアのセンスはあることがわかりました。

テストの答えのなかには驚かされたものもあったのではないでしょうか。これは、テストに出てきた用語をめぐって多くの神話があるからです。これら難解な用語を何度も聞いたことがあるからといって、それを完全に理解したとはいえません。本書ではこれらの用語すべてについて深く理解し、エネルギー・フィールドを強化するために日常の生活のなかでどう実践していくかを学びます。最初にオーラＩＱテストの第1問の徹底的な答えを探っていきましょう。

"オーラ" ということばの意味は？

"なにが自分の身体を生かしているのだろうか" と考えたことはありますか。最初の呼吸と共にわたしの身体に生命を与えるのはどんなエネルギーで、死ぬときはどんなエネルギーが去っていくのだろうと。

基本的な質問から考えてみましょう。明らかに人は肉体を持ち、それは勝手に動いているように見えます。肺は呼吸し、食べ物は消化され、血は血管を駆け巡ります。それでは肉体を呼吸させているのはなんでしょう？　心臓が継続してチクタクいうのはどうして？　なにが心臓を時計のように働かせ、また止めてしまうのか。これらの質問に対する答えははっきりしていないように思われます。

赤ちゃんが産声《うぶごえ》をあげ命の奇跡が始まる理由を、そして、最後の溜息《ためいき》と共にこの同じ奇跡が終わりになる理由を説明できる医師は誰もいません。医師は身体のシステムやその機能を完璧に説明できますが、生命の本当の秘密を解き明かした人はいないのです。

しかし東洋に目を向けると、この謎の解明の手がかりが得られそうです。古代のインドそして中国では、身体に生命を吹き込み、宇宙に生命を与える貴重で目に見えず、知覚できない物質を発見しました。このプラーナと呼ばれる貴重な生命の源こそが根元的なエネルギーなのです。この本ではプラーナのエネルギー（生命力）について知り、暮らしのなかでその力を強化する方法を学びます。

あなたの肉体はあなたが宿る唯一の身体ではありません。ほかにもいくつかの層（鞘）から成る微細身を持っています。微細身は肉体の内部に広がり、また肉体の外部を包んでいるもので "エネルギー・フィールド" とか "オーラ" と呼ばれます。古代のサンスクリット語では、ａｒという語根に「車輪のスポーク（輻《や》）」という意味があり、車輪の中心からスポークが四方八方に飛び出ているように、身体からはオーラが放射されているようすをイメージしていました。

古代ギリシャ語の〈アヴラ〉は "呼吸" や "そよ風" を意味します――これは身体に生命を吹き込む必要不可欠なエネルギーです。ですから肉体を満たしその周囲を包むつかまえどころのないエネルギー・フィールドは、あなたのオーラ・フィールド——強烈な明るさと強さと生命力を備えた、多面的で、多次元の領域——と言えるのです。

呼吸があなたに生命をもたらすように、呼吸は宇宙に生命を与えます。だから宇宙にあるすべてのものはオーラ・フィールドに満たされ包まれており、あなたはそれを経験し、計測し、評価し、浄化し、癒し、回復し、強化できるのです。

この本では、簡単だけれどもすぐに素晴らしい効果のあらわれる方法を使って、プラーナのエネルギーや周囲のエネルギーを増加させる方法を学びます。オーラ・フィールドを見るようになるだけではありません。自分や周囲の人のオーラを浄化し強化できるようになります。自分の周囲、家庭、職場、町、国家——地球という星でさえ——のエネルギー・フィールドを癒す方法をマスターできるのです。

オーラ探検の冒険に出かける準備はできましたか。内なる宇宙の探検家となり、本物の自分を発見したいと考えていますか。目に見えない、秘密の、誰も足を踏み入れていない場所にある謎の領域を掘り起こす心がまえはありますか。今、心の奥深くに埋め込まれた宝物を見つけに飛び込むときがやってきました。

さあ、一緒に出かけましょう！

第2章

あなたのオーラの明るさは？

プラーナのエネルギーを見つける方法

プラーナとはサンスクリット語で「生命の躍動、呼吸」を意味し、宇宙に存在するあらゆるものへ生命を与えるエネルギーです。これを日本や中国では〈気〉と呼んでいて、世界の97におよぶ文化でそれぞれの名称がついています。

プラーナを強めると、精神的、肉体的なパワーが増加します。プラーナを意識的に使えばスピリチュアル・パワーを目覚めさせることができます。

また、人には生命エネルギー、プラーナの流れる気の経路ナディが7万2千あるとされ、ナディが交差する場所、エネルギーの集中した場所をチャクラと呼びます。

プラーナ、チャクラを学び、エネルギーを高めましょう！

〝ロウソクは、別のロウソクに火をうつしても失うものはなにもない〟

——作者不詳

今までに力強く素晴らしい波動の持ち主に会ったことはありますか？　もっと親しくなりたいと思うような人に？　あるいはぞっとするような波動の持ち主に会ったことはありませんか？　初対面ですぐにこの人が好き——あるいは嫌い——と言えますか？　誰かの立っている位置が近すぎる、一歩下がらずにはいられないと感じたことはありますか？

これらの質問のひとつにでも「はい」と答えられたら、あなたは人の身体に満ちていて、周囲の人に深いところで影響を与える〈気〉を感じたことがあるのです。この章では〈気〉——プラーナ——の謎について見てみましょう。

生命力エネルギー

サンスクリット語のプラーナ（prana）は、英語にぴたりとあてはまることばがないのですが、pra（最初の、主な、以前の、前進する）とan（呼吸する、動く、生きる）という語根に由来しています。だからプラーナは「前へと動く、前へと呼吸する」という意味です。しかし実際にはプラーナは呼吸以上のものです。それは宇宙エネルギー、ときには「絶対エネルギー」と呼ばれ、宇宙に存在するあらゆるものへ生命を与えるエネルギーのことなのです。

プラーナは単純な量子、粒子から複雑な生命体まであらゆるもの、あらゆる存在に内在する力です。あらゆるものにとって最も大切な生命力であるプラーナは、物理面では動きとなって、精神面では思考となってあらわれます。

プラーナは空気中に存在しますが、酸素でもなければ空気のどんな構成要素でもありません。すべての生物は呼吸をするたびにプラーナを吸収します。プラーナが空気中に存在しなければ、どんな有機体も呼吸をしたところで生きつづけることはできません。プラーナは生物のあらゆる粒子に存在しますが、それ自体は粒子ではないのです。

生命の躍動《エラン・ビタール》、生命維持に不可欠なエネルギーであるプラーナは、中国では〈気《チー、キ》〉と呼ばれ、日本でも〈気〉と呼ばれています。中国の気功は、〈気〉を用いて癒しをもたらす療術です。古代エジプトでは、カーということばが身体と精神世界を結びつける力を意味していました。実際、ジョン・ホワイトの著書“Future Science”によれば、世界で97の文化においてプラーナのエネルギーに相当する名前があるそうです。

聖書の創世記に出てくるヘブライ語“neshemet ruach chayim”は、「生命の呼吸」と翻訳されます。“neshemet”というのは「空気中にある普通の呼吸」という意味で、“chayim”というのは「生命」です。しかし“ruach”ということばは「生命の魂」という意味でプラーナのエネルギーを指しているのです。「主なる神は、土の塵《ちり》で人を形づくり、その鼻に命の息を吹き入れられた。人はこうして生きる者となった」（創世記　2：7）

西洋科学はプラーナの存在を完全に否定しています。プラーナは実際には生命そのものであるのに。否定する理由はプラーナが非物質的な存在で、どんな道具を使っても計測することができないからです。プラーナはあらゆる生物を満たし、空気の届かないところへも入り込むことができます。

この謎の物質とはなんなのでしょう？　物質として存在しないプラーナとは？

プラーナは生命そのもの

プラーナは宇宙のあらゆる生命の鍵です。あなたの身体が生きているのはプラーナのおかげです。プラーナは心臓の鼓動、呼吸、消化、排出をつかさどります。プラーナの流れによって、まばたきや歩くこと、遊ぶこと、走ること、話すこと、考えること、論理的思考、感じること、望むことがつくりだされます。プラーナのエネルギーが精液、胃液、胆汁、腸液、唾液《だえき》をつくります。

酸素もプラーナも人の身体を生かしておくのに必要なものです。空気中の酸素は人の循環システムのなかを流れ、血液をつくり、補給します。空気中にあるプラーナは神経システムを流れて身体に強さとエネルギーを与えます。プラーナは、身体を流れ、神経を通じて脳からの命令を伝える電流のようなものです。

プラーナがなければ死んでいるも同然です。動くこともできなければ呼吸もできません。血液は循環せず、肺は動かず、身体は硬く冷たくなるでしょう。インドの古典『ハタヨーガ・プラディピカー』にはこう書かれています。「身体にプラーナがあるとき、それは生命と呼ばれる。身体からプラーナが去るとき、その結果は死である」

プラーナが流れる生命体とあなたの肉体は、おへそのところで、一本の糸ほどの太さのつなぎ目でつながっています。このつながりが切断されると、プラーナも切り離されます。そのときあなたの生命体と肉体が分離し、死が訪れるのです。肉体を生かしていた莫大なプラーナのエネルギーは、そのときあなたの〈気〉へと戻っていきます。

プラーナを利用する方法

オーラはプラーナでできています。プラーナのエネルギーを強めると、生命力、健康、パワー、影響力、カリスマ性、意志力、超能力が増加します。プラーナを意識的に使うことで身体のなかに眠っているスピリチュアル・パワーを目覚めさせることができるのです。

プラーナのエネルギーは、思考、ことば、行為のひとつひとつによって絶えず消費され、呼吸をするごとに補給されていきます。プラーナのそのほかの源には、日光、水、空気、食物があります。プラーナは新鮮な空気、入浴、水泳、日光浴によって皮膚から吸収されます。鼻を通って肺にも入っていきます。〝食物のプラーナ〟は、栄養のある食物を咀《そ》嚼《しゃく》すると、舌、口、歯、そして唾液の作用で身体に吸収されていきます。〝水のプラーナ〟は、入浴、水泳のほか、身体をすっきりとさせるきれいな水を飲むことによって、身体にしみこんでいきます。

思考は、プラーナの最も洗練された強力な形です。

したがって思考が洗練されてスピリチュアルな波動に同調していると、プラーナのエネルギーが増加します。深い瞑想中に心がゆったりとして拡大していく感じがするとき、プラーナのエネルギーは飛躍的に上昇します。

ことばの波動もプラーナのエネルギーによるものです。ことばのなかでも特別な形、たとえば祈りやアファメーションはプラーナのエネルギーを増大させます。ポジティブでパワフルな真実に基づくメッセージはオーラを大きくします。一方で、ネガティブな人を傷つけるようなことばはオーラを減少させ小さくします。

活気があり大きく広がった、明るくやわらかなエネルギーに満ちたオーラは、豊富なプラーナのエネルギーを持つ健康な人を囲んでいます。小さく縮まった、暗く陰気で息がつまるような、そのうえ不活発でギザギザ、動きの鈍いオーラは病気の人、鬱《うつ》の人、疲れている人、感情的にストレスの溜まっている人を囲んでいます。

あなたのオーラの明るさは？　オーラを強めたい、広げたいと思いますか？　もっとプラーナを吸収してオーラに強い生命力を与えましょう。この本ではエネルギー・フィールドの大きさ、強さ、健康を高めるために特別に考えられた力強くポジティブな方法を紹介しています。

プラーナのエネルギーを保存する

プラーナのエネルギーは誰もが使っているものです。重たいものを持ち上げるとき、複雑な問題を解くとき、危険を克服するとき、最初にとる行動は息を止めることでしょう。こうすると目的の達成のためにプラーナを余分に補給することができるのです。けがをすると、無意識に息を止め、自分の身体にさわりますよね。頭ではプラーナを理解していなくても、本能はプラーナを知っているのです。

息を吸うと、プラーナが身体に入り〈気〉の中心に蓄積されます。プラーナのエネルギーが吸収されればされるほど、細胞のひとつひとつに癒しの力、生命力が届きます。ヨーガの呼吸法（プラーナヤマ）は、プラーナの電池にあたる太陽神経叢《そう》にプラーナのエネルギーを集め蓄積します。ヨーガの呼吸は身体をプラーナのエネルギーで満たし、病気を予防して、意志の力、集中力、自制心、スピリチュアルな目覚めの意識を高めます。

適切な呼吸とプラーナヤマを実行しながら、ウォーキング、自転車、水泳、ヨーガ（アーサナ＝ヨーガのポーズ）などの適度な運動をおこなうと、血液に酸素が巡り生命力が活発になります。このとき激しい運動のような緊張や酸素不足は起こりません。

深い瞑想は自動的に呼吸をコントロールして、ゆっくりと規則正しく静かなものにします。サマディ（心と身体が平静にある）の状態のとき、呼吸は非常に純度を高めて知覚できなくなります。呼吸が止まっているように見えるのです。実際は、呼吸は止まっていません。呼吸をしているのでもなければ、呼吸を止めているのでもない、宙ぶらりんの状態なのです。

この状態で微細身はプラーナの最も純度の高い形を吸収し、最もとらえにくいプラーナ・エネルギーの通り道、たとえばスシュムナ・ナディ（脊柱管を走るエネルギーの導管）を開き、その導管を通じてクンダリーニ（身体のなかの特別なプラーナのエネルギー）は自由に動きまわることができます。プラーナの純度が高くなると、呼吸は浄化され、至福に満ち、精神を豊かにします。そのときあなたは神の呼吸、聖なる呼吸をすることになるのです。

心のなかで動いているプラーナの小さな流れをコントロールすることを学ぶと、宇宙のプラーナをコントロールしている秘密の鍵が開きます。この秘密を知ればどんな力も恐れることはなくなります。なぜなら宇宙にあるすべての力を手に入れたのですから。

プラーナを少しずつ移動させる

プラーナのエネルギーは移動可能です。プラーナで満たされた人に近づくと、誰でも自動的にこのエネルギーを受け取ります。非常に評判の高い講演者、著名なセレブ、権力のある政治家、尊敬される預言者、成功しているビジネスマン、人の目を釘づけにする映画スター、魅力をふりまく女性――全員が豊富なプラーナのエネルギーのおかげで名声を得ているのです。人をひきつける人には、ことばで、あるいはその存在だけで相手に影響を与えるという特徴があります。

一般に〝説得力〟と呼ばれるものは、簡単に言うとプラーナのエネルギーを使いこなす能力のことです。非常に成功している人、影響力のある人、魅力的な人は往々にしてプラーナのエネルギーを先天的に、無意識に使うすべを心得ています。

人をひきつける力のある人に会ったことがありますか？　その人を見るとうれしい気持ちになり、近くにいたいという気持ちになりましたか？　その人のエネルギーや温かい波動を浴びているのを感じましたか？　そして離れがたい気持ちになりませんでしたか？　もしそうならあなたはカリスマの持つプラーナのエネルギーを体験したことになります。

愛する人と一緒にいるときに似た感覚を持つことがあるかもしれません。プラーナのエネルギーはキスや愛撫を通じて共有されるからです。エネルギーを交換するときに、プラーナの電気が頭のてっぺんからつま先まで走ってゾクゾクすることもあるでしょう。

しかし最大のプラーナのエネルギーは精神的な師によって授けられます。このエネルギーは、古くは先史時代に洞窟に描かれた絵に示されたように、光輪の形であらわされます。キリスト教の絵画や彫刻では、イエス・キリストやその使徒、聖者、天使、宗教的指導者の頭の周囲に光輪を描いています。同様に光輪は、仏陀《ぶっだ》や東洋の神々にも輝いています。

紀元前500年ごろに書かれたユダヤ教の謎に満ちた思想「カバラ」では、このエネルギーを〈アストラル・ライト〉と呼んでいます。

あなたはプラーナのエネルギーをあふれさせている精神的な指導者、聖者、尊敬されている人に会ったことがありますか？　そうした生ける伝説に会うことは生涯忘れられない体験となるでしょう。その人たちからあふれでる莫大なエネルギーはあなたを高い意識へと目覚めさせてくれるかもしれません。自分の身体を流れるエネルギーの感覚を楽しみ、よろこびにうっとりし、高揚する感覚を味わい、一体感と完全性に我を忘れ、感覚の目覚め、愛の波動、至福の気持ち、神の恩寵《おんちょう》に心が高鳴ることでしょう。

インドでは、聖人がプラーナのエネルギーを少しずつ移動させることが知られています。この宇宙エネルギーの流れは、ダルシャンと呼ばれ「見ること」を意味するサンスクリット語です。つまり聖なる人を目にすることがこの祝福を与えるのです。これについてのもうひとつの用語はシャクティパットで、「シャクティ（プラーナのエネルギー）の移動」という意味です。プラーナは師から生徒へ神性を引き継ぐ際の秘密の鍵です。

わたしは、ビートルズやディーパック・チョプラの導師で〝超越瞑想（TM）〟の創始者であるマハリシ・マヘーシュ・ヨーギーの個人スタッフを7年間務めました。毎日、わたしはマハリシから弟子へと流れるプラーナのエネルギーを吸収しました。事実、当時は師から絶えず注がれる、至福の、よろこびの、恩寵の波動を体験するという素晴らしい日々でした。師がわたしの目を見つめると、わたしはプラーナのエネルギーの衝撃を感じました。心が広がり、身体が揺れ、エネルギー・フィールドが高まります。師のエネルギー・フィールドに近づけば近づくほど、より強いプラーナのエネルギーを感じます。弟子たちがいつも師と話したい、もっと近くに行きたい、師の応接室へ入りたい、近くにすわりたいと願うのはこのためでした。

プラーナのヒーリング・パワー

クリスチャン・サイエンスの創始者、メリー・ベーカー・G・エディ師（1821〜1910）は、その著書『科学と健康』のなかで、ヒーリングの実施者は、ただ存在するだけで効果的な癒しを与えるのに充分な状態に達することがあると述べています。この場合、クリスチャン・サイエンスのヒーリングで必要不可欠とされている肯定と否定の手順はもはや必要ではありません。これが超人的なヒーラーでエディの第一のメンターであったフィニアス・パークハースト・クインビー（1802〜66）のヒーリング・パワーでした。

聖書における、イエスのらい病（訳註：ハンセン病、聖書ではらい病と記述することが多い）患者やその他の病気の患者に対する癒しや励まし、与える影響に関する著述はよく知られるところです。

内出血に12年間悩むある女性は、全財産を医者につぎこんでいましたが、なんの成果も得られませんでした。イエスが群衆から進み出たとき、女性はイエスの服の裾にふれました。すると女性の出血は突然止まり、瞬時に治癒したのです。「だれかがわたしに触れた」とイエスは言いました。「わたしから力が出て行ったのを感じたのだ」（ルカによる福音書　8：46）

また別のとき、大勢の人が平野に集いイエスに癒しを求めました。「群衆は皆、何とかしてイエスに触れようとした。イエスから力が出て、すべての人の病気をいやしていたからである」（ルカによる福音書　6：19）

ここでいう「力（virtue）」とは聖書によるプラーナの名前で、尋常でない活力を持つ神聖な存在である強力なヒーラーによって、伝えることのできるものです。virtueのラテン語の語根はvirtusで、強さ、エネルギー、力を意味します。これはvirという精神的に発達した人に由来し、一般人であるhomoからの平凡な力と対比されるものです。

このプラーナによる癒しの方法は、使徒行伝（使徒言行録）にはこう書かれています。「人々は病人を大通りに運び出し、担架や床《とこ》に寝かせた。ペトロが通りかかるとき、せめてその影だけでも病人のだれかにかかるようにした」（使徒行伝　5：15）

この「影」はペトロの強力なオーラで、ペトロが単に存在するだけでプラーナが伝わって他者を治癒したことを意味します。この「伝染的な健康」あるいは「伝染性の力」は長年にわたりインドのヨーガ行者が実践してきたものです。

あなたは病気の友人の額をなでたり、絶望している誰かを抱きしめたりしたことがありますか？　この愛情に満ちた行為において、あなたはプラーナを伝えているのです。無限の源泉から補給する方法を知っておきさえすれば、あなたはプラーナを使って必要としている人を癒すことができます。自分のエネルギー・フィールドのプラーナを意識的に増加させて、セルフ・ヒーリングに、他者のヒーリングに、果ては地球全体の癒しにその莫大なパワーを利用できるのです。

他人に与えることで自分が枯渇《こかつ》するとは決して思わないでください。自分からプラーナのエネルギーを手放せば手放すほど、宇宙の無限の源泉からより多くのプラーナが流れ込んでくるからです。プラーナによる癒しは人にふれても起こりますし、離れたところにいる相手に思いを伝えることによってもできます。プラーナのエネルギーは無線電話をつなぐように空中を飛んでいきます。

自分のプラーナのエネルギーを高めて困難を克服し、望みを達成し、あらゆる病いを癒すことができます。プラーナの使い方を本当にマスターした人は、自分の人生で勝利を得ただけでなく、宇宙全体を勝ち取ったと言えるでしょう。

プラーナの流れを感じる

プラーナのエネルギーは科学的な測定方法では感知できません。ところがこのエネルギーは、微細でとらえどころがなく抽象的なものであればあるほど、その効果は高いのです。このプラーナのエネルギーは微細身のプラーナの流れのなかを通っています。ここでプラーナの基本的な構造について簡単にご紹介しておきましょう。この話題について詳しく知りたいという方は、わたしの著書〝Exploring Chakras（チャクラの探求）〟をご参照ください。

ナディ：〈気〉の通り道

プラーナは、微細身にあるナディ（〝導管〟や〝チャンネル〟の意）と呼ばれる決まった道を流れます。古代インドの聖典によれば微細身には7万2000のナディがあるそうです。ナディのうちのいくつかは中国では鍼《はり》治療の経絡《けいらく》として知られています。プラーナから見た身体には何百という生命エネルギーの集中した場所があります。そこはたくさんのナディが交差する場所でチャクラ（〝車輪〟）と呼ばれます。なかには鍼治療のツボとして知られている箇所もあります。しかしナディやチャクラは物理的な場所ではありません。死体を解剖しても、ナディやチャクラはどこにも見つかりません。

プラーナが流れるナディのなかで最も重要な3つのナディはスシュムナ、イダ、ピンガラと呼ばれます。スシュムナは脊柱の根もと、尾骨の近くから頭のてっぺんに至る身体の中央にあるチャンネルです。米国医師会のシンボルである使者の杖はこの中央の導管に巻きつくイダとピンガラを描いています。ナディについての知識を持つ医師はほとんどいませんが、イダとピンガラは自律神経系の副交感神経的側面と交感神経的側面をそれぞれつかさどっているのです。スシュムナ・ナディはクンダリーニの導管です。クンダリーニというのは〝蛇の力〟とか〝神秘のとぐろ〟と呼ばれることもある、特別な宇宙のプラーナのエネルギーで、スピリチュアルな修行を通じて悟りを得るまで休眠状態にあります。

クンダリーニということばは、サンスクリット語の語根クンダル（丸まる）に由来しています。クンダリーニは一般の人の場合、休眠状態にあって、脊柱の根もとで丸まっているからです。クンダリーニが目覚め脊柱をのぼっていくと、チャクラが開き、心身両面の健康やエネルギー、そして究極的には悟りをもたらします。

10の主なナディは〝10の門〟につながっています。〝10の門〟というのは、身体にある穴で、命の終わるときに生命力（プラーナ）はそこから出ていきます。

10番目の門（頭頂部の泉門）：スシュムナ・ナディは脊柱の根もとから始まり、頭のてっぺんへと伸びています。これはクンダリーニが通るナディです。

9番目の門（左の鼻孔）：イダ・ナディは月のナディ、女性のナディで、脊柱の根もとから左の鼻孔へと伸びています。このナディは、エネルギーを蓄積し、心を穏やかにします。

8番目の門（右の鼻孔）：ピンガラ・ナディは太陽のナディ、男性のナディで、脊柱の根もとから右の鼻孔へと伸びています。このナディは身体的な強さ、忍耐力、スピードを与えてくれます。

7番目の門（左目）：ガンダーリ・ナディは左足の親指から左目の隅に伸びています。このナディは下半身から第三の眼のチャクラまでプラーナを運んでいます。

6番目の門（右目）：ハスタジーヴァ・ナディは左足の親指から右目の隅へと伸びています。

5番目の門（左耳）：ヤシャスヴィーニ・ナディは右足の親指から左耳へと伸びています。

4番目の門（右耳）：プーシャ・ナディは左足の親指から右耳へと伸びています。

使者の杖（図2a）

プラーナの流れるナディのなかで最も重要なものは、スシュムナ、イダ、ピンガラの３つである。使者の杖は中央の導管に巻きつくイダとピンガラを描いている。イダとピンガラは自律神経系の副交感神経的側面と交感神経的側面をつかさどっている。使者の杖は米国医師会のシンボルになっている。

クンダリーニ（図2b）

“蛇の力”とか“神秘のとぐろ”と呼ばれることがあるクンダリーニは、サンスクリット語のクンダル（丸まる）に由来している。クンダリーニは特別な宇宙のプラーナのエネルギーで、一般の人は休眠状態にあって、スピリチュアルな修行を通じて悟りを得るまで、脊柱の根もとに丸まっているからである。

クンダリーニが目覚め脊柱をのぼっていくと、チャクラが開き、心身両面の健康やエネルギー、そして究極的には悟りをもたらす。

3番目の門（口）：アラムブーシャ・ナディは肛門から始まり口で終わっています。

2番目の門（生殖器）：クーフー・ナディは喉《のど》から始まり生殖器へ伸びています。射精をつかさどる〈気〉を運んでいます。

1番目の門（肛門）：シャンキーニ・ナディは喉から始まり肛門へ伸びています。浣腸《かんちょう》など浄化をすることによって活発になります。

ほとんどの動物は第1の門または第2の門を通って肉体から離れていきます。死のときの脱糞、排尿です。人間は普通、第3から第9の門——開いた口や目、あるいは出血した目や鼻——を通って肉体から離れます。ヨーガ行者だけが頭頂にある第10の門——スピリチュアルな解放を達成できる門——を通って肉体から離れます。この門は生まれたときにはひよめきとして開いていますが、生後半年で閉じてしまいます。わたしの著書“Exploring Meditation（瞑想を求めて）”を読むと、この門を再び開くための練習方法がわかります。

〈気〉の中心

賞をいただいたわたしの著書“Exploring Chakras”を書くにあたり、わたしは古代インドのヴェーダとタントラの経典を研究し、この問題について最も信憑《しんぴょう》性のある情報を得ようとしました。その本で、わたしは経典に述べられていた14のチャクラについて書きました。みなさんもご存じかもしれない7つの主要なチャクラと、あまり知られていないあと7つのチャクラについてです。その多くは頭蓋《ずがい》のなかや頭の上にあります。

チャクラはサンスクリット語で〝車輪〟を意味します。なぜ〝車輪〟なのでしょうか。なぜならチャクラには中心がありスポークがあるからです。中心はプラーナのエネルギーの導管の多くが交差するところで、スポークはプラーナのエネルギーが拡散しているようすです。ですからチャクラは人の微細《サトル》身《ボディ》におけるプラーナのエネルギーが集まった中心と言えます。

クンダリーニのエネルギーが流れる14の主要なチ

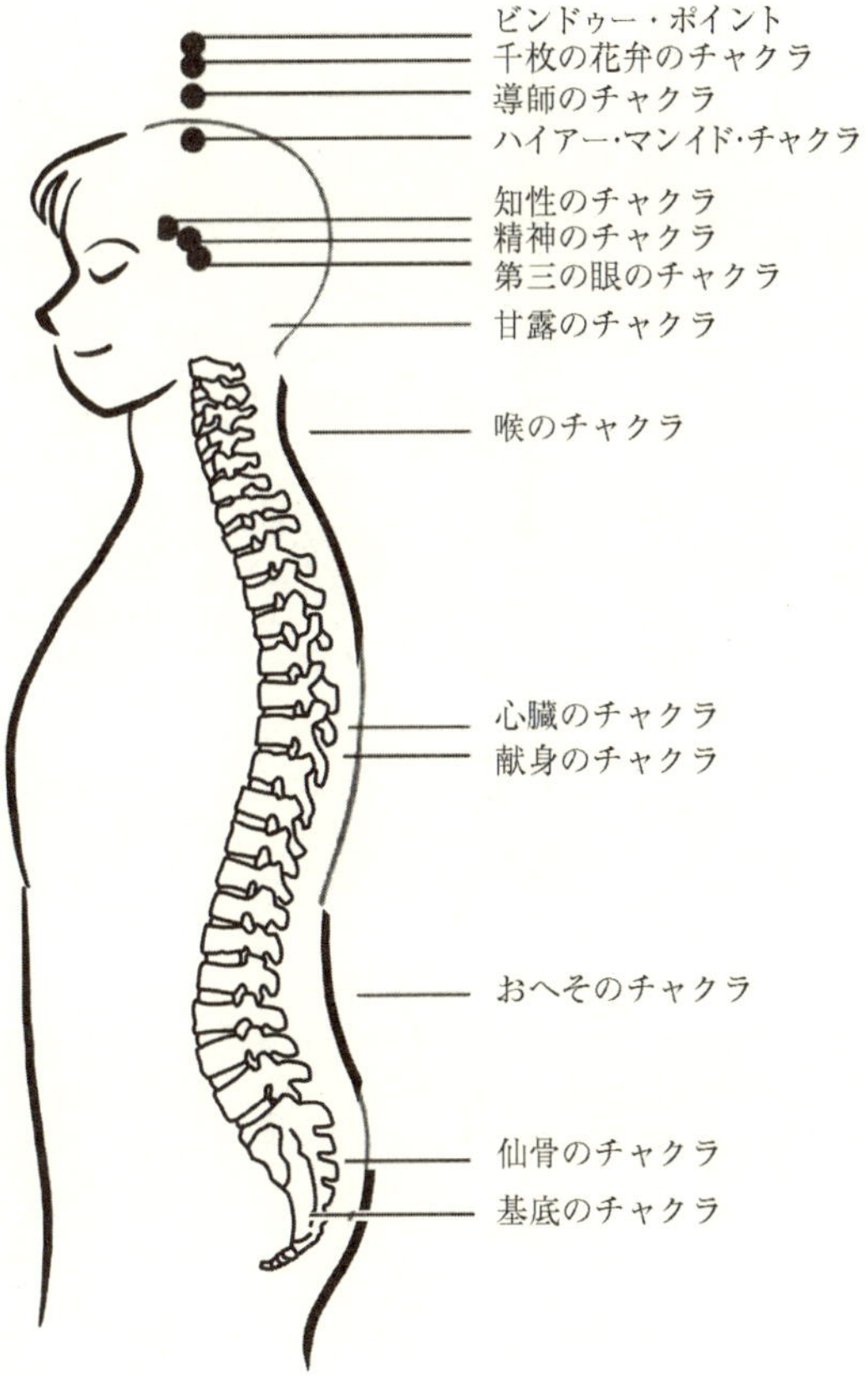

クンダリーニの流れる主な14のチャクラ・ポイント（図2c）

チャクラはサンスクリット語の車輪を意味し、人の微細身におけるプラーナのエネルギーが集まっているところである。

古代インドの経典の研究により、一般に知られている７つの主要なチャクラのほかにあまり知られていない、もう７つのチャクラがあることがわかった。14のチャクラの多くは頭蓋骨の中や頭の上にある。

ャクラは以下のとおりです。

1．ムーラダーラ：ムーラは〝基底〟あるいは〝根〟を意味します。このチャクラが脊柱の根もと、尾骨の近くにあるからです。排泄、嗅覚、土の元素をつかさどり、副腎と関係しています。

2．スヴァディシュターナは〝自分自身〟を意味します。このチャクラは生殖によって個人が肉体を持って生まれるところだからです。この2番目のチャクラは仙骨のあたりにあり、性行動、生殖、味覚、水の元素をつかさどっています。また生殖巣と関係しています。

3．マニプーラは〝宝石の町〟を意味します。プラーナのエネルギーの導管が101も集まっているところであり、消化の火が燃えるところでもあります。この腰部にあるおへそのチャクラは、消化、視覚、火の元素をつかさどっています。また膵臓《すいぞう》と関連しています。

4．アナーハタは〝打ち鳴らさない音〟を意味します。打ち鳴らさない音とは、静寂の音で、そこが神の意識の宿るところなのです。心臓のチャクラは胸郭にあり、意識と魂のあるところ、高次の意識への入り口となるところです。触覚と空気の元素をつかさどり、胸腺《きょうせん》と関連しています。

5．フリットは〝心臓〟という意味です。アナーハタ・チャクラのすぐ下にあって、神への無償《むしょう》の献身の定位置、あらゆる願いの叶《かな》う場所です。

6．ヴィシュッダは〝浄化〟を意味します。頸部《けいぶ》にある喉のチャクラで、聴覚、エーテルの元素、創造力の発揮をつかさどっています。また甲状腺と関連しています。

7．タールーは甘露《かんろ》のチャクラで延髄《えんずい》にあり、口蓋《こうがい》（のどひこ）、〝ソーマ〟（不死の甘露）の流れ、プラーナのエネルギーの流れと関連しています。

8．アージュナーとは〝司令センター〟を意味し、内分泌システム全体を制御する腺に位置しています。松果体《しょうかたい》にある、この第三の眼のチャクラは高次の知恵、透視力をつかさどっています。

9．マナスは〝心〟という意味です。アージュナー・チャクラの上部にあり、精神的な下位にある概念（本能、印象、癖など）の中心です。

10．インドゥは〝月〟を意味します。脳の前部にあ

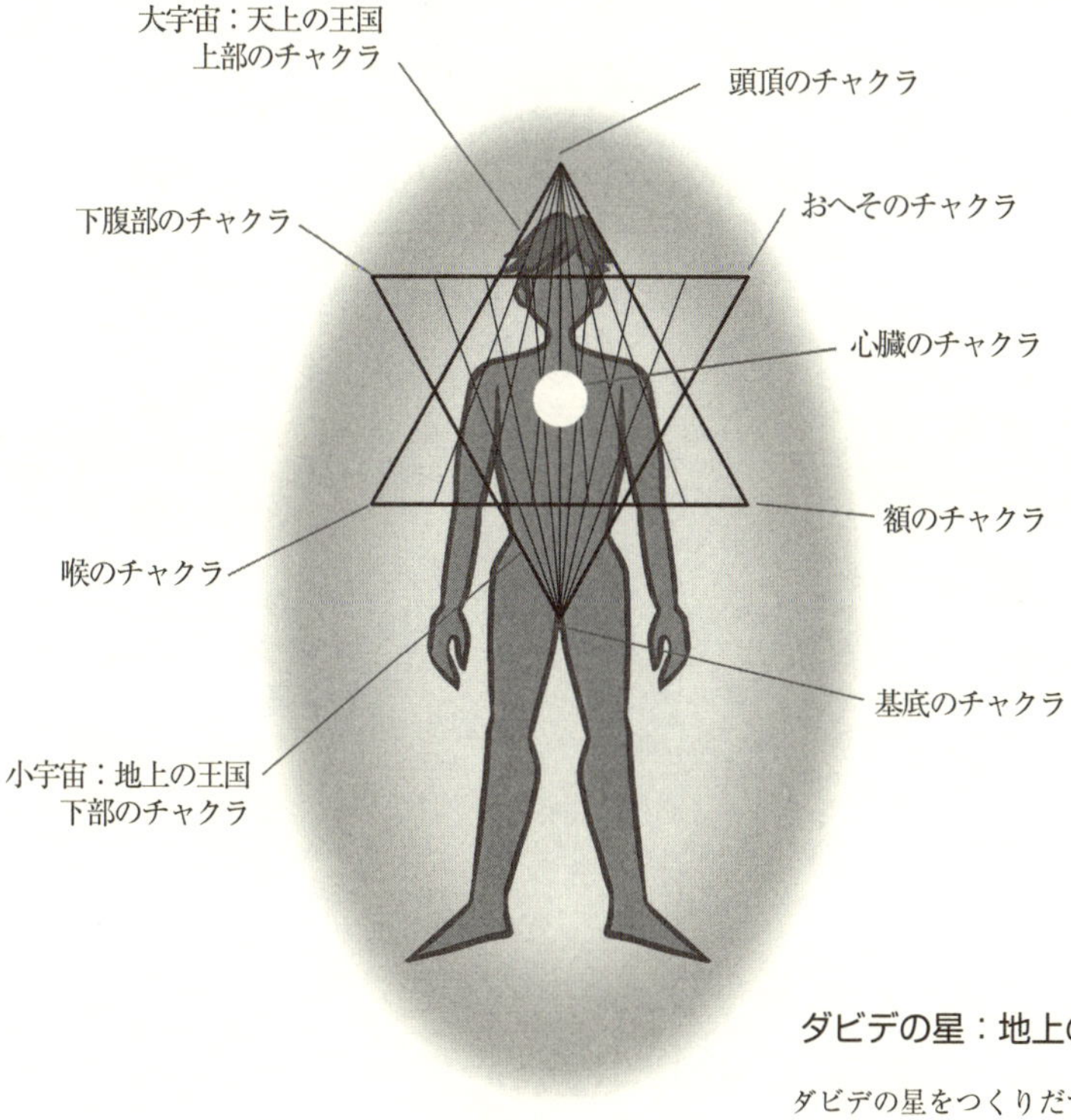

ダビデの星：地上の天国（図2d）

ダビデの星をつくりだすチャクラをあらわしている。上部の三角形は宇宙の生命をあらわし、下部の三角形は地上の生命を象徴している。このふたつが合わさって高次の意識が生まれる。

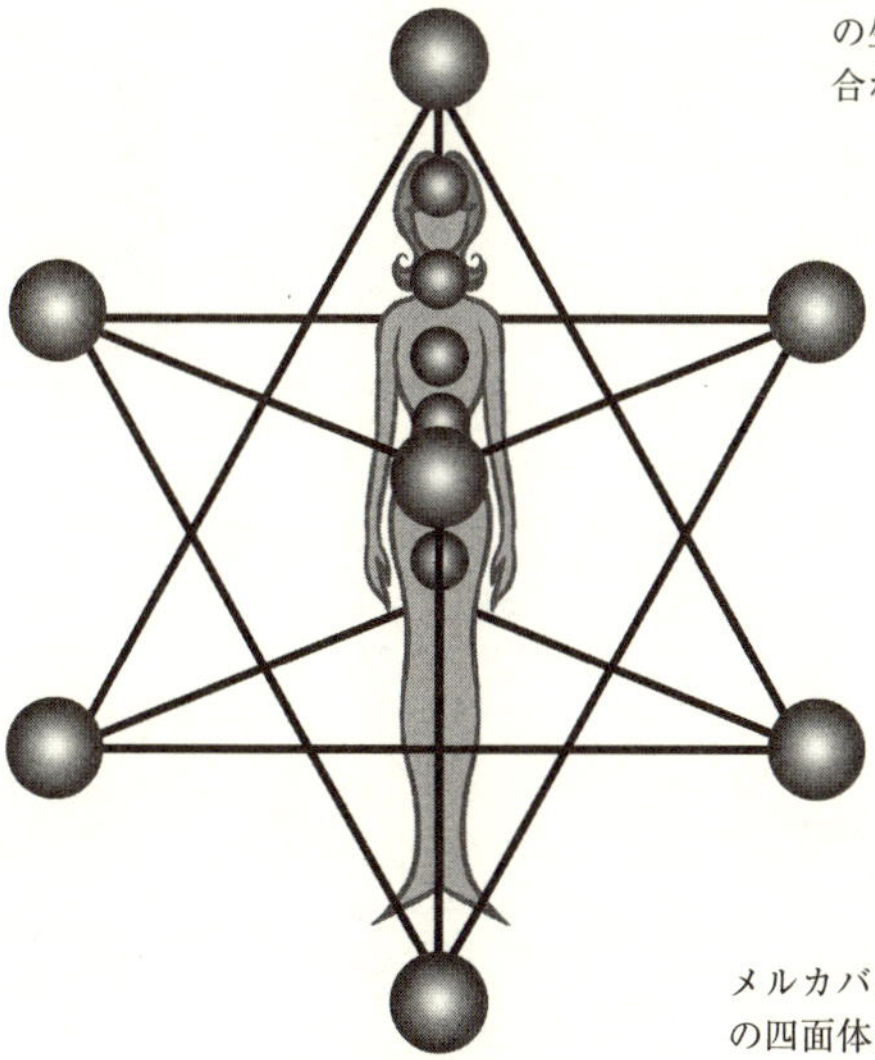

星の四面体（図2e）

メルカバと呼ばれることもある、星を三次元の四面体に展開した図。

り知性とハイアー・マインドの定位置です。

11．ニルヴァーナは〝消滅〟という意味です。脳のてっぺんにあり自我の消滅と関連しています。

12．グルは〝光・闇〟とか〝教師〟という意味です。頭の上、サハスラーラ・チャクラの下部に位置し、神の光が無知の闇を追い散らす中心となる場所です。

13．サハスラーラは〝千倍〟を意味します。頭上にある千枚の花弁を持つ蓮の花のことで、神性の合一、統合、悟り、啓蒙《けいもう》の中心です。

14．ビンドゥーは〝点〟という意味です。サハスラーラ・チャクラの上部にあり、無限に凝縮されたエネルギーの中心で、人のエネルギー・システムが湧く源泉です。

53頁の図2dは、ダビデの星の形をつくりだすチャクラを示しています。上部の三角形は宇宙の生命をあらわし、下部の三角形は地上の生命を象徴しています。このふたつが合わさって高次の意識が生まれるのです。53頁の図2eは星を三次元の四面体に展開したもので、メルカバと呼ばれることもあります。この星型の本当の形は図2fにあるカバラの生命の木のパターンです（詳細については348頁を参照ください）。

チャクラの相関関係

7つの主なチャクラは特定の色、惑星、曜日、宝石と関連があります。これらの相関関係は古代インドの経典に見ることができます。いろいろなチャクラに対応する色についてはもう知っていると思っている方もいらっしゃるかもしれません。しかし真実の、奥義《おうぎ》に達した色はそれとは非常に異なっています。したがってここに書かれていることは今までの考えに対応していないかもしれません。これらの色や惑星は古代ヴェーダの占星学、ジョーティッシュをもとにしています。

曜日は日曜から始まる虹を形成しています。したがって日曜は赤色、月曜はオレンジ色、火曜は黄色、水曜は緑色、木曜は青色、金曜は藍色、土曜は菫色《すみれ》となります。

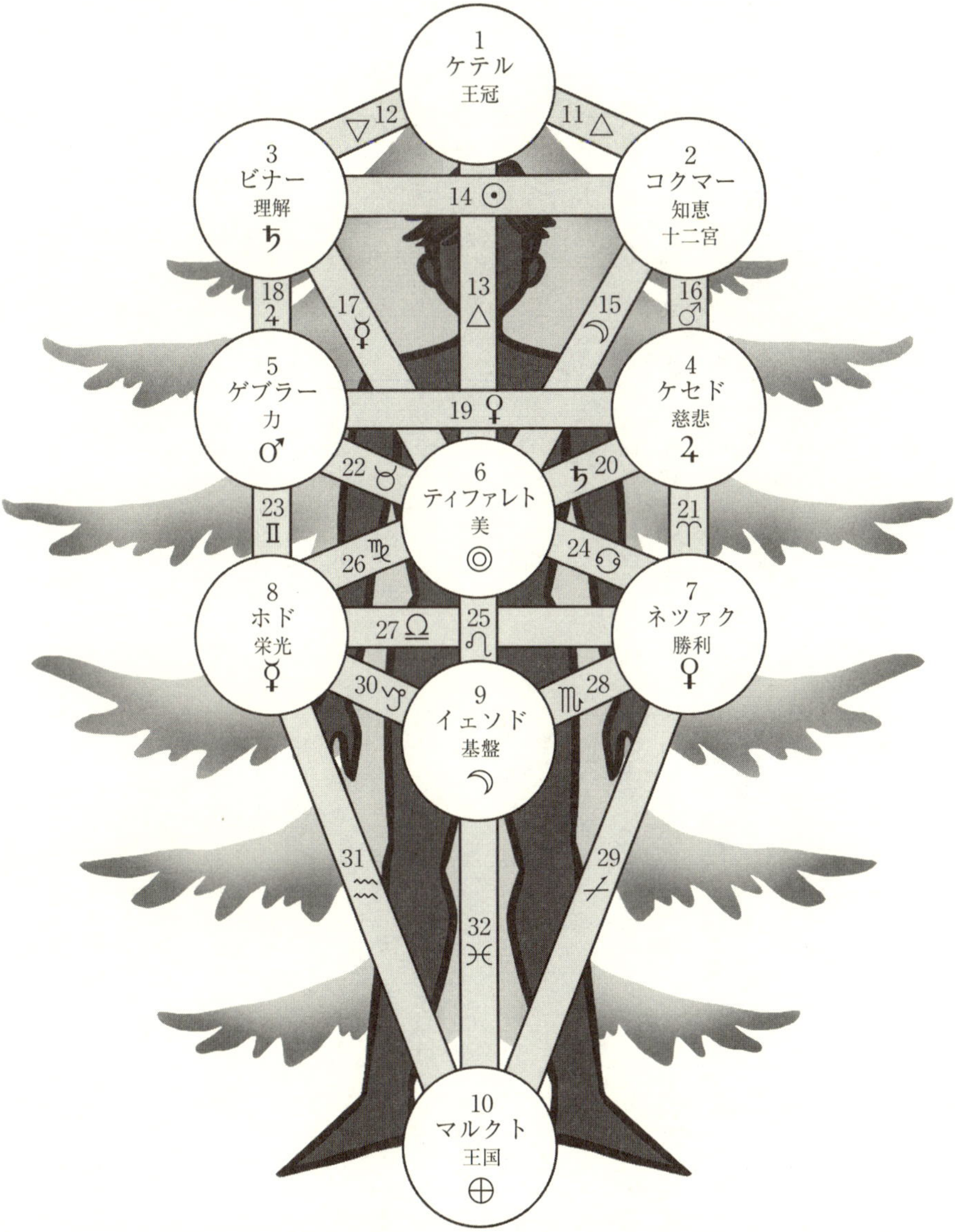

生命の木 (図2f)

カバラの教えによれば、生命の木は創造の最初の行為であり、
神は宇宙のすべてのものをこの青写真に沿ってつくった。

日曜日（太陽の日）「ソーラー・プレクサス・チャクラ」（おへそ）
色：赤　宝石：ルビー
星：太陽
理由：太陽は生命エネルギーと関連し、おへそのチャクラの消化の火をあらわしています。
月曜日（月の日）「セイクラル・チャクラ」（仙骨）
色：オレンジ　宝石：真珠またはムーンストーン
星：月
理由：月は感情、繁殖力、セイクラル・チャクラの豊饒《ほうじょう》と関連しています
火曜日（火星の日）「ルート・チャクラ」（基底）
色：黄　宝石：赤珊瑚
星：火星
理由：火星はルート・チャクラの根本的な欲求、生存本能と関連しています。火星を意味する英語、マルスは戦争の神です。
水曜日（水星の日）「クラウン・チャクラ」（頭頂）
色：緑　宝石：エメラルド
星：水星
理由：水星は脳――クラウン・チャクラにある相互コミュニケーションのほぼ無限のネットワーク――と関連しています。水星はコミュニケーションの星です。
木曜日（木星の日）「ブラウ・チャクラ」（額）
色：青　宝石：イエロー・トパーズまたはイエロー・サファイア
星：木星
理由：木星はハイアー・マインド、知恵、ブラウ・チャクラの直観と関係しています。サンスクリット語の木星はグルというのです。木星は高次の学びに関連しています。
金曜日（金星の日）「スロート・チャクラ」（喉）
色：藍　宝石：ダイアモンド
星：金星
理由：金星はスロート・チャクラの創造的表現と関連しています。金星を意味する英語、ヴィーナスは美と創造の神です。
土曜日（土星の日）「ハート・チャクラ」（心臓）
色：菫　宝石：ブルー・サファイアまたはアメシスト
星：土星

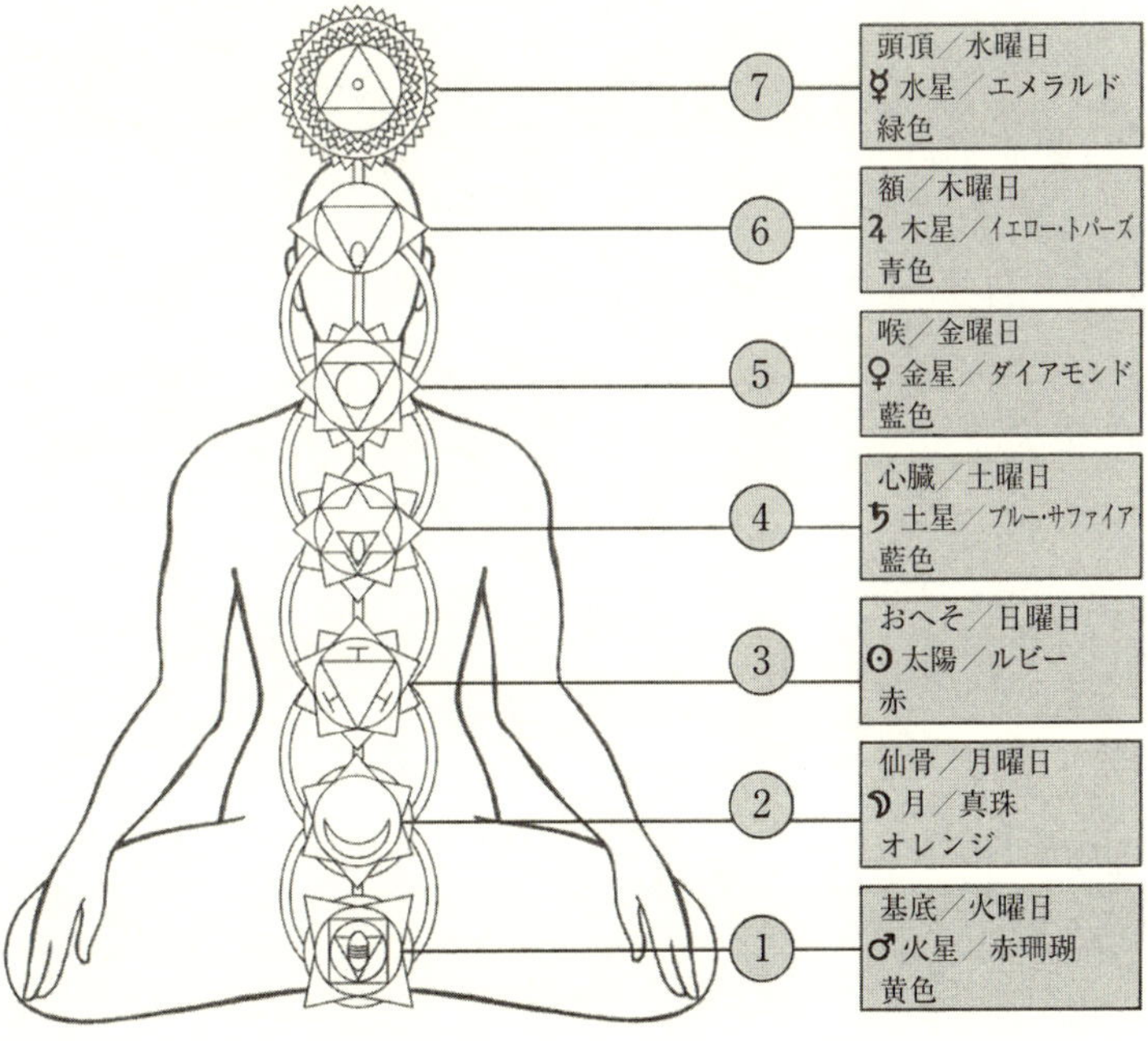

７つの主要なチャクラ (図2g)

古代ヴェーダの占星学、ジョーティッシュをもとにした７つの主なチャクラは、特定の色、惑星、曜日、宝石の相関関係がある。

理由：土星は縮小と拡大（心臓の鼓動）に関連しています。ハート・チャクラはチャクラのシステム全体の鍵となります。意識の定位置で最も高い波動を持つところです。土星は太陽から最も遠く、したがって体内の七つの惑星の中で最も微細な波動を持つのです。

"Exploring Chakras"には、〈気〉のシステム、チャクラ、クンダリーニ、プラーナのエネルギーについてより詳しいことが書かれています。ほかの本では得られない詳しい情報を得ることができるでしょう。

次章では、オーラ・フィールドを構成する微細身の驚くべき多面的な世界についてご紹介しましょう。

第３章

多面的なオーラ

微細身の解剖学

人は肉体のほかに、光と思考とプラーナでできた微細身も持っています。誰もが多次元の光の存在で、輝く星の世界に住んでいます。創造されたほかのあらゆる存在と同じように、脈動しゆらめく光と音をあつめた存在であり、意識の流れは神性の段階から、細かく分かれたエネルギーのレベルを経て肉体へ至ります。多層の意識には、それぞれに対応するオーラの層があり、3つの体、粗大身《グロス・ボディ》、微細身《サトル・ボディ》、原因身《コーザル・ボディ》に分かれていています。3つの体はさらにそれぞれいくつかの鞘に分かれています。

多面的なオーラの性質について学びましょう！

〝この世界を離れると、人はまずアンナマヤ・コーシャを手に入れ、それからプラーナマヤ・コーシャを手に入れ、それからマノーマヤ・コーシャを手に入れ、ヴィジナーナマヤ・コーシャを手に入れ、そしてアーナンダマヤ・コーシャを手に入れる〟

――ウパニシャッド

落ちていく夢を見て、急に衝撃を感じて目を覚ましたことがありますか？　スーパーマンのように屋根の上を飛ぶ夢を見たことがありますか？　自分の身体から飛び出たことは？　そして自分の身体を見下ろしたときに、誰かほかの人のように感じたことがありますか？

これらの話に覚えがあるようなら、あなたは直接微細身を経験したのです。睡眠中、微細身は一時的に肉体を離れることがしばしばあります。肉体の上を漂ったり、自宅の上を飛んだりすることさえあるのです。微細身が突然肉体に落ちて戻るときは、衝撃と共に目が覚めたり、ふたつの身体が再び合体するときには震えたりします。

〝微細身〟とはどういう意味だと思いますか？　自分が肉体を持っていること、肉体が食事と睡眠と運動を必要としていることは知っていますよね。しかしあなたは光と思考とプラーナのエネルギーでできた微細身も持っているのです。あなたの微細身は肉体とは異なる栄養を必要としています。祈りや瞑想や肯定的な思考のようなスピリチュアル・フードを与えられると、微細身は丈夫になり健康になります。否定的な思考や毒のある感情を与えられると、微細身は小さくなり衰弱してしまいます。

この章では、微細身という人のエネルギー・フィールドの多重層、多次元について見ていきましょう。

エネルギー体

ほとんどすべての文明が、肉体に生命を与える魂、見えない本質、電気的なフィールド、オーラ、光る微細身などが肉体を満たし、また取り囲んでいると信じています。この霊体はとらえどころのないものに気づく知覚——透視力、透聴力、超感覚——を通してのみ見ることができます。エネルギー体は睡眠、催眠、瞑想、臨死体験、麻酔状態のときに肉体から分離することがあります。死のときには永遠に肉体から離れますが、高次の世界で生きつづけます。

エネルギー体は肉体よりも大きいので、肉体の境界線を超えて拡大し、その外側の線がオーラとなって見えます。このエネルギー体は多重の層で、卵型、楕円形、あるいは肉体の輪郭をなぞるような形に見えることがあります。肉体に近いほうがより濃く、密度が高く見え、外側はより蒸散して透明に見えます。しかしオーラの影響は最高の透視力を持つ人に見えるよりもずっと遠くまで感じられます。

このエネルギー体には多くの名前があります。例えば〝オーラ〟、〝オーラ・フィールド〟、〝微細身〟、〝アストラル体〟、〝エーテル体〟、〝エーテル二重体〟、〝ドッペルゲンガー〟、〝霊体〟、〝ベータ体〟、〝対応体〟、〝前肉体〟〝バイオプラズマ体〟〝サイキック的空気〟〝磁気的空気〟など。

研究室で見られたファントム・リーフ

20世紀初頭にロシアの電気療法士であるキルリアンが発明した高圧写真は、高周波の電流を使って初めてオーラの写真を撮ることに成功しました。キルリアンのカメラを使い、20世紀中、ソ連の科学者たちは生物・無生物の発光体について大規模な研究を実施しました。

『ソ連圏の四次元科学』（邦訳、たま出版刊）のなかで、オストランダーとスクロウダーは初めて〝ファントム・リーフ〟の現象について説明しています。植物の葉を切り落としたあとでも、写真のなかに葉のパターンがぼんやりと光っていることを、研究者たちは発見したのです。それは、まるで葉全体がまだ光の形で存在しているかのようでした。

科学者たちは、葉のエネルギー・フィールドは物体の基礎となるホログラフで、その構造をつくる役割を担っているのかもしれないと推測しました。そして、このフィールドを〝生物学的プラズマ体〟、〝バイオプラズマ〟と名づけ、これらは組織が切り離されたあとも残ると考えました。この光が消えると植物や動物は死を迎えるのです。

アメリカの研究者はソ連の実験を再現することはできませんでしたが、多くの科学者たちはそれでもこの発見は非常に意義深いと考えました。1973年、500回以上の実験の末ケンドール・ジョンソンはついに、内部の詳細まではっきりと写ったファントム・リーフを撮影しました。しかし彼の発見は静電気の産物として片づけられてしまったのです。

カリフォルニア大学ロサンゼルス校（UCLA）のセルマ・モスの高圧写真研究室に所属する大学院生ジョン・ヒューバッカーの成功率はもっと高いものでした。彼の実験の約5％が葉の切り落とした部分の細かい内部の構造もはっきりと写し出したのです。また20％が部分的な像を写していました。

その後、同じUCLAの研究室では映画学科に在籍する大学院生クラーク・ダガーが、特殊な透明の電極を通してファントム・リーフを1秒間に約6コマのコマ落とし映像でモノクロ、カラー共に撮影しました。この方法では明るい葉の幽霊が数秒間ちらちらと光り、震え、そして消えました。ダガーは常に春の葉を使い、その葉は電極に取り付けられる直前に切られました。

驚くべきファントム・リーフ現象は、四肢を切断された人が、引きつづき失った腕や脚がチクチクしたり痒《かゆ》くなったり、痛くなったり痺《しび》れたりを感じるという体験の説明になるかもしれません。モントリオールのマッギル大学の心理学者、ロン・メルザックは脚を失った125人（ほとんどが10代の若者）の調査をしました。その結果「実際のところ、身体を感じるのに身体は必要ない」と結論づけています。医者はこれをかつてあった身体の一部を見たいという願望達成型幻覚とみなすことが一般的なようですが、透視能力のある人は実際に四肢のまぼろし――失った腕や脚がまぼろしとなって身体についたままある――のが見えるといいます。

あなたは光であり音である

典型的な臨死体験をした人たちの多くは、とらえどころのないライト・ボディ（光る体）をはっきりと見たと報告しています。『未来からの生還』の著者、ダニオン・ブリンクリーは、雷に打たれたとき、身体から飛び出て肉体のずっと高いところからことの成り行きを眺めました。この眺めのいい場所から、彼は愛する人々があわてふためき、自分の命を救おうとするのを感じていたのです。しかもダニオンが見たのは彼らの肉体、物理的な身体だけではありませんでした。それらの身体は色とりどりの光に満ちていたのです。しかし床に横たわっているダニオンの身体は石のようで、なんの光も見られませんでした。天井近くに浮かんでいたダニオンは、自分の腕や手や指が明るい光でゆらめいているのに気づきました。

誰もが多次元の光の存在で、輝く星の世界に住んでいます。こういうと空想的に聞こえるかもしれませんが、これは現代の物理学とも一致しているのです。超弦理論は10ないし11の時空を考えています。そして粒子加速器で観察される素粒子は素弦の励起《れいき》モード——エネルギーの振動波——に過ぎないのです。

創造されたほかのすべてのものと同じように、あなたは脈動しゆらめく光と音を集めた存在です。あなたの意識の流れは神性の段階から、細かく分かれたエネルギーレベルを経て肉体へと至ります。それぞれの段階において別々のアイデンティティがありながら、すべての段階を同時に生きています。無数の内なるアイデンティティがあなたのひとつのアイデンティティをつくりだし、多くの微妙な波動を持つ体が内面の様式をつくりあげます。

聖書では「また、天上の体と地上の体があります」(コリント人への手紙1　15:40)という記述や「自然の命の体があるのですから、霊の体もあるわけです」(コリント人への手紙1　15:44)という記述があります。宗教科学教会(Church of Religious Science)の創設者アーネスト・ホームズは〝我々は無限に続く体のなかに身体を持っていると信じている〟と語っています。

人が一時的に住んでいる物理的な殻は、多層で多次元の体のひとつに過ぎません。無数の明るい水晶のような色合いを持った、純粋な液状の光である微細身が、肉体という構造を満たし、またそこからあふれでています。

体は特定の周波数で振動しています。密度の高い物質の振動は遅く、光が最高の振動数になります。したがって肉体は微細身よりもゆっくりとしたペースで振動し、最もエネルギーの高い微細身が最高の速さで振動します。肉体には個々の特性が強くあらわれます。上の段階、より抽象的なアイデンティティの段階になると普遍的になっていきます。高い振動数の体は、密度の高い波動の体よりも時間や空間の法則に縛られにくいのです。

透視力のある人は肉体の枠の内側、上、外、近くにあるライト・ボディを見ることがあります。最高の波動のレベルでは、人に宿るスピリットが複数の体に同時に生きていることがあります。微細身は肉体の枠に必ずしも縛られてはおらず、複数の場所に同時に存在することがあります。スピリットには時間や空間は関係ないからです。

エネルギー・フィールドについて勉強していくと、自分がいかに力強く、輝きを放つ光の存在かということがわかるでしょう。そして想像を超えた多次元の現実を知ることでしょう。自分という存在をつくりあげているさまざまな構成要素を発見していくにつれて、あなた自身の光り輝く領域、驚くべき世界が開かれていくはずです。

さあ、それではエネルギー・フィールドをつくっている肉体・微細身について見ていきましょう（66～67頁の図3ａを参照のこと）。

無限の体を解剖する

あなたの多層の意識には、それぞれに対応するオーラの層があります。あなたの輝くライト・ボディの中で、微細身のさまざまな部分は各々、別の振動数で動いています。古代インドのヨーガ行者は、体は3つに分かれていると言っていました。粗大身、微細身、それから原因身（種子体）の3つです。この3つの体にはいくつかの鞘があります。それは物質（食物）鞘、生気鞘、意思鞘、理智鞘、そして歓喜鞘です。多次元の層のなかで、より実体のある体をより高次の体と鞘が包み、満たすような構造になっています。

オーラ・フィールドの層の詳細は、わたしの著書“Exploring Meditation”と“Exploring Chakras”に書いてあります。ハイアー・セルフの層についてては

アイデンティティのレベル	本質
環境	1．投影　2．創造　3．動き 4．コントロール　5．競争　6．関係
肉体	1．誕生　2．生存　3．成長　4．変化 5．衰退　6．死
本能	1．欲望　2．行動　3．繁殖　4．睡眠 5．恐怖　6．食欲
意識的な心	1．注意　2．選択　3．推理　4．知覚
感覚的無意識	1．感覚的な体験　2．蓄積される印象 3．蓄積される記憶
反射的無意識	1．防御　2．反応　3．保持　4．感情 5．動揺　6．習慣
知性	1．認識　2．決定　3．一般化　4．理解
自我	1．意志　2．欲望　3．力　4．安全

ファザード・バリア（神から離れたところにある誤った信念）

ハイアー・マインド エーテル体の魂の自我	1．真実の欲望、目的　2．真実のアイデンティティ、表現　3．選択の自由　4．継続性、純粋性
救世主の自我	1．内的指導、励まし　2．祝福、癒し、保護 3．赦し、贖罪　4．絶対的な愛
個人我	1．強靭さ、権威、支配 2．“わたしはわたしである”との悟り 3．神意の表出　4．内的な真実、自分の理解
神の自我	1．神聖化　2．神との一体化 3．献身とみのゆだね　4．神性の愛と光
大いなる自我	1．拡張、永続性　2．あらゆるものへの浸透 3．宇宙の包含　4．普遍性、永久不滅
完全に純粋な意識	1．今あらゆる場所が完璧であること 2．満足、バランス、調和 3．明るい輝き、平和、悟り　4．創造の単純な知恵

オーラ・フィールドの地図 (図3a)

	鞘	機能
粗大身		1．土　2．水　3．火　4．空気 5．エーテル
粗大身	食物鞘	1．5つの感覚器官　2．5つの運動器官 3．5つの元素
微細身	生気鞘	1．5つの生気　2．5つの元素 3．5つの運動器官
微細身	意思鞘	1．思考　2．知覚　3．検討　4．経験
微細身	意思鞘	1．記憶　2．印象　3．5つの知覚 4．感動　5．感情
微細身	意思鞘	1．習慣　2．状態　3．性向 4．パターン　5．信念　6．才能
	理智鞘	1．認識　2．知性　3．知識　4．識別
	理智鞘	1．分離　2．アイデンティティ 3．受容　4．拒否
原因身	歓喜鞘	1．透視　2．超感覚　3．透聴 4．不死　5．直観
高次体	精霊鞘	1．救世主の愛　2．救世主の光　3．教え 4．救い　5．喜び、平和　6．高揚 7．慰め　8．保護
高次体	精霊鞘	1．存在　2．気づき　3．あること 4．静穏　5．知恵、真実　6．理解　7．教え 8．達成
高次体	精霊鞘	1．神の存在　2．神の力　3．神性の光 4．神性の愛　5．栄光、恩寵　6．同一感 7．完全　8．神聖
高次体	精霊鞘	1．宇宙　2．(秩序のとれた) 宇宙　3．銀河 4．広漠とした広がり　5．すべての創造物 6．すべての時間　7．すべての空間　8．厖大
あまねく存在するもの		1．形のない　2．名前のない　3．無限 4．分割できない　5．属性のない　6．全能 7．全治　8．超越

"Divine Revelation（神の啓示）"で説明しています。詳しいことはこれらの本を参考にしてください。ここでは、これら既刊の本には書かれていない追加情報をご紹介します。

粗大身《グロス・ボディ》について

粗大身は〝食物鞘〟と呼ばれます。食物でできていて、食物を必要とし、食物がなければ死んでしまい、死後は虫の食物になるからです。機械でできたロボットと同じように、この壊れやすく死にやすい一時的な乗り物は、まるで生きているかのように行動しますが、それ自身の意志や生命はありません。すべて心によってコントロールされているのです。

5つの元素からできている食物鞘は、土の元素のために固体であり、水の元素のために液体であり、火の元素のために暖かく、空気の元素のために活発に動き、エーテルの元素のために空間を占めています。

食物鞘はもともと完全な形をあらわすように考えられています。左右対称で若さに満ち、美しいものです。しかし限界や病気、加齢、死などの誤った信念のために歪《ゆが》んでいきます。そして食物鞘は精神体（メンタル・ボディ）の上に構築されています。

微細身《サトル・ボディ》について

微細身は3つの鞘で構成されています。生気鞘、意思鞘、理智鞘です。またこの鞘には18の本質があります。知性、自我、心、5つの知覚、5つの行動感覚、5つの感覚目的です。これらが肉体の5つの元素をつくりだしています。音はエーテルの元素をつくり、触感が空気を引き起こし、形が火の、味が水の、においが土の素になっています。ここで5つの元素の構成要素について簡単にまとめておきましょう。

1. エーテルは音を伝達します。100％が音です。
2. 空気は触感を伝達します。50％が音で50％が触感です。
3. 火は形を伝達します。約33・3％が音、約33・3％が触感、約33・3％が形です。

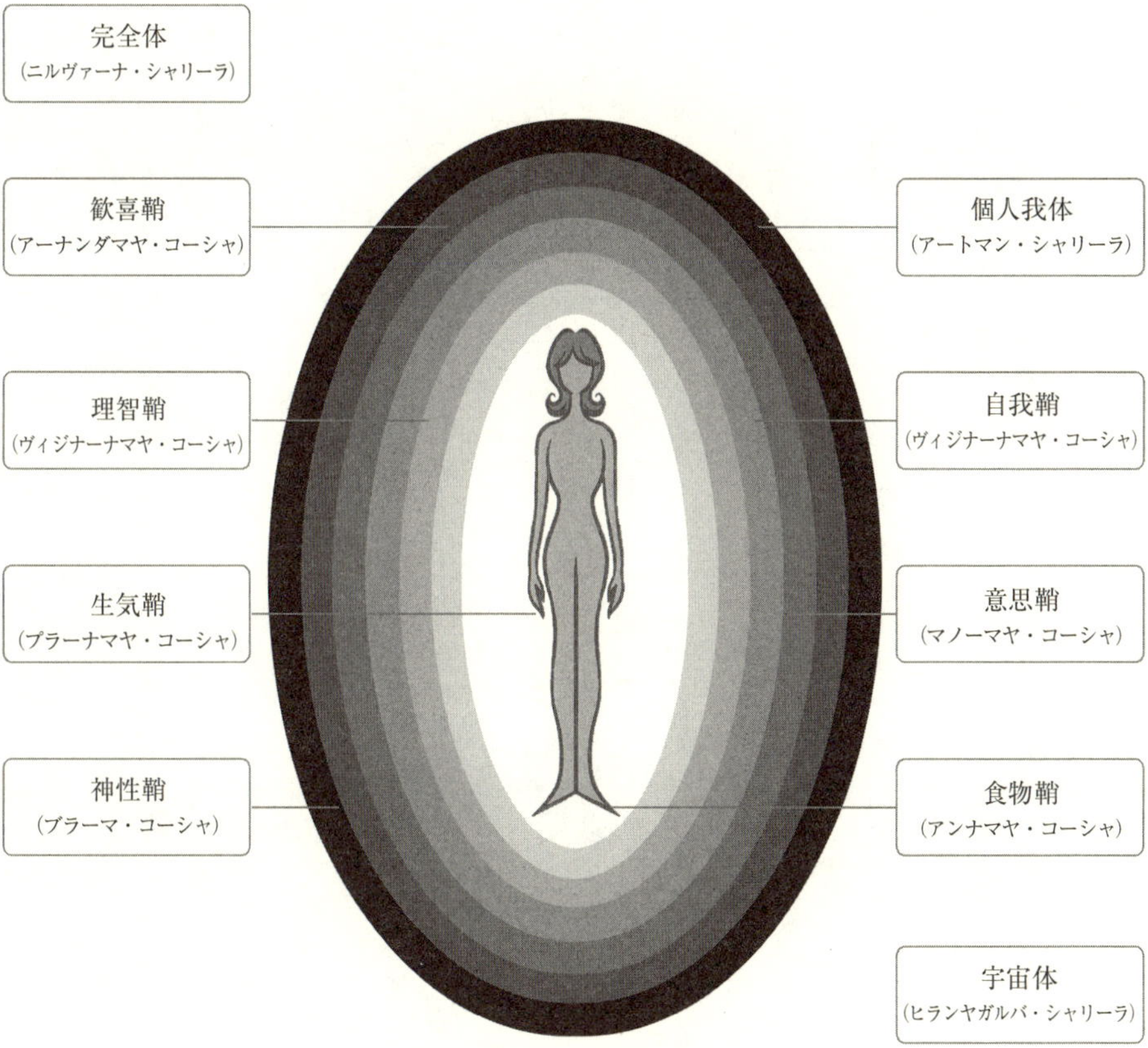

人のエネルギー・フィールドの鞘（図3b）

多層の意識には、それぞれに対応するオーラの層がある。多次元の層のなかでは、より実体のある体をより高次の体と鞘が包み、満たすような構造になっている。

4．水は味を伝達します。25％が音、25％が触感、25％が形、25％が味です。
5．土はにおいを伝達します。20％が音、20％が触感、20％が形、20％が味、20％がにおいです。

・生気鞘《プラーナマヤ・コーシャ》とは

生気鞘は〝欲望鞘〟〝アストラル体〟という名前でも知られています。食物鞘の正確な複製であることから〝エーテル二重体〟という用語が使われることもあります。この鞘はすべての人、植物、動物において3つの機能を果たしています。

1．五感を通して外部の物体を知覚する
2．この刺激を通して感覚対象を強く求める
3．肉体に基本的生存本能を満たすよう命令する

生気鞘はプラーナの流れの導管（ナディ）、〈気〉（ヴァユス）、プラーナの中心（チャクラ）のあるところです。生気鞘が身体に命を吹き込まなければ、食物鞘はロボットのように動く死体に過ぎません。驚くことに、空腹、喉の渇き、暑さ、寒さ、よろこび、痛み、そのほかの感覚を経験するのは生気鞘で、食物鞘ではありません。

食物鞘と生気鞘はつながっていますが、睡眠中、麻酔中、催眠中、幽体離脱、臨死体験、特別な瞑想状態、意識のない恍惚《こうこつ》状態、霊媒の最中など一時的に分離することもあります。生気鞘は肉体を離れてアストラル界を移動することができ、これはアストラル・トラベルと呼ばれます。

死が近づくと、生気鞘は食物鞘から離れてその上を漂います。生気鞘のおへそにつながっている銀色の紐は死と共に切れてしまいます。すると生気鞘は意思鞘へと退《しりぞ》き、食物鞘から永遠に離れます。生気鞘は身体の熱をつかさどっていますので、死と共に身体は冷たくなります。

生気鞘は毎分15から20回、拍動すると言われています。オーラを見る人には、その拍動が明るい青から灰色をした6ミリから5センチ幅の線となって見えることがあります。生気鞘は死後も幽霊や精霊となって生き残ります。思考と同じ速さで移動し、固体を通り抜けます。密度の濃さや重さを感じること

肉体と微細身の元素（図3c）

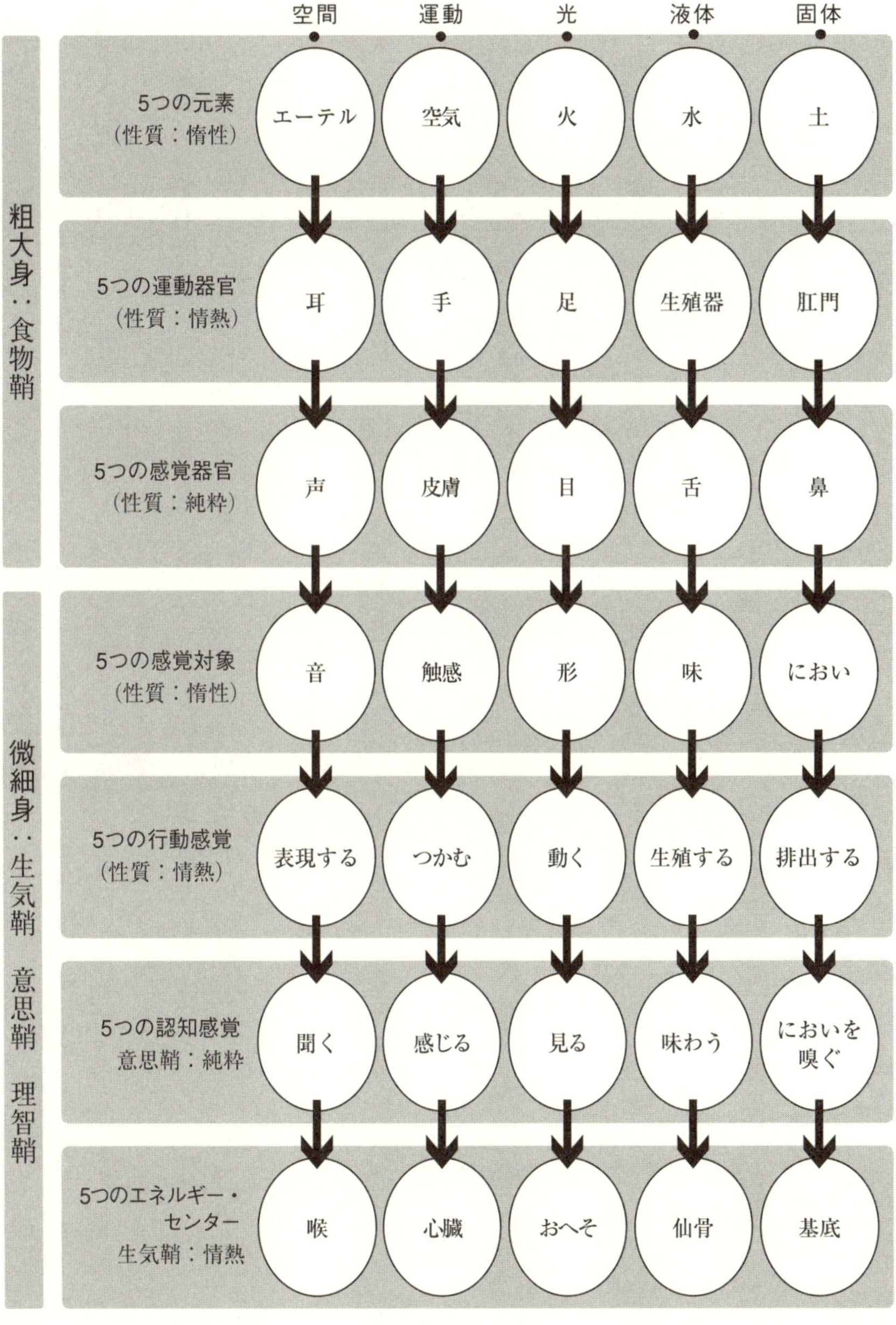
空間
運動
光
液体
固体
粗大身：食物鞘
微細身：生気鞘
意思鞘
理智鞘
5つの元素
（性質：惰性）
エーテル
空気
火
水
土
5つの運動器官
（性質：情熱）
耳
手
足
生殖器
肛門
5つの感覚器官
（性質：純粋）
声
皮膚
目
舌
鼻
5つの感覚対象
（性質：惰性）
音
触感
形
味
におい
5つの行動感覚
（性質：情熱）
表現する
つかむ
動く
生殖する
排出する
5つの認知感覚
意思鞘：純粋
聞く
感じる
見る
味わう
においを
嗅ぐ
5つのエネルギー・
センター
生気鞘：情熱
喉
心臓
おへそ
仙骨
基底

はありますが、重力の影響は受けません。

・意思鞘《マノーマヤ・コーシャ》とは

意思鞘は微細身の2番目の面で、3つの要素から構成されています。意識的な心（下位の意識）、感覚的無意識、反射的無意識です。この3つが協調して日々の経験をつくりだしているのです。

意識的な心

意識的な心は知的な機能を果たし、行動を指令します。意識にはものごとを考え、慎重に検討し、判断を下す力があります。意思鞘は意識から投影された思考形態とアイデアで構築されています。高度に進化した人においては、はっきりとした力強いエネルギーとなり、美しく明るい黄色の光の線となって見えることもよくあります。意思鞘は肉体の輪郭をなぞり、その輪郭よりも8センチから15センチほど外側まで広がっていることが多いようです。光は頭の周辺では特に目立ち、光輪をつくります。

感覚的無意識

意識的な心が客観的で能動的であるのに対し、無意識の心（印象の心）は、主観的で受動的です。無意識体は感情体という名でも知られていますが、魂と意識的な心をつないでいます。そして、肉体から飛び出して思考の速さで移動します。重さも質量もないので、空間を占めることもなければ重力の影響も受けません。死後もそのまま存在しつづけます。

このオーラの層は無数の深く濃い色を発していて、気分によって変わります。支配的な色がそのときに優勢な感情を示しているのです。濃い虹色の雲が絶えず液状の動きを見せるこの層は、肉体の輪郭よりも8センチから15センチほど外側に広がって見えます。

反射的無意識

頭の中の、反射的でパターン化された部分であり、同じ期待の繰り返しや複雑で感情的な反応の原因となる、潜在的特性、傾向、習慣から成っています。反射的無意識体は〝指標体〟と呼ばれることがありますが、それは経験をまとめた反応を示すからです。

指標体は前述の感情体の一部です。

・理智鞘《ヴィジナーナマヤ・コーシャ》とは

理智鞘は微細身の3番目の面で、大昔に動物から輪廻《りんね》して初めて人の形になったときに創造された、半永久的な媒体です。理智鞘のふたつの構成要素は知性と自我です。

知性

知性は認識力、理解力、直観力、知識の宿る場所で、決断する、解決する、一般化する、保持する、抽象的な考えを理解するなどの機能を果たします。

自我

自我は個々の人としてのアイデンティティです。それ自身を別の存在と考えるので、ハイアー・セルフと間違えることが多々あります。

もう一度66・67頁の図3aを見てください。ファサード・バリア（サイキック・バリア）は、自我を本物の自分自身から分離しようとする、人目を欺《あざむ》く精神的な壁なのです。この二重性による錯覚は見かけだけのもの、真実を覆い隠すものです。本物の愛情あふれる調和と神のような質を持った自分自身はこの偽物の自我の下に隠されています。

知性と自我の鞘は〝接続体〟とも言われ、低次の自我（ロワー・セルフ）と高次の自我（ハイアー・セルフ）をつないでいます。オーラの見える人には、この鞘はまとまりのない明るく濃い虹色の雲で、肉体の輪郭より15センチから30センチくらい外側に見えます。ときには薔薇《ばら》色がかって見えることもあります。

死後、微細身はどうなるのか

微細身は死を迎えても変化しません。微細身をまとったハイアー・セルフは、肉体を捨てて、心やプラーナ、感覚その他すべての霊的元素――新しい身体の種――と共に高次の次元へと移動します。

ハイアー・セルフが肉体を離れると、中心となるプラーナも肉体を離れます。そのときほかのプラーナもすべてついていきます（プラーナの説明については“Exploring Chakras”を参照してください）。プラーナは、プラーナの流れる基盤となる霊的元素と霊的組織なくして肉体にとどまることができません。そして魂はプラーナなくして新しい身体に入ることはできません。

あなたの能力と性格は死後も引き継がれます。それがあなたの死後と将来の輪廻の姿を決定します。あなたがこれまで経験したことはすべて無意識下の記憶の貯蔵庫に蓄積されています。そして生まれ変わるときには、輪廻のすべてのサイクルのあいだ守りとおしている同じ微細身をまとうのです。

原因身《コーザル・ボディ》について

原因身は無知の種です。原因身は、偽の自我の力ゆえに粗大身と微細身を存在させるからで、そしてまた偽の自我がすべての経験を積むのです。

・歓喜鞘《アーナンダマヤ・コーシャ》とは

原因身を構成している鞘はひとつだけです。それが歓喜鞘で、ハイアー・セルフの至福を放ちながら、ハイアー・セルフそのものを鞘のように包んでいます。この鞘は本物のハイアー・セルフ――アートマン、あるいは個人我の体――の影に過ぎません。

原因身は、エーテル＝魂＝自我体とも言い、あなたの個性を形成し、あなたの心が求めるものと今世における魂の目的をあらわします。肉体は変化しますが、原因身は常に若く、傷もなく、生き生きと輝き美しく、活発で、完全な左右対称で神々しい光を放っています。原因身はどの生でも、肉体と同じ性別であると考えられています。

歓喜鞘（エーテルの枠、エーテル＝魂＝自我体）は高次の、あなたの肉体の完全な型となるもので、精神体、アストラル体、肉体を、本物の栄光を隠す歪んだマスクのようにまとっています。

この光り輝く歓喜鞘は美しいパステル・カラーの光を放っています。そして肉体のように見える形をともなって人を訪れることがあります。オーラを見る人の多くは、これは肉体の写真のネガに似ていて、身体の輪郭から30センチから60センチ大きく広がっていると言います。しかしわたしは健康でスピリチュアルな人の場合に、肉体から3メートル以上も広がっているのを見たことがあります。

ハイアー・ボディ

5つの鞘を超えたところにあるのが高次体で、同時に多くの場所に存在し、多くの人と一緒に、宇宙レベルと個人レベルの仕事をいちどきにおこなうことができます。

・〝救世主〟体

ここで言う〝救世主（クライスト）〟とは、イエス・キリストの同義語ではありません。特定の宗教的な伝統にとらわれない普遍的なレベルの意識、あらゆる背景を持つ人々に存在する内的アイデンティティのレベルを指しています。クライストということばはギリシャ語のchristosに由来していてこれは〝聖油で清められた＝選ばれたもの〟という意味です。ですから救世主の自我は、内なる救世主、自分のなかにいる神聖化されたスピリット（精霊）のことを言うのです。救世主の意識は人としての生のなかでは最も理想的な質をあらわしています。

救世主体はそのときあなたが力を注いでいる人生の分野を専門分野とする、さまざまな姿・名前をとってあらわれることがあります。それは、そのときに学ぶべき分野にとってより適切な性別になり、男性のこともあれば女性のこともあります。

救世主体は、頭の上を、神の守護者、守護天使、天人、あるいは光の球となって漂うことがあります。けれどもそれはあなたのハイアー・セルフの一部であり、あなたの外にある力ではありません。精霊の形なので、物理的な法則に縛られることはありません。オーラの見える人は肉体の輪郭より60センチから90センチのところまで広がる、虹色の光が揺れる美しい線としてこの体を見ます。

・個人我体

あなたのハイアー・セルフはアートマンと呼ばれ個人我という力強い存在です。〝私はある〟〝私は存在する〟というのは、あなた個人の最も抽象的で根本的、普遍的な構成要素を指します。個人我とは、本来は人格を有しない神が個性化したものであり、それによって普遍意識が、自らを伝え、表現するために個別意識として姿を現すのです。すなわち個人我とは、普遍的叡智、愛、真実が形をとったものであり、個人我の目的は神の目的をあなたという個人を通して達成することにあります。

あなたの個人我は個人我体にあります。普通は男女両性の形をとり、男女の名前ひとつずつの計ふたつの名前を持っています。オーラを見る人のなかには、個人我体（精霊鞘またはコーザル体）は、細い金と銀の光の糸が格子のような構造をつくり、人の身体を支えているようだと言う人もいます。

・神性体

神性体は、あなたの理解する（なんであれあなたがそうであるべきと信じている）全能の神に直接つながっています。神性体の目的は、個人の意識と神の意識を一体化することです。あなたの神性体とは神があなたのハイアー・セルフという形をとってあらわれた、あなた固有の神の姿です。

神性体は、あなたのお気に入りの神である、クリシュナ神、ドゥルガー神、イエス・キリスト、聖母マリア、エホバ神、ハッシェム、アッラーなどの形をとることもあるでしょう。神性体は普遍的であなた個人と関連する特徴を有していません。しかし、あなたは神が体現化した存在として、こうした特徴を有することができます。

具現化した神性体は、あなたの固有の神の神聖なる姿です。男女ひとりずつの神の自我の名前と形態を持つことが多いでしょう。オーラを見る人は人の頭上に神の顔や形、あるいは神々しい光を持つ球体として、神性体を見ることがあります。

・宇宙体

宇宙体の性質は完全に普遍的なものです。普遍的な〝私はある〟という存在、それは宇宙にあまねく存在する知性です。宇宙と等しく広大なそれは、あらゆる星、銀河、宇宙空間を取り巻くものとして具体化されます。宇宙体にはすべての生命が包含され、

ハイアー・セルフ（高次の自我） (図3d)

ハイアー・セルフはアートマンと呼ばれ個人我という力強い存在であり、“わたしはある”“わたしは存在する”という、最も抽象的で根本的、普遍的な構成要素を指す。

個人我とは、本来は人格を有しない神が個性化したものであり、普遍的叡智、愛、真実が形をとって、神の目的を個人を通して達成することを目的にしている。

個人我体は、細い金と銀の光の糸が格子のような構造をつくり、人の身体を支えているようだと言う人もいる。

宇宙体は人間ひとりひとりのなかにあります。
あなたの宇宙体とはすなわち宇宙であり、その性質は普遍的な意識です。男でも女でもなく、あなたの宇宙体はひとつの名前とひとつの姿を持つことでしょう。宇宙体は宇宙の生命と共に働き、その機能は普遍的です。

・完全体

完全体は体とは言えず、形も現象も境界もありません。この体のない体ではなにもかもが消えてしまいます。しかし、単一性、統一性、完全性は維持されます。ここではあなたは至高の悟りと絶対的な真実のなかにある普遍的なスピリットと一体化します。なにものにも縛られず、最高の至福を得ます。

このレベルの意識は純粋で普遍的なもので、あらゆる創造の静かな目撃者であり、まったき静寂で、思考も活動も揺らぎもありません。その内にある状態はサマディ（心の平和）と言い、深い瞑想で体験することができます。

完全に純粋な意識はほかのどのレベルのアイデンティティをも超えていて、しかもほかのすべてのレベルに行き渡ります。生命の究極の本質で、その存在が宇宙に内在し、宇宙を支え、宇宙を維持しているのです。神の、人格を持たない側面であり、時間や空間、境界や因果関係を超えていて、無限で、名前も形もなければ、固有のアイデンティティも光も色も目立つしるしも特徴もありません。

完全こそがあなたという存在の真の姿です――不変で、永遠で、境界はなく、完全で、ほかのさまざまな体や鞘とも別のものです。あなたは間違って自分を自我や知性などの体や鞘と結びつけてしまっているかもしれません。それは本物のあなたではありません。あなたは本質において、境界のない純粋で永遠の意識なのです。

79頁の図3eを見てください。この図にはハイアー・セルフのさまざまな形が描かれています。人の女性のすぐ上にいるのが、彼女個人の、不死のエーテル体で、薔薇の花束を持っています。ハイアー・セルフの普遍的な面がそれを取り囲んでいます。女性の上に浮かんでいるふたりの姿は男性と女性の救世主体をあらわしています。ヘブライ語で"Yod He

ハイアー・ボディ（高次体） (図3e)

ハイアー・セルフのさまざまな形。すぐ上にいるのが個人の不死のエーテル体で薔薇の花束を持っていて、その上に男女の救世主体が浮かんでいる。その上で“ヤハウェ”と書かれた巻物を持って浮かんでいるふたりが男女の姿をした個人我である。神性体のふたつの側面は冠をかぶっている。その上、鳩のすぐ下にいるのが精霊と呼ばれる神の女性的な側面である。星と銀河は宇宙体をあらわしている。金色の太陽は、人格を持たない至高の神性、完全に純粋な意識、サッチタナンダをあらわしている。

Vav He〟（〝私は私である〟あるいは〝ヤハウェ〟）と書かれた巻物を持って浮かんでいるふたりは、女性の男女の姿をした個人我です。女性の神性体のふたつの側面は冠をかぶっています。鳩のすぐ下にいるのは神の女性的な側面で聖霊と呼ばれます。星と銀河は宇宙体をあらわしています。金色の太陽は、人格を持たない至高の神性で、完全に純粋な意識、サッチタナンダをあらわしています。

7つの世界

多次元的な存在であるあなたの各々の体は別々の次元に存在しています。こう言うと、とても信じられないと思われるかもしれませんが、今日の理論物理学もわたしたちは多次元に同時に生きていると言っています。古代インドの経典は、人の7つの鞘と7つのチャクラに対応して7つの世界があると語っています。この7つの世界のうち、上位3つの世界をブラーマの世界と呼んでいます。

1．食物鞘は〝大地の世界〟、物質界、土の大地で、誰の目にも見える、物質的な元素の領域にあります。

2．生気鞘は〝空の世界〟、〝虚空〟と呼ばれる中間の次元、霊的なものの活動領域にあります。この領域は大地から太陽まで広がっていると考えられています。

3．意思鞘は〝神秘領域〟、物質や〈気〉を超えた無の領域にあります。この面は太陽から北極星まで広がっていると考えられています。

4．理智鞘は〝中間領域〟、バランスの世界、幻覚の始まり、スピリチュアルな世界と物質世界をつなぐ鎖の環、出入り口にあたります。

5．理智鞘の一部である自我は、〝復活の場所〟にあります。そこは統一されていたものがふたつに分かれ、個性が生まれるところです。〝理解できない場所〟とも呼ばれます。

6．歓喜鞘は〝愛の館〟にあたります。これはまた完全な存在の世界、〝到達不可能な場所〟とも呼ばれ、聖霊の無限の領域でもあります。

7．ハイアー・セルフ（アートマン）は〝真実の住まい〟、神の領域、唯一の現実で唯一の本質、完

多次元のオーラ・フィールド（図3f）

体	鞘	世界	チャクラ
完全体 （ニルヴァーナ・シャリーラ） ブラフマンの意識	まだあらわれていない自我 （パラマシヴァ）	超越界 （パラマシヴァ）	頭上の点 （ビンドゥー） 同一感
神性体 （ブラーマ・シャリーラ） 神の意識	至高の自我 （ブラーマ・スティティ）	神の世界 （ブラーマ・ロカ）	頭頂 （サハスラーラ） 愛
個人我体 （アートマン・シャリーラ） 超越	高次の自我 （ハイアー・セルフ） （アトゥマ・スティティ）	真実の世界 （サティヤ・ロカ）	聡明 （グル） 光
原因身 （カラナ・シャリーラ） 深い眠りの状態	歓喜鞘 （アーナンダマヤ・コーシャ）	完全界 （タポ・ロカ）	額 （アージュナー） 心
微細身 （スクシュマ・シャリーラ） 夢の状態	自我鞘 （ヴィジナーナマヤ・コーシャ）	無意識界 （ジャナ・ロカ）	喉 （ヴィシュッダ） エーテルの元素
	理智鞘 （ヴィジナーナマヤ・コーシャ）	中間の世界 （マハー・ロカ）	心臓 （アナーハタ） 空気の元素
	意思鞘 （マノーマヤ・コーシャ）	神秘世界 （スワー・ロカ）	おへそ （マニプーラ） 火の元素
	生気鞘 （プラーナマヤ・コーシャ）	霊的世界 （ブーヴァ・ロカ）	仙骨 （スヴァディシュターナ） 水の元素
肉体 （ストゥラ・シャリーラ） 目覚めている状態	食物鞘 （アンナマヤ・コーシャ）	物質界 （ブー・ロカ）	基底 （ムーラダーラ） 土の元素

全のなかにあります。ここはアナマ（〝無名〟）とも呼ばれますが、それは形も時間も因果関係もないからです。

もっと、オーラを求める旅を続けましょう。次の章では、長年にわたり〈気〉を研究してきた科学がオーラをどう考えているかをご紹介します。

第4章

科学の考えるオーラ

人のエネルギー・フィールドに関する研究

オーラ・フィールド、プラーナのエネルギーは東洋と結びつけられることが多く、西洋の科学者のなかには目に見えない微細身を笑う人もいます。しかし、肉体とは別に存在する生命エネルギーについては、すでに古代において、プラトンやアリストテレスらが追究していました。さらに17世紀になると、人体から放出される電界を電磁放射によって測定する機械やオーラを写し出す撮影機も発明され、現在ではバイオプラズマやバイオフォトンの研究も進んでいます。

科学における〝人のエネルギー・フィールド〟の研究について見てみましょう!

〝光を与えれば闇は自然と消えていく〟

——エラスムス

オーラ・フィールドとプラーナのエネルギーは、東洋と結びつけて考えることが多いのですが、西洋の科学者や哲学者も肉体の内を満たし、外を包むエネルギー・フィールドを仮定していました。たとえばニュートンは、力学、光学、重力に関する法則を発表したあとで、錬金術を通じて〝生命力〟の研究に数年間を費やしています。

現代の科学者は、見えないエネルギー体の概念を軽く考えるか、あざ笑うかのどちらかです。しかしそうしたエネルギー・フィールドを証明する科学的研究には説得力があります。本章では、エネルギー・フィールドに関する理論を進展させた研究者をご紹介します。多くは、その信念のために迫害されたり投獄されたりしました。

初期の生命エネルギー理論

プラトンはヌース（理性）と呼び、アリストテレスはエンテレケイア（終局態）と呼びました。〝医学の父〟ヒポクラテスは、ヴィス・メディカトリクス・ナチュライ（自然治癒力）と名づけました。ピタゴラスとガレノスにとっては、プネウマ（いっさいの存在の原理）でした。西洋で生命エネルギーの概念を最初に提唱したのはギリシャ人たちで、その伝統は錬金術師に引き継がれました。

パラケルスス（１４９３—１５４１）の名で知られるフィリップス・テオフラトゥスは、〝生命力は人のなかに閉じこめられているのではなく、光り輝く球体のように人の内部とその周囲に放射されている〟と信じていました。

ヨハネス・ケプラー（１５７１—１６３０）は、このエネルギーをヴィス・モトリクス（生命力）と名づけました。ベルギーの医師で錬金術師でもあるヨハン・バプティスタ・ヴァン・ヘルモント（１５７７—１６４４）は、動物磁気とも磁性流体とも呼ばれるマグナレ・マグナムという物質、つまり世界に拡散して遍在する癒しの力がすべての人間から発散されているという考えを初めて提唱しました。

パリ在住だったウィーン生まれの医師、フランツ・アントン・メスメル（1734―1815）は、磁力を信じていました。磁力とは世界に遍在している非常に微細な〝液体〟によって生じる相互作用のことで、もとになる液体はあらゆる運動障害を受け取り、増殖させ、伝達することができると考えたのです。

初期の研究者についてもっと知りたい方は、わたしの著書〝Exploring Chakras〟を読んでください。また同書にエネルギー研究の勇気あるパイオニアの多くの名が挙げられた表もありますので、参照してください。

活発な生命エネルギーの利用

生命エネルギーを治療に利用しようという考えはヒポクラテス以来ずっとありました。現代の科学者は、人体を維持し癒す動的なエネルギーが存在すると仮定しています。

【ハーネマン：ダイナミス】

ドイツの医師サミュエル・ハーネマン（1755―1843）は、ホメオパシーの創設者で、あまねく存在する霊的なものをダイナミスと名づけると共に、病気になるのはレーベンス＝エアハルトングスクラフト（生命維持力、生命の根本）がうまく調整されていないためと考えました。ハーネマンは、病気の原因は決してわかるものではないと考え、症状によって分類しました。人工的につくりだされた共鳴する病気――類似の症状を示す薬効のある〝ポテンシー〟（ホメオパシーの薬、レメディー）――が病気を取り去り、健康状態を取り戻した身体のバランスを回復する生命力を刺激するというのです。

【ライヘンバッハ：オディック・フォース】

ドイツの企業家、化学者、発明家のカール・フォン・ライヘンバッハ男爵（1788―1869）は宇宙の力を研究し、それにオド、オディリック、オディック・フォース（オドの力）と名づけました。

オディックという名はウォーダン（Wodan：古代ドイツ語で〝あらゆるところへ浸透する〟の意）に由来しています。自然の決して止まらない力、あらゆるものを通して流れ浸透する力をあらわしているのです。

ライヘンバッハは人体、磁石、植物、鉱物、水晶、プリズム、色、熱、日光、月光などから出る放射物に関して非常に多くの調査を重ねて、オディック・フィールドは光波のようなエネルギーであり、また液体のような粒子でもあると発見しました。あらゆる物質によってはるかに離れたところまで伝達されるそのエネルギーは物質にさわったり近くに寄ったりすることで、溜まったり放出されたりしました。正に帯電した元素は人に温かで不快な感じを与えました。それとは逆に負に帯電した元素は冷たく心地よい感じをつくりだしました。

ライヘンバッハは身体の生命力には磁石のような有極性があることを発見しました。身体の左側が負で右側が正です。この概念はすでに道教やヨーガ、鍼療法で知られています。

【マクドゥーガル：魂という物質】

19世紀にある心霊主義者が、死にゆく人の死の直前直後の体重を計測しました。死体は14グラム軽くなっていました。そのほかのすべての理論は即座に破棄《はき》され、心霊主義者は魂の重さは14グラムであると主張しました。

1907年、「アメリカン・メディスン」誌は、マサチューセッツ州ヘーヴァリルの医師ダンカン・マクドゥーガルがこの実験を再現したと報告しました。彼の最初の実験対象となった結核患者は、竿《さお》秤《ばかり》の台の上に慎重にバランスをとって置かれたベッドに横たわりました。死ぬ前の220分間にわたって、患者は1時間に28グラム（1オンス）の割合で体重を減少させていきました。これは発汗や呼吸による水分の蒸発のためです。最後の息を吐き終えた瞬間、針は突然がくんと下がって下限にあった棒に当たり、そのまま戻ることはありませんでした。失われた体重は21グラム（3／4オンス）でした。

マクドゥーガルの2番目の患者と3番目の患者はどちらも死と共に体重が14グラム減りました。また別の患者は10・5グラムの減少でした。マクドゥーガルは、彼が〝魂という物質〟と名づけた何かを患者が失ったと結論づけました。のちにマクドゥーガルは同じ実験を犬15匹を対象におこないましたが、犬には死と共にそれとわかる体重の減少は見られませんでした。

1995年、ミネアポリスの復員軍人病院で再び同じ調査がおこなわれました。亡くなった患者全員に、生前と比べて17・5グラムちょうどの体重の減少が見られたそうです。

【ドリーシュ：生気論】

ハンス・アドルフ・エドゥアルド・ドリーシュ（1867―1941）は、ドイツの哲学教授であり胎生学者でしたが、未発達期のウニの切片が完全な成体にまで成長することを発見しました。この発見は当時の機械論と矛盾していたために、ドリーシュは〝生気論〟という哲学に到達しました。自己を決定する見えない生命の力、〝生命の原理〟、先天的な知性というものがあり、それが肉体を自分で治し自分で自分をコントロールするという理論です。病気は生命力のなかに障害があることを示し、生命力による反応を誘導します。生気論は食事、ビタミン、運動、健康な習慣、毒素の排除などによって癒すという自然な傾向を支持し、またそれについての規則を教えてくれています。

エネルギー機械の発明

生命エネルギーの原則を用いて、科学者たちは力の源、あるいは癒しの手段として〈気〉をつかまえる機械を開発しました。ほかのエネルギー機械の発明者同様、ニコラ・テスラは発光性のエーテルの存在を信じていました。

【キーリー：フリー・エネルギー】

米国人ジョン・アーンスト・ウォレル・キーリー（1827―1898）は、〝キーリー・モーター〟の発明者で〝フリー・エネルギー〟――〝エーテル〟（あるいは宇宙）から直接得られるエネルギー――の秘密を解明したと主張しました。1872年、彼は米国特許庁に〝水力真空エンジン〟の設計を提出しました。これは〝水圧に接続した真空によってつくりだされる力で動くエンジン〟です。キーリーがフリー・エネルギーの鍵としていたのは、宇宙にあるすべてのエネルギーに潜む絶え間ない波動をコントロールすることです。キーリーは〝天上には心の力という、生命それ自身といえる共鳴する力があり、その力によってあらゆるものがつくられている〟と語っています。キーリーの〝永久機関〟は長年にわたりフィラデルフィアのフランクリン・インスティテュート（科学博物館）に展示されました。

【ライヒ：オルゴン・エネルギー】

ドイツ生まれの精神分析医で科学者のヴィルヘルム・ライヒは、1930年代に〝バイオン〟を発見し〝生物物理学〟を確立しました。ライヒのバイオンとはオルゴン――核以前の〝質量のない根本的な力で、宇宙全体において基本的な生命力として働いているもの〟――の〝基本的な生命エネルギーの単位〟を指します。ライヒはオルゴノミー――あらゆる有機体、大地、空気、宇宙にある生命エネルギーの研究――を開始しました。

2000倍から4000倍という高性能の光学顕微鏡を使って、ライヒは生物、無生物、微生物、ヒトの血球のエネルギー・フィールドを観察しました。そしてオルゴンの流れの変化を物理的、精神的疾病やトラウマと関連づけました。

ライヒの〝オルゴン集積器〟は、自然治癒力の速度を速めるためにオルゴン・エネルギーを濃縮するものでした。この集積器を使って、ライヒは電流を伝える真空放電管を通常の放電電位よりも低い電位で充電してみせたのです。

ライヒは〝州境を越えてオルゴン集積器を輸送した〟として、米国食品医薬品局に訴えられメイン州で投獄されました。そして、オルゴノミーの研究やオルゴノミーに関する執筆を二度としないことに同意すれば、あと数か月で仮釈放を得られたかもしれないというときに獄中で死亡しました。彼の日誌や所持品が家族に戻されることはありませんでした。米国食品医薬品局はニューヨーク市で1950年代と1960年代に最低2回ライヒの著書を焚書《ふんしょ》扱いにしています。

【エイブラムス：高周波放射器】

ラジオニクスのパイオニアである、アルバート・エイブラムス（1863―1924）は、生物は高周波の波動を放射し、またその影響を受けていると仮定しました。彼は自分の診断法を使って病原体が共鳴する特定の周波数を正確に割り出し、数字で分類しました。これが〝エイブラムスの電子反応〟、略してE・R・Aというものです。

エイブラムスは、人ひとりひとりの周囲を見えない微細身が取り囲んでいると信じていました。そしてすべての生命につながっている、エーテルの力のフィールドは患者につながる手段になると考えたのです。彼の〝ラジオジオ診断法〟は遠隔治療にも効果があることを証明しました。また〝テレ診断法〟は患者とつながるのに電話線を使う方法で、〝テレエアロ診断法〟は〝エーテル〟だけを使って患者とつながる方法です。

形而上《けいじじょう》学を研究していたエイブラムスは、人の死（自分の死でさえ）の日時を正確に予言することができました。自分の死についてはその1年前に公《おおやけ》に予言していたのです。

【ドラウンとデ・ラ・ワー：ラジオニクス】

米国人のルース・B・ドラウン（1892―1963）と同僚の英国人精神科医ジョージ・デ・ラ・ワー（1904―69）は、人間の身体から出ているエネルギーの放射は、その波長は光とは異なっているものの、写真に撮れることを発見しました。

ドラウンは自分で発明した〝ホモ・ヴィブラ・レイ装置〟を使って遠隔治療のための放射をおこないました。1935年、彼女はこのラジオニック機械を改良して、驚くべきカメラをつくりだしました。これで身体から放射されているエーテルの生命エネルギーを測定し、病気に苦しむ何千という患者を遠隔治療したのです。患者の毛髪のサンプルだけで、このカメラは腫瘍《しゅよう》や嚢腫《のうしゅ》、がんなどの病気を写し出しました。

吸い取り紙に落として乾いた血液1滴から、写真の現像の逆工程というユニークな方法を使って、ドラウンは身体のどの組織でも撮影しました。1960年に彼女がつくった医師のための冊子には22枚の驚くべき写真が掲載されています。いろいろな身体器官、組織、細菌、腫瘍が断面図の形ではっきりと写し出されているのです（CATスキャンと似ています）。

電磁気的オーラ放射

1800年代の電磁場の発見と共に、研究者たちは人の身体から発散されている電場を見つけ、測定する方法を探りはじめました。

【バー、ノースロップ、レイヴィッツ：L―フィールド】

〝生命の電気力学的理論〟を発達させたのは、胎生学者でイエール大学医学部の神経解剖学教授を43年間務めたハロルド・サクストン・バー（1889―1973）とイエール大学の哲学および法学教授として評価の高いF・S・C・ノースロップでした。彼らの理論は基本的な生命の設計図を明らかにしました。それは〝電気力学的フィールド〟で、物質からは独立し、あらゆるものを取り囲み、相互に連結している存在だというのです。

1935年、バーはC・T・ランドおよびL・F・ニムスと一緒に、有機体の周囲で100万分の1ボルトの電流まで測れる電圧計を完成させました。40年を超える何万回という実験において、バーと共同研究者たちは〝生命のフィールド〟、〝L―フィールド〟を計測しました。

バーは、特定のフィールドが有機体の構造、機能、成長、形、衰退を決定づけ、そして死と同時に消滅することに気づきました。このフィールドは、感情、睡眠妨害、麻酔状態、催眠状態、それに月の満ち欠けや季節のサイクル、地球の磁場などによってその強さと極が変化します。

レオナルド・J・レイヴィッツは、イエール大学の神経解剖学科に所属する神経精神病学者で、L―フィールドの電圧の数値が高いのはいらいらや緊張を、数値が低いのは精神が健全で満足していることを示していることを発見しました。バーは医師たちに症状が発達する前にL―フィールドの電圧を測定することによって病気を診断できると提唱しました。

【プハーリック（プハリッチ）、グリーン、ジマーマン、瀬戸：生体磁場】

1960年から1990年にかけて、アンドリヤ・プハーリック（1918—1995）は、ヒーリング・セッションのときにヒーラーの手が1秒間に8回（8ヘルツ）の有益な磁場をつくりだしていることを発見しました。

1990年にネヴァダ州のリノにある生物電磁気学研究所（Bio-Electro-Magnetics Institute of Reno）のジョン・ジマーマンは、手かざし療法の施術者の手の周辺に低周波の生体磁場があることがSQUID（超伝導量子干渉器）によって測定されたと報告しました。その周波は0・3～30ヘルツで、7～8ヘルツにほとんどが集中していました。

1992年、日本の瀬戸明は磁力計を使って、瞑想家やヨーガと気功の実践者の手から出ている生体磁場を測定しました。この磁場も同じ範囲、2～50ヘルツを記録しました。

ヒーラーの手と地球の磁場の振動は同じ速度で（8ヘルツ）、これはシューマン共鳴として知られています。医学的研究によれば低周波は身体に癒しを与える刺激となり、特定の周波数が別々の組織に効くそうです。なかには生命に有害な周波数もあります。

1993年、メニンガー・クリニックで、バイオフィードバックのパイオニアである医師エルマー・グリーンは、集中して患者を治癒しているヒーラーの手が銅の壁に驚くほどの電圧の変化を生じさせるのを測定しました。このときは最高220ボルトを記録しています。

【ベッカー：電気コントロール・システム】

1962年、ニューヨーク州シラキューズにあるアップステート・メディカル・センターの整形外科医ロバート・O・ベッカーは、人間の身体を取り巻く複雑な電場の測量をおこないましたが、それは身体と中枢神経系と同じ形を描きました。この電場は生理的、心理的変化に応じて形と強さを変化させました。1979年まで研究を続けた結果、ベッカーはこの電場を動きまわる、電子の大きさの粒子を発見しました。ベッカーは、先駆けとなった身体の〝電気コントロール・システム〟を対象としてノーベル賞候補になりました。

【本山：エネルギー経絡】

50冊以上の著書があり、東京の宗教心理学研究所とカリフォルニア・ヒューマンサイエンス大学院の創設者でもある本山博（1925―）は1970年代に、暗い部屋でムービーカメラを使いヨーガの上級者から放射される低レベルの光を測定しました。

彼のＡＭＩ（経絡機能とそれに対応する内部器官を測定する装置）には28の電極と鍼療法用の針やクリップがついていて、電気的に鍼療法の経絡とツボを測定します。治療前、治療中、治療後に施術者と患者の経絡を測定したところ、多くは施術者のエネルギーが一度落ちてから再びあがることがわかりました。また施術者の心臓部分のエネルギーが治療後に上昇しました。

【サンシエール、リン、ジアン：〈気〉エネルギー】

１９９６年、多量の科学的証拠から〈気〉の外部からの放射が処理溶液の分子構造を変化させることがわかりました。たとえばヌクレオチド重合、蛋白質の結晶化、酵素活性などに影響を与える、核酸の紫外線吸収を増加させ化学反応を引き起こす、放射源の放射性減衰速度を1〜12％変化させるという結果が見られます。これらの実験は多くの場所で再現され、その影響は被験物と施術者の距離が何千マイルと離れていても（米国から中国）、まったく同じでした。

高周波写真

１９００年代初頭にキルリアンが撮影装置を最初に発明して以来、研究者たちはキルリアン写真の重要性に興味をそそられてきました。

【キルリアン：高周波写真】

黒海に近い南ロシアのクラスノダール研究所の技術者だったセミョン・ダヴィドヴィッチ・キルリアンは、電気療法の最中に、高周波装置の電極と患者の皮膚のあいだにごく小さなフラッシュが見られるのに気づきました。

1939年、キルリアンは1秒間に75000〜20000サイクルという特殊なスパーク発生装置を使って、高圧電流の範囲にある有機体から放出される光を撮影できることを発見しました。この方法で撮影された木の葉は、無数のエネルギーの点であらわされました。葉脈からは青緑色と赤みがかった黄色のパターンがゆらめき立ちのぼっていました。キルリアン自身の手は、夜空と星を背景にした花火の輝く、天空の天の川を思わせました。しかしこのパターンは手の生理機能とは関連していませんでした。

このライト・ボディ（光の体）は肉体と親密につながっていて、肉体の行動を命令しているようです。健康な生物の光のパターンは病気の生物のそれとは非常に異なっています。また精神的な緊張や感情的なストレスがパターンを歪めます。写真を読みとくことによってキルリアンは症状があらわれるずっと前に正確に病気を診断しました。

ソ連の化学者はキルリアン写真を観察し、この発光の流れが鍼療法の経絡に正確に対応していることを発見しました。鍼療法で鍼を挿入する箇所は、キルリアン写真がひときわ明るい光を放つところと正確に一致しています。

生物が死ぬと、発光しているエネルギー体はゆっくりと消え去ります。光の強度と秩序は弱くなります。ちらちらと光るエネルギーは、生物の死の時点で生物発光が最後に終わるまで生物から放散されています。

キルリアンの方法を使って生物と無生物の両方の写真が撮影されました。無生物もまた発光エネルギーに満たされていますが、その光は常に一定の明るさで、生物の場合に見られる輝かしさや動き、活発さに欠けています。

【モス：高圧写真】

1960年代、UCLAの神経精神病学研究所でセルマ・モス（1918―1997）と同僚は、高圧のキルリアン式の写真を撮ると、瞑想、催眠、アルコール、ドラッグ、親しい友人や異性への接近によって、指先からより明るくより広範囲のコロナが放電することに気づきました。また、性的興奮、緊張、感情的興奮の状態のときには、カラーのフィルムに光の斑点が見られました。

ＵＣＬＡ健康科学センター（Center for the Health Sciences）で、モスと共同研究者は手かざしのヒーラーが患者を治療したあと指先の周囲のコロナが弱まり、一方患者のコロナは明るく広範囲になるという観察結果を得ました。

植物を育てるのが上手で〝緑の指〟を持つと主張する人々は、切断した葉の上に数分間手をかざすだけで、葉のコロナの明るさを増すことができます。この葉は対照とする葉と比べると数週間長くその明るさを保ちます。植物を育てるのが下手で〝茶色の指〟を持つと自任する人が同じ実験をすると、葉のコロナは消えてしまいます。

バイオプラズマのオーラの研究

キルリアン写真に見られるコロナは電磁気であると考えられました。しかしロシアのイニューシンは、キルリアンの光は新しいエネルギー、バイオプラズマで、物質の第5の状態だと主張しています（その他の4つの状態とは、固体、液体、ガス、プラズマを指します）。

【イニューシン：バイオプラズマ・エネルギー・フィールド】

生物物理学者のヴィクトル・M・イニューシンは、カザフスタンのアルマ・アータにあるキーロフ州立大学において、1950年代より広範囲にバイオプラズマやバイオプラズマ・エネルギー・フィールドの調査を進めてきました。イニューシンが発見したのは、バイオプラズマの生物発光は、イオン化された極小の自由陽子と電子の秩序だった放射によって生じるものだということでした。

イニューシンは、絶え間なく動いているバイオプラズマの粒子は、細胞内化学過程によって絶えず新しくなっていることに気づきました。バイオプラズマ内の正粒子と負粒子のバランスは比較的一定していて、急激な変化は病気を示します。

バイオプラズマ体は、それ自身の電磁場を放射していて、気分と共に変化し、機械、月、太陽の磁気嵐など、ほかの場の影響を受けます。人のグループの電磁パターンは新しい人が入ってくると変化します。
酸素を吸い込むと、バイオプラズマ体は充電し満たされ、蓄積されている生命エネルギーは新しくなり、乱れているエネルギーパターンは調和します。酸素の余分な電子と一定量のエネルギーがバイオプラズマ体に運ばれます。

【ポポヴ・グループ：バイオプラズマ体】

イポリット・M・コーガン教授の指導のもと、1965年から1975年にかけて無線技術および電気通信A・S・ポポヴ全連邦科学技術協会の生物情報研究所（Bioinformation Institute of A.S. Popov All-Union Scientific and Technical Society of Radio Technology and Electrical Communications）に所属するソ連の科学者たちは、超感覚的知覚（ESP）とテレパシーの広範囲にわたる研究を実施しました。科学者たちは、生物が300〜2000ナノメートルの、VLF（超長波）やELF（極低周波）の電磁波を放射していることに気づきました。

バイオプラズマ、またはバイオフィールドは、バイオエネルギーの移転をうまくやってのける被験者ほど強くなります。テレパシーのメッセージや超的知覚はバイオプラズマ体を通して運ばれるのです。被験者がテレパシーを受けるとバイオフィールドは変化します。バイオプラズマ体のチャクラとマルマのエネルギー・ポイントを人工的に刺激すると超常的知覚が増大します。

生物フォトンの計測

ソ連の科学者が先駆者だったころから、生物から放射される光は計測されてきました。ドイツのポップはこの放射を生物フォトンと名づけました。

【ポップ、コーエン、および共同研究者：生物フォトン】

ドイツのノイスにある国際生物物理学研究所（International Institute of Biophysics）に所属するドイツ生まれのフリッツ＝アルバート・ポップ（1938―）は、1972年からほかにはない超高感度の測定装置を使って、広範囲の生物フォトン（生体量子放射）の研究を開始しました。

1976年、ポップとB・ルース（マールブルグ大学の物理学者）は永続的光放射（400～800ナノメートル）を植物と動物の細胞と組織から測定しました。1981年、ポップはDNAが生物フォトンの源である証拠を見つけ、DNAは事実上細胞にフォトンをエネルギーとして蓄積しているのではないかと推測しました。1981年から1999年には、ポップは生物フォトン・フィールドの一貫性についてと、生物フォトンを通じての細胞内および細胞間の生物学的コミュニケーションについて研究しました。1997年、ポップとフランス生まれのソフィー・コーエン（1968―）は、生物フォトンが人の生物学的リズムを示し、さまざまな病気が正常な生物フォトンのパターンを乱していることを発見しました。

【ロンリャン、ウォレス、中村：気功放射】

1990年代に中国の中国科学院上海原子力研究所（Atomic Nuclear Institute of Academia in Sinica）で、蘭州大学のゼン・ロンリャンは光量子測定装置を葉の葉脈につなげて、気功師の手から〝超低周波の安定しない搬送波〟の形で〝生命力〟が放射されているのを発見しました。〈気〉は直径60ミクロンの微粒子が秒速20～50センチで移動する微粒子の流れとして感知されることがあります。

1999年、ユージン・ウォレスは才能ある気功師の手から通常の100倍の生物フォトンが放射されていることが測定できたと報告しました。固体状態のフォトン測定装置を使って、ウォレスは人が〝もっとエネルギーを放射しようと意図している〟ときに〝より多くのフォトンが計測される〟ことを発見しました。

2000年、中村広隆と共同研究者は、気功の施術中、気功施術者の手の表面温度が下がり、生物フォトン放射の強度が上がることを発見しました。

ガンマ線放射の測定

生物フォトン研究の最近の理論では、高エネルギーのγ《ガンマ》線のフォトンがヒトの細胞によってエネルギー源として消化、蓄積、利用されていると考えられています。

【ラッキーとスラヴィンスキー：放射性代謝】

1980年、細胞生物学者のT・D・ラッキーは放射線代謝理論を発表しました。〝イオン化放射とその産物による代謝反応の促進〟は〝光合成以前に放射エネルギーを化学エネルギーに変換している〟というものです。低エネルギーフォトン放射の副産物は放射性代謝の存在を示唆《しさ》しています。多くの研究者が紫外線から赤外線近くまで（200〜900ナノメートル）のそうした放射を探知しています。

1987年、生物物理学者のヤヌシュ・スラヴィンスキーは〝死にゆく細胞集団や生物は平常の一定した放射に比べて10〜1000倍強い放射をしている。この現象は……「ライト・シャウト（光の叫び）」と呼ばれ、普遍的で死因とは独立した現象である。この強さと時間は死にゆく速度を反映している〟ことを発見しました。

【ベンフォード：ガンマ線】

1999年、M・スー・ベンフォードは、施術中のポラリティ・セラピストのガンマ線放射レベルがかなり低下することを測定の結果、発見しました。ベンフォードによれば〝セラピーの最中、被験者の100%、測定したすべての例においてガンマ線放射レベルが明らかに低下した〟ということです。

同じような結果が見られた例として1996年にエルマー・グリーンは、セラピューティックタッチの手かざし施術者において説明のできない〝身体の負の極性の電位の4ボルトから190ボルトへの急激な上昇〟を計測したと報告しています。

ガンマ線は宇宙放射線と呼ばれることもあり、光の高エネルギー形態を指し、理論的にはヒトの身体の影響は受けないはずです。それでもヒーリング中にガンマ線のはっきりとした減少があったということは、ガンマ線が代替エネルギー源としてヒトの細胞に吸収され、代謝され、蓄積されたことを示唆しています。

環境のなかのオーラの影響

生命力エネルギーのフィールドは人の身体に閉じ込められているわけではありません。科学者たちは、このエネルギーがあらゆる生物の基礎であり、すべての生命を結んでいると想像しています。研究者はこの広大なエネルギー・フィールドを定義し測定しようと試みてきました。

【ストロンバーグ：ジーニー】

1940年、スウェーデンの宇宙論学者でマウント・ウィルソン天文台の天文学者だったグスタフ・ストロンバーグ（1882—1962）は、複雑に組織立った波動、あるいは精霊が存在すると推測しました。これはまったくの非物質ですが、物質粒子と有機体の構造的発達に命令を下すというのです。精霊の中には、青虫を蝶に変身させたり、細胞を分割・再生したりといった記憶を蓄積する役割を果たすものもあります。ストロンバーグは世界を包む精霊、〝世界の魂〟や染色体遺伝子をつかさどる精霊〝遺伝子の精霊〟というものを考え出しました。彼の業績は、アインシュタインやエディントンから高評価を受けています。

【ホールとソマー：個人空間】

1960年代に研究者たちは〝個人空間〟——お互いがこの近さなら心地よいと感じる領域——の研究をしました。1969年、E・T・ホールはそれを4つの領域に分類しました。密接距離、個体距離、社会距離、公衆距離です。1メートル未満は密接距離または個体距離と考えられます。ホールは心地よい領域は、状況、文化、個人、性別によって変化することを発見しました。

1969年のR・ソマーの研究では、図書館にひとりですわる被験者に研究者がさまざまな距離まで近づき、被験者の個人空間を侵害しました。それから被験者までの距離と被験者が立ち去るまでの時間の速さを記録したのです。1969年、ホールは、個人空間が侵されると、人は引きこもってそれ以上の社会的接触を避けたり、態度を変化させたり、立ち去ったり、あまり話さなくなったり、目を見るのを避けたり、もっと距離をとるように動いたりすると報告しました。

【マハリシ・マヘーシュ・ヨーギー：集合的影響】

調和や不調和の集団意識（社会を構成する個人の集団としての影響）が広がるフィールドがあり、そのフィールドが相互的に個人に影響を与えていると提唱したマハリシ・マヘーシュ・ヨーギー（1918―）の超越瞑想（TM）とTMシディプログラムの効果は、500を超える科学的研究によって証明されています。大規模な調査によって、瞑想者の数の多い都市では生活の質が改善することも確認されています。

1974年から1978年にかけて、160の米国の都市でおこなわれた調査によれば、各都市で1973年までに超越瞑想の技術を学んだ人の数と犯罪の数には、反比例の関係が見られました。特定の集団における超越瞑想の瞑想者が多ければ多いほど、殺人、自殺、交通事故死の数は少なく、犯罪率、失業率、インフレ率は減少しました。充分に大きな集団が同じ都市で同じ時間に瞑想すると、国際関係が改善し、世界中の地域紛争が減少します。

【ボーム：因果的量子理論】

アメリカの量子物理学者デヴィッド・ジョセフ・ボーム（1908―92）は、偏在し、量子系に直接つながっている〝量子ポテンシャル〟が、環境全体についての〝活発な情報〟を提供しているという考えを提唱しました。この宇宙量子場のために、宇宙のある場所で起こったできごとは即座に宇宙の別の端にある粒子の動きに影響を与えます。ボームは、彼の因果的量子理論は〝確実にそこにあるがとらえどころのない真実のレベルを創造的に活用する扉を開く〟と述べています。

1959年、研究生のヤキール・アハロノフと共同で、特定の環境において電子は場の強さがゼロである宇宙の領域を移動しているときでさえ、近くにある磁場の存在を〝感じる〟ということをボームは発見しました。これがアフラノフ＝ボーム効果です。

【シェルドレイク：形態形成場】

1995年、英国の生物学者ルパート・シェルドレイク（1942―）は、〝形態形成場〟というエネルギー・フィールドが存在（人と人以外のものでさえも）を結びつけると考えました。

シェルドレイクは宇宙に潜在する形態形成場は意識であると提唱しました。シェルドレイクは、原子、分子、結晶、有機体、細胞、植物、動物、社会的グループ、本能的行動パターン、文化的要素、エコシステム、惑星、太陽系、銀河といった形態や組織の単位として〝形態単位〟というものを定義しました。

シェルドレイクの〝形成的因果関係〟の仮説において、形態単位の構造と活動は〝形態場〟によってつくりあげられます。形態場には、形態形成場、行動フィールド、社会的フィールド、文化的フィールド、精神的フィールドなどが含まれます。形態場は〝形態共鳴〟が形づくり、影響を与え、安定させます。形態共鳴とは、過去のすべての類似の形態単位からつくられる習慣的、集合的な記憶で、しだいに習慣を増していきます。

形態共鳴を通して、形成的な因果的影響が強さを失うことなく空間と時間を移動します。形態共鳴の影響力は過去の形態単位との類似性の高さに正比例します。

２００２年、シェルドレイクは、大規模な二重盲検法を使って、犬があらかじめ主人の帰宅時間を突き止められることを発見しました。２００３年には人は他人が自分を見つめているのがわかることを証明しました。これらの研究は彼の形態共鳴理論を裏づけているようです。

次の章では微妙な知覚に気づく方法をご紹介しましょう。オーラを感じたり見たりできるようになる第一歩です。

第2部

エネルギー・フィールドを体験しましょう

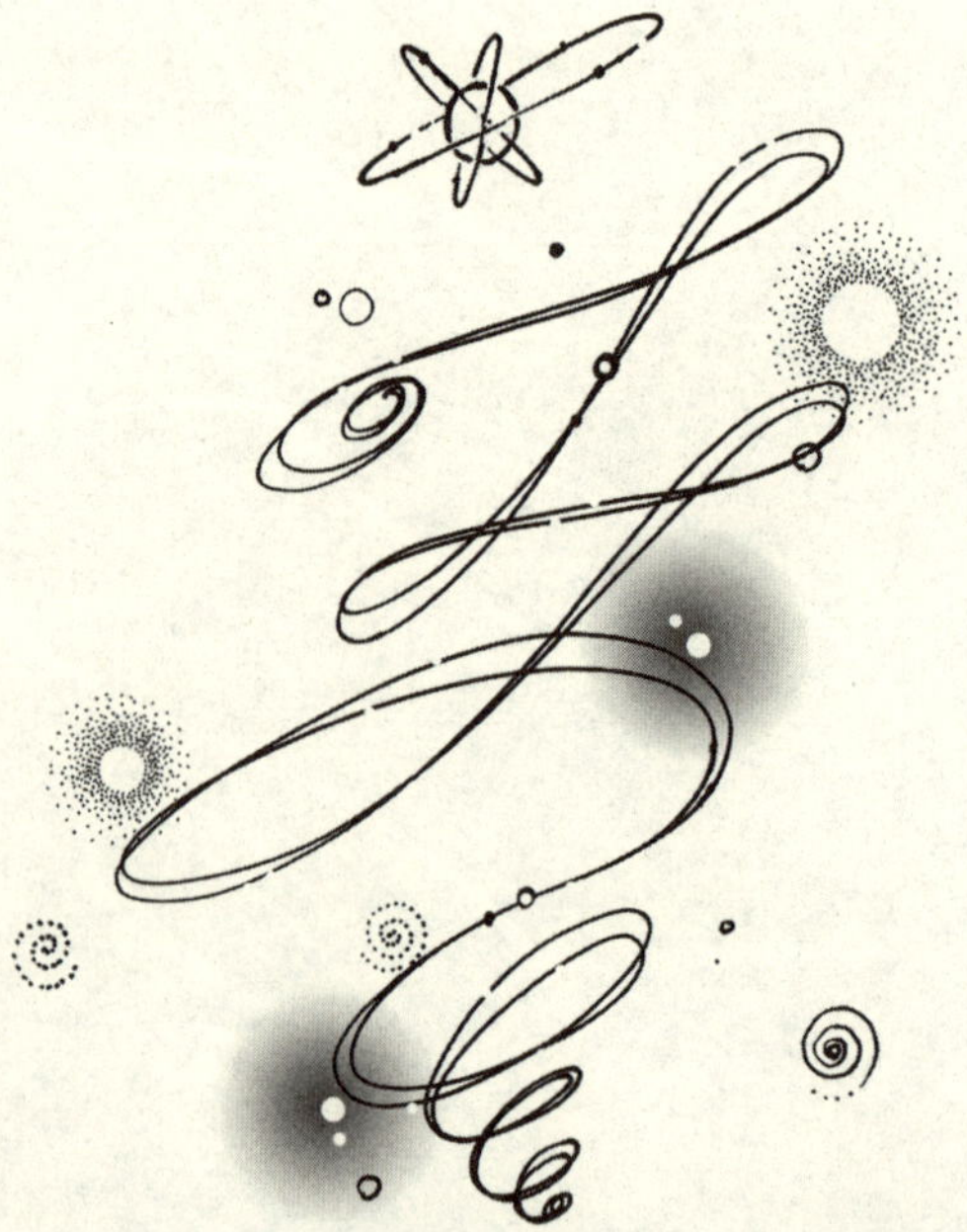

第5章

オーラは見ることも感じることもできます

とらえにくい波動を体験する方法

オーラを感じることはむずかしいことではありません。オーラをはっきり見るには、高い透視能力が必要ですが、普通の人は五感を使って感じ取ることができます。これは一般的に、透視能力より超感覚の能力が優れているからです。

本章では、オーラ・エネルギーを見たり、感じたり、体験したりできる助けとなる簡単な練習を紹介します。自分や他人を癒し、向上させようという真摯《しんし》な目的を持って、忍耐強く練習に臨めば、第２の視力である透視能力を獲得することもできます。練習によって、とらえにくい波動を体験してみましょう！

〝もっと光が必要なのではなく、すでに持っている光を活用することが大切なのだ〟
――ピース・ピルグリム

あなたは人が本当の気持ちとは違うふるまいをしているときに、その人が本当に感じていることがわかりますか？　誰かがあなたを見つめているのによく気がつくほうですか？　実際に見るまえに人がそばにいる気配を感じますか？　特定の人が自分の生気を抜くような影響をあなたに与えますか？　これらの質問のひとつにでも該当するならあなたはオーラに敏感なたちで、すでにオーラ・フィールドを経験したことがあるのです。

オーラを見るよりもオーラを感じるほうが一般的です。ほとんどの人は透視能力よりも超感覚の能力に優れているからで、オーラをはっきりと見るには高い透視能力が必要なのです。いずれにしてもあなたは五感――視覚、聴覚、味覚、触覚、嗅覚――のいずれかを使ってオーラを知覚することができます。触覚を使うと、間違いなく人や場所について〝第六感〟を得るでしょう。人の〝第一印象〟はとらえどころのないオーラ・フィールドを感じることで、これはしばしばかなり正確に読み取ることができます。わたしたちは誰かの〝本物の色〟が見えると話すことがあります。色を〝見る〟のに透視能力が関係することはめったにありません。むしろそれは本当の意図を感じるという意味なのです。

目をあけてオーラの色がはっきりと見える外部透視の力を持っている人はほとんどいません。しかし目を閉じて内部透視の力を使いオーラの色やその他の細かい部分を見られる人はたくさんいます。

本章では、オーラ・エネルギーを見たり感じたり体験したりできる助けとなる簡単な練習を紹介します。実に簡単ですし、即座に結果があらわれるので驚かれる方もいるかもしれません。実験のまえにはポジティブであれネガティブであれ、あれこれ想像しないのが一番です。ほとんどの人は〝第二の視力〟、透視力を得るのに数か月から数年かかります。ですからすぐに結果が出ないとしても、忍耐を持ってください。練習のなかにはほかのものよりうまくいくものがあるのに気づくこともあるでしょう。

透視力を発達させるのは生涯をかけた勉強で、精神的・肉体的な清らかさや健全なライフスタイルを求められることも多いものです。自分自身を癒し、他人を高めようという真摯《しんし》な望みを持っていれば、きっと成功するでしょう。

〈気〉を感じる方法

この波動の世界は〈気〉で満ちています。あなたはこれらの波動からエネルギーを得て、常に振動しています。実際、あなたはすでにこのプラーナとか〈気〉と呼ばれるとらえどころのないエネルギーを感じているはずです。ここで例をあげてみましょう。

病院や刑務所、酒場、精神病院に入ったり、混んだバスに乗ったとき、どんな感じがしましたか？　気分が悪くなったり、どっと疲れるような感じがしたりしませんでしたか。もしそうなら有害な波動を感じたのです。森のなかをハイキングしたり、湖でボートを漕いだり、元気の出るような音楽を聴いたり、気持ちの明るくなる詩や聖句を読んだりしたときに気分が高揚したことはありますか。もしそうならそのときは有益な波動を感じたのです。

このあと、本書のなかで身体を元気にする方法、エネルギー・フィールドを強化する方法、エネルギーの流出を防ぐ方法を学びます。ここでは〈気〉にもっと敏感になる方法をいくつかご紹介しましょう。

◇摩擦法

両手をそれぞれこぶしに握り、図5aのように並べます。お互いのこぶしを45秒間、激しくこすりあわせてください。洗濯するときのような動きです。それからこぶしをほどいて両手のひらを5〜7センチくらい離して向かい合わせます。ゆっくりと手のひらを近づけたり離したりします。こうすると、手のひらのあいだに見えないエネルギーのボールを感じることがあります。押さえられる感じ、くすぐられる感じ、チクチクする感じ、分厚い感じ、温かさ、冷たさなどを感じるかもしれません。この力強い活動がプラーナと呼ばれるエネルギーです。

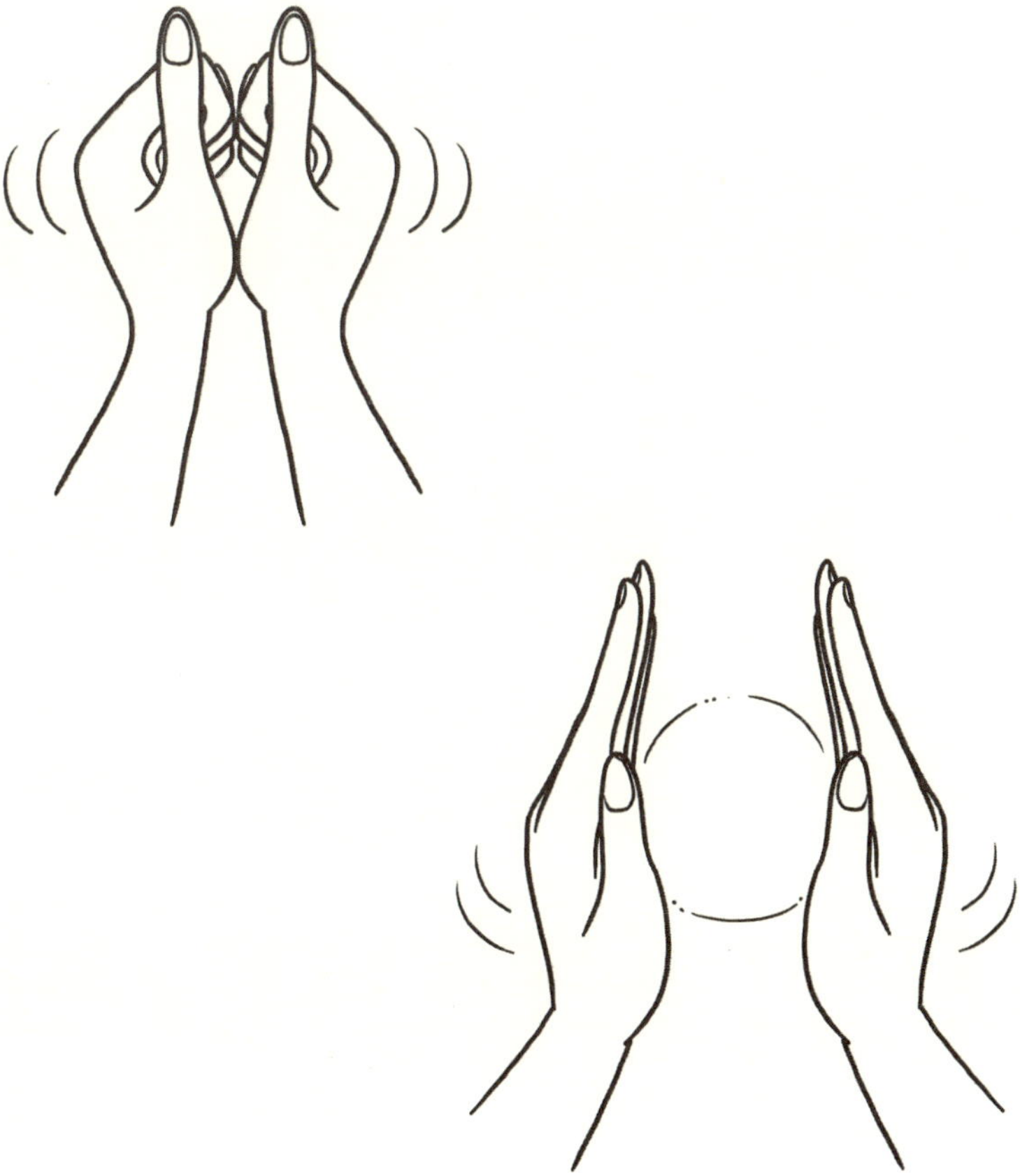

エネルギーの領域（図5a）

洗濯をするときのように、こぶしを45秒間、激しくこすりあわせる。

手を開いて両手のひらを５～７センチ離して向かい合わせる。ゆっくりと手のひらを近づけたり離したりする。こうすることで、押さえられる感じ、くすぐられる感じ、温かさ、冷たさなど、目に見えないエネルギーのボールを感じることがある。これがプラーナと呼ばれるエネルギーである。

◇ エネルギーの渦を感じる

くつろいですわり、目を閉じて深呼吸をします。利《き》き手の人差し指にエネルギーを集めると想像してください（右利きなら右手、左利きなら左手の人差し指です）。人差し指にエネルギーを感じたら目をあけて、その人差し指を利き手でないほうの開いた手のひらから8〜15センチくらい離れた場所に持っていきます。エネルギーの渦が回る流れがあって、それが利き手でないほうの手のひらに穴をあけて入っていくのを想像しながら、人差し指で小さな円を描いてください。手のひらに温かさ、冷たさ、チクチク、くすぐったさを感じることがあるでしょう。手のひらの〝穴〟を感じることもあるかもしれません。

◇ オーラの渦をつくる

友人の背後に立ってください。目を閉じて、深呼吸を数回してから利き手の人差し指にエネルギーを集めるところを想像します。友人の背中から15〜30センチ離れたところから人差し指で背中を指さします。人差し指でぐるぐると円を描いてエネルギーの渦をつくり、指先からエネルギーが流れ出ると想像しましょう。指先が友人のエネルギー・フィールドに穴をあけていく姿を頭に描きます。友人のオーラに〝穴〟をあけたら、友人にあなたが背中のどこを指さしているか訊《き》いてみてください。

それから丸、四角、三角などの簡単な図形を、友人の身体から15〜30センチ離れたオーラ・フィールドに描きます。形が友人のオーラにしっかりと刻まれるまで図形を繰り返しなぞってください。それから友人にどんな形をどこに描いたか訊いてみましょう。

◇ オーラの卵を押す

この練習は3人でおこないます。あなたはAさんの背後に立ち、Bさんには見ているように頼みます。卵の形の球体がAさんのまわりにあると想像しましょう。両手をAさんのほうに伸ばし、想像の卵の殻を転がすように押します。それから卵を自分のほうに引っぱって戻します。強く押し、強く引きます。押したり引いたりを繰り返します。ゆっくりと、強く集中しておこないましょう。Aさんのエネルギー・フィールドが動き、Aさんは前後に体を揺らすでしょう。Bさんはこの揺れる動きに気づくことでしょう。

◇ 個人空間を感じる

友人に目を閉じてじっと立つように頼み、あなたはその友人に近づいていきます。あなたがどの時点まで歩いたときに友人がいやな気持ちになったか教えてもらいましょう。前から、横から、後ろから近づいてみます。それから同じことを交替して繰り返します。この練習を通じて、あなたは自分の〝個人空間〟の位置がわかり、〝オーラの侵入〟の感覚を得るようになります。

オーラを見る感覚を呼び覚ます

1970年、ケンブリッジの生物学者オスカー・バグノールは、オーラは桿体《かんたい》――網膜の端にある感覚神経で、暗視能力をつかさどっています――で見ていると提唱しました。ですからオーラは一生懸命集中して直接見つめるよりも周辺視野、目の隅のほうが見やすいのです。バグノールは、染料のジシアニンで染めたスクリーンを通して観察されたオーラのふたつの部分について記述しています。バグノールによれば丈夫で健康な人のオーラは、そうでない人より明るく輪郭がはっきりしているそうです。

生物を取り囲む光を見るのはかなり簡単です。光を見られるようになったら、色が見えるようになります。オーラの光を見る練習法をいくつかご紹介しましょう。

◇ 周辺視野を利用する

113頁の図5bを目の前、約60センチのところに置いてください。眼鏡をしている人ははずしておきます。ふたつの円の間にある点を60秒間、集中してしっかりと見つめてください。このひとつの点にだけ意識を集中します。この間、あなたの周辺視野は自動的にふたつの大きな円を見ています。数秒後、あなたはふたつの大きな円を囲んでいる白い縁に気づくでしょう。これは周辺視野――オーラを見るのに役立ちます――の能力を刺激する練習です。

今度は、同じような形を色紙で作ります。片方を赤く片方を緑にするか、青とオレンジ色の組み合わせにします。中央の点に集中していると、円の反対色の〝光輪〟が円を囲んでいるのが見えるでしょう。

この練習について覚えておいてほしいのは、与えられた色の補色が光輪（残像効果）としてあらわれるということです（173頁の図8bを参照してください）。したがってオーラを見るときに、赤い服を着ている人が緑色のオーラを持っていると感じることがあるかもしれませんが、それは服の残像であり、人のオーラではないのです。

◇ソフトフォーカスで物を見る

オーラを見るにはソフトフォーカスで見ることが非常に大切です。つまり物体を見るときにどこか一点をじっと集中して見ないで眺めるのです。だまし絵に隠されている物を見つけだすことができるようなら、ソフトフォーカスで見る技術はマスターしたといえるでしょう。

図5bを目の前約60センチのところに置きます。しっかりと中央の点を見る代わりに、今度は図全体を、だまし絵を見るようなつもりで眺めましょう。目には力を入れないように。ずっと眺めているとしまいに図5bが115頁の図5cのように、4つの円とふたつの点のある図に見えてきます。

図5bの図全体を、まばたきをしないで眺めつづけていると、図5dのように3つの円とふたつの点があって、中心の図には十字が見えるようになるでしょう。

このとき円のひとつが別の円の上に乗っているように見えます。縦線のある円は右脳を、横線のある

目の練習・周辺視野の利用 (図5b)

目の前60センチのところに置いて、中心にある点を60秒間集中して見つめる。

このとき、めがねをかけている人ははずし、点だけに意識を集中させる。

数秒後、ふたつの大きな円を囲んでいる白い縁が見えるようになるはずである。

同じ形を赤と緑、青とオレンジの組み合わせでつくり、中央の点に集中すると、円の反対色の“光輪”が円を囲んでいるのが見えてくる。これは色の補色が残像効果としてあらわれたものである。

円は左脳を象徴しています。左右どちらの脳が支配的かによって、その円がもうひとつの円に乗っているように見えるでしょう。今度は隠れていた円が上になるまで図を眺め続けてみましょう。

さらに眺めていると片方の円がもう一方に対して支配的ということがなく、完璧にバランスのとれた十字が作られているのを感じるでしょう。この効果の大きな練習は脳を刺激し右脳と左脳をうまく結合します。この練習を5分間すると、生体エネルギーが2倍になります。〝本物の〟課題を練習するまえのよい準備体操といえるでしょう。

オーラを見るのは普通のこと

目の見える人にとって色が見えるのは〝普通〟のことですよね。でも色覚障害のある人には普通の色は存在しません。オーラ・フィールドの見えない人もいってみれば障害者です。オーラの色を見ることは目で色を見るのと同じくらい普通のことなのです。わたしたちはみな、オーラを感じるように生まれついているのですから。

目をあけているほうが、オーラがよく見えるという人もいます。目を閉じていたほうが、オーラを見たり感じたりしやすいという人もいます。あなたが後者に属するようなら、透視力でオーラを〝見る〟人と同じくらい上手にオーラを読めるようになります。

どうやったら生来の透視力を取り戻せるのでしょうか？　オーラを見るのはかくれんぼと同じです。しっかりと見つめるよりも人の周囲の空間をソフトフォーカスで眺めるのです。だまし絵に隠された物体を探すのと同じ要領です。努力はせず、注意力だけは働かせていてください。

人生におけるその他の技術と同じように、達成の鍵は練習にあります。このスキルを開発する練習法をいくつかご紹介しましょう。

◇自然にあるエネルギー・フィールドを見る

暖かい晴れた日に戸外で仰向けに寝てみましょう。力を抜いて、遠くにある木々や藪《やぶ》を眺めます。目を木の上下に動かして、木のてっぺんと空が出会う線

(図5c)

(図5d)

目の練習・ソフトフォーカス

113頁の図５ｂ全体をだまし絵を見るようなつもりで、目には力を入れないで眺めていると、図５ｃのような４つの円にとふたつの点のある図に見えてくる。

さらに瞬きをせずに眺めていると、縦線のある円、中心に十字のある円、横線のある円の３つの円とふたつの点のある図５ｄのように見えてくる。

このとき、縦線のある円は右脳を、横線のある円は左脳を象徴しており、左右どちらの脳が支配的かによって、どちらかの円が上にのっているように見える。

さらに眺めていると、どちらかが支配しているということがなくなり、完璧にバランスのとれた十字になる。この練習は、右脳と左脳をバランスよく結合させることができる。

を見つけてください。ソフトフォーカスで木のてっぺんを見ます。木の周囲に薄い白の光輪があらわれるでしょう。今度は遠くの建物を見てください。細い光の帯が見えるかもしれませんが、木のオーラほど活発でもないし、大きくもないでしょう。

◇ 自分の手のオーラを見る

薄明かりで、背景を白に近い薄い色にして腕を伸ばしてください。深呼吸をしてゆったりとした気持ちになりましょう。指先か指と指のあいだの空間をしっかりと30秒間見つめます。それから急に焦点を当てる場所を変えます。手の周囲の空間をソフトフォーカスで眺めてください。白い光が帯状に手の周囲を囲んでいるのが見えるかもしれません。色のついた一筋の光や放射状の光が指先から放たれていることもあります。

◇ 指先のエネルギーを見る

すわって目を閉じて力を抜きます。深呼吸をしてください。瞑想状態を続けながら両手の指先を2分間あわせます。それから目をあけて自分の両手をソフトフォーカスで見て、ゆっくりと指先を離します。指先からオーラが放射されているのを知覚するかもしれません。

◇ オーラを見る

薄明かりで、背景を白に近い薄い色にして、任意の物体を眺めます。白いスクリーンや壁を背景にして舞台上にいる講演者のオーラは見やすいものです。その人が明るい色、多色使い、あるいは柄のついた背景のまえに立っているときは、オーラの色がずれて見えることもあります。

できるなら室内で明かりを対象物に同等に当てて見てください。人工光より日中の自然光のほうがよく、背景に影が当たらないようにすればロウソクもいいでしょう。蛍光灯と直射日光はおすすめできません。日中であれば、相手に窓に向かって立ってもらいましょう。

相手と約3メートル離れて向かい合うようにすわ

ってください。相手には深呼吸して息をすっかり吐き切るように、そして力を抜いてもらいましょう。あなたは目を閉じて深呼吸をし、集中して黙想します。相手のオーラが内なる視野（インナーヴィジョン）に数秒間映る姿を想像しましょう。

　目をあけて、眼鏡をしている人ははずします。相手を直接見つめるのではなく、ソフトフォーカスで、相手の額、頭上、首のカーブ、頭や肩の後ろのあたりの背景を眺めます。力を入れずに、なにがあるのかつかもうとか、きちっと焦点を合わせようとしないで、目に光が入ってくるままにしてください。

　身体から放射されている霧、光、放射光、色などがないか気をつけていてください。2〜5センチくらいの白、灰色、銀色、あるいは透明な光の帯が身体のすぐそばに見えるかもしれません。頭の後ろに頭上に向けて放射された光が見えるかもしれません。あるいは体を包むように電気が渦巻くかもしれません。これらの放射光を〝見る〟ことができなくても、感じることもあるでしょう。

　もう一度目を閉じてください。力を抜いて、深呼吸をします。それから観察に戻ります。今度は白い帯の外側のへりを眺めるようにします。目を閉じ、深呼吸をして、オーラをもう一度見るあいだ、力は入れません。何度か練習しているうちに色のフラッシュや斑点があらわれます。

　いくつかヒントをあげておきましょう。

❢ 相手の額を30〜60秒間集中してじっと見つめます。それから焦点をぼやけさせてください。相手の身体全体が視野に入るように広い範囲を眺めます。

❢ 相手の額を見ます。それから相手の身体の周囲に素早く目線で円を描きます。最初は時計回りに、それから逆回りに描いてください。こうすると目の桿体と錐体《すいたい》が刺激されます。

❢ 相手の顔を手でつくった〝額《がく》〟に入れてください。額は両方の親指の先をつけ、人指し指を上に向けつくります（ふたつのL字型を組み合わせた形です）。相手の額《ひたい》をぼんやりと見つめると同時に、両手をゆっくりと離していきます。周辺視野は手の動きを追うようにしてください。

❢ 相手に白い服を着てもらい、背景も白いところに立ってもらうと、補色による誤った残像効果を避けることができます。

❢ 相手に興奮するようなことや激怒するようなことを考えてもらいます。オーラの色が見えやすくなります。

❢ 相手に、人生の目的や将来の計画など、なにか深い意味のあることを話してもらいます。オーラの波動が大きくなり、オーラに色があらわれます。

❢ オーラを見るまえに、窓の外の空（太陽ではなく）を1分間眺めます。夜ならば電球を1分間眺めましょう。

❢ 相手に左右に揺れてもらいます。身体が動くとオーラも動くかどうか観察してみましょう。

◇ オーラを感じる

相手から約1メートル離れたところに立ちます。相手には、深呼吸をしてから力を抜くようにしてもらい、目は閉じておいてもらいます。自分も目を閉じて、リラックスし、深呼吸をしてから静かに集中して、心の内に気持ちを向けます。それから目をあけてください。相手の身体の輪郭から15～30センチ離れたところに両手を置きます。頭のてっぺん、心臓、太陽叢、仙骨のあたりにエネルギーを強く感じますか？　エネルギー・フィールドが〝淀《よど》んで〟感じられるところはありますか？　健康で活発に感じられる場所、病気で疲れて感じられる場所はありますか？　相手に目をあけてもらって、自分が体験したことを話しましょう。

◇ 目を閉じてオーラを感じる

相手には自分の目のまえ約1メートル離れたところに座ってもらいます。自分もらくに座って、目を閉じ、深呼吸を数回してから力を抜いて、相手と同じく瞑想状態に入ってください。今度は自分のハイアー・セルフに相手のエネルギー・フィールドを見せてくれるように頼みましょう。さらに深く息を吸い、吐きます。目をあけてはいけません。ただあなたのインナーヴィジョンに〝見える〟ものを観察してください。色や物体、異常なもの、エネルギー、思考形態（思考、習慣、信念によってつくりだされた結晶化したエネルギーのパターン）が相手のエネルギー・フィールドにあるのを感じることがあります。あなたが感じていることを相手に伝えて、フィードバックをもらいましょう。このプロセスを完全に終わった、と感じるまで続けます。それから深く息を吸い、瞑想状態から脱します。自分が体験したことを相手に話しましょう。

◇鏡で自分のオーラを見る

薄明かりのなかで、白または薄い色を背景にして、鏡から約60センチ離れたところに立つかすわるかしてください。鏡をのぞくと自分のオーラを見ることができます。ソフトフォーカスで自分の額か首のカーブを眺めているうちに、身体の周囲に白い帯が見えはじめるでしょう。深呼吸をしながら、光の点滅と色が見えるまで観察と休憩を交互に繰り返します。

◇グループのオーラの放射を見る

テーブルに光沢のない黒い布をかけて、何人かの友人と一緒にすわります。全員が手のひらを下にしてテーブルに両手を置いてください。全員で目を閉じ、深呼吸して、数分間集中します。それから全員が目をあけます。両手をテーブルの上に置いたまま、指を友人の指の方向に向けてください。ソフトフォーカスの状態で、あなたの指と友人の指をつなぐなにかが放射されているのを見たり感じたりすることがあります。指のあいだに濃い色のラインが、そしてそのまわりにオーラが見えるかもしれません。すべての手から出ているオーラが中心で合流して、あわただしく動く粒子の光る雲のように見えることもあります。

内的感覚を研ぎ澄ます方法

以下の実験は簡単で楽しく、〈気〉やオーラ・フィールドへの感受性を発達させるものです。

◇クリスタルと磁石を感じる

とても大きなクリスタルや磁石（このうちの片方でもいいし両方でもいい）を完全な暗室に置くか、

頭から布団をかぶります。3分間リラックスしてから、静かにじっとして気持ちを落ち着かせます。それぞれの物体をソフトフォーカスでずっと眺めます。磁石の極から薄く青白いもやっとした光の一部あるいははっきりとした光線が放射されているのが見えることがあります。クリスタルの尖った部分から、流れるようなチューリップ型の青い光が出て、絶え間なく動き、スパークを発し、細かい蒸気となって消えるのが見えることもあります。クリスタルの反対側の端からは濃い赤や黄色の煙が出ることもあります。

明かりをつけて左手の手のひらをクリスタルのそれぞれの端から7～15センチ以内のところにかざします。クリスタルのそれぞれの端からどんな感じが放出されていますか？　冷たく、気持ちよく、リフレッシュするような流れがクリスタルの端から出ている感じがすることがあります。一方で反対側の端からは、暖かく不快で疲れるような感じがすることがあります。

✧ 色の波動を感じる

大きくて質のよいプリズムを使い、日光を分散させて壁に映します。代わりに手持ちのコンピューターのPowerPointで平板な色のスライドをつくり、プロジェクターを使って映すという、ハイテクを使った方法もあります。それから左手をいろいろな光のビームにかざして、自分の手のひらに光が輝くようにします。各々の色を切り離したときにどんな感じがするか注意を傾けましょう。

色が青か菫色に屈折しているときは、気持ちのよい涼しさ、屈折していない日光よりも純粋で冷たい感じに気づくかもしれません。黄色や赤のときは熱や不快感、吐き気を感じたり、腕が重たく感じることがあります。

✧ 手の極を感じる

自分の左手を友人の左手に置き、右手を友人の右手に置きます。5分間手をつないでいてください。

それから自分の右手を友人の左手に、左手を友人の右手に置きます。再び5分間手をつないでください。どんな違いを感じましたか？

同じ側の手をつないだときには、反発する生暖かい感じがしたのに気づきませんでしたか？ 反対側の手をつなぐと、心地よい冷たい感覚を得ることがあります。

✧ 接触により極を感じる

自分の右手で友人の頭の左側、左肩、左腕、左の脇、腰の左側、左脚、左膝、左足にふれます。それから今度は同じ右手で友人の頭の右側、右肩、右腕、右の脇、腰の右側、右脚、右膝、右足にふれます。どんなふうに感じたか友人に話してください。

右手で身体の左側にふれるときには、楽しく、気持ちよく、冷たい感覚がするのに対して、右手で身体の右側にふれると、不快で生暖かく吐き気のするような感じがすることがあります。

✧ 身体の両側の極を感じる

友人の横に立ち、右肩が友人の左肩にふれるようにして、3分間そのままでいます。それから向きを変えて左肩が友人の左の肩にふれるようにして、3分間そのままにしてください。これらの姿勢でどんな感じがしたか友人に話しましょう。

反対側の肩がふれているときは、心地よく冷たく楽しい感じがすることに気づくでしょう。一方同じ側の肩がふれているときは、不快でバランスがとれてない感じや吐き気を催すでしょう。

✧ 身体の前後の極を感じる

友人のすぐ後ろに立ち、自分の身体のおなか側が友人の背中に寄り添うようにします。1分間そのままでいてください。今度は背中合わせで1分間、またおなかを合わせて（抱き合って）1分間そのままでいてください。どんな感じがしたか比べてみましょう。

おなかとおなか、背中と背中を合わせたときは冷たく気持ちよく愉快な感じがすることがあります。ですが背中とおなかをあわせると不快で生暖かく吐き気やバランスのとれていない感じがします。

◇ 極のエネルギーを感じる

自分の左肩が友人の右肩にふれるように、友人と並んですわり、5分間そのままでいてください。それから位置を変えて、自分の右肩が友人の左肩にふれるようにして、5分間そのままでいます。それからそれぞれにどんな感じがしたか話しましょう。

友人の右側にすわると、冷たく愉快な感じがして、エネルギーをもらったような気持ちになるでしょう。友人の左にすわると、生暖かく不快な感じがして、吐き気やぐったり疲れるような感じがするかもしれません。

次の章では、L字型の杖（Lロッド）や振り子を使って人のエネルギーを体験し計測する新しい方法を学びましょう。

第6章

あなたのオーラの大きさは？

エネルギー・フィールドの位置と大きさを測定する方法

オーラは特別な才能がなくても見ることができます。クレオパトラが金を探すために使っていたダウジングは、現在、水脈や鉱脈の発見によく利用されていますが、病気の治療に取り入れられる等、個人のエネルギーを増強するのにも手を貸してくれます。

ダウジングをはじめとする直観的キネシオロジーは、論理的な理由づけを意識的に使わず、隠された情報を探索することで、直観的情報を使う助けとなります。エネルギー・フィールドの大きさ、強さ、健全さを測定するための単純な道具を紹介します。Lロッドや振り子、筋力テストをためしてみましょう！

〝世界には小さなロウソクの光ひとつ消すだけの闇もない〟

——ロバート・アルデン

オーラをはっきりと見る透視能力を生まれつき持っている人もいますが、そうでない人もいます。透視能力があるとは言いがたい人にとっては、本章は必要不可欠といえるでしょう。透視能力のかけらもなくてもかまいません。超常的な視力の助けなしにオーラを〝見る〟ための簡単で大昔からある方法を一緒に練習しましょう。

1949年、失われた文明の痕跡を探していたフランスの調査団は、アルジェリア国内のサハラ砂漠にあるアトラス山脈のふもと、タッシリ・ナジェールで8000年前の洞窟の壁画を発見しました。この壁画には、叉状の棒を持っている人が仲間の部族の者たちに囲まれているところが描かれています。この考古学的発見は〝ダウジング〟や〝ディバイニング〟の技術が何千年も前から存在していたことを示しているのです。

今日、ダウジングは井戸や鉱床、石油、埋もれた宝、考古学的な人工遺物、失せ物、行方不明者の場所を言い当てています。しかしダウジングが人や場所のエネルギー・フィールドを測定、治癒し、エネルギーを増幅させることができることは知られていません。本書ではこの目的のために特別な〝ダウジング用道具〟を使う方法を学びます。

ダウジングの主な歴史

ダウジング技術の初期の証拠は多くの文化で発見されています。カイロ博物館では1000年前の墓から見つかった陶磁器の振り子が展示されています。4000年前のエジプト寺院の壁に残されたエッチングには、ファラオがウル・ヘカ（偉大な魔法の力）と呼ばれる杖を持っている姿が残っています。クレオパトラは金を探すダウザーを常にふたり召し抱えていました。

中国では夏《か》王朝（紀元前2205～1766）の

エッチングに禹《う》王が巨大な叉のある道具を持っている姿が見られます。ヘブライ人、スキタイ人、ペルシャ系メディア人、エトルリア人、ドルイド、ギリシャ人、ローマ人、インド人、ポリネシア人、アラビアの部族、ペルー人、ネイティブアメリカンはすべて、大きな杖（ロッド）か小さな杖（ワンド）を使用していました。聖書には、モーゼとアーオンが杖を使って泉を探しあてたと書かれています。

　盲目のギリシャ詩人ホーマーはラブドマンシーという用語をつくりだしました。これはラブド（杖）とマンテイア（占者、預言者）という語根に由来し、地下水や貴金属の鉱床を探しあてることをあらわしています。ダウジングは紀元前400年のクレタ島では広く使われていました。デルポイのピュトンの神託所では、王、女王、貴族、将軍などからの質問に答えるのに振り子が使われました。これらの人々は神託を聞くために遠くからはるばるやってきたのです。

　16世紀と17世紀のヨーロッパでは、鉱床の位置を見つけるのに広く杖を使っていたダウザーたちが、悪魔の手先として非難されました。マルティン・ルター（1483―1546）は、ドイツの宗教改革のリーダーでしたが、ダウジングを〝悪魔の仕事〟として糾弾《きゅうだん》しました。ルターは杖の使用は十戒《じっかい》の第1戒に違反しているとする布告書を発表しました。水脈探査には、〝水の魔女の魔法〟という用語がつくられました。

　インドでは何百年にもわたり振り子が使われてきました。しかし西欧においては振り子が最初に描かれたのは、ザクセンの炭鉱作業員のギルドで1664年から1749年のあいだに使われた斧《おの》の、木製の柄に彫られたものでした。

　ベトナム戦争中は、アメリカの海兵隊が振り子を使って地下鉱床や火薬庫、トンネル、敵の動きなどを探ろうとしました。第二次世界大戦ではヒトラーの次の動きの裏をかくのに英国情報局は振り子の助けを借りました。

　フランスの僧侶、ボウリイ（1865―1958）は〝放射感知（ラジエスセシア）〟という言葉をつくりました。これはラテン語のラジウス（放射）とギリシャ語のエスセシス（感度）に由来するもので、振り子を使って、鉱物、植物、動物、人間などからの磁気、電磁気、そのほか知られていないエネルギーのあらゆる放射の探知と測定をすることを意味します。

第一次世界大戦後、これもフランス人でサン・マドレーヌ礼拝堂の教区司祭アレクシス・メルメ（1866―1937）は、ヨーロッパ全体で〝振り子使いの王〟との評価を得ました。法王とバチカンはローマの考古学的調査に彼の協力を求めました。〝超常的な放射感知〟の持ち主だったメルメは、アフリカやガリシア、その他の離れた地域にある油田を発見しました。また水や鉱床の位置を当てたり、行方不明の親族のあとを追ったりもしました。

1922年、米国人のアルバート・エイブラムスは、医学的な放射感知を使って病気を探知し治療する方法についての本を出版しました。エイブラムスによれば人間の身体は一種の放送局で、あらゆる細胞、組織、器官から高周波の放射があるというのです（90頁参照のこと）。

フランス人でプロのワインとチーズのテイスター、アンドレ・ボヴィは、振り子を使って食品の品質と鮮度を言い当て、磁流を測定しました。ボヴィは、地球には北から南へと正の磁流があり、東から西へと負の磁流があることに気づきました。また人間はこの力の線の影響を受け、人間の身体からも波状の流れが放射されていることを発見しました。

ボヴィは、場所、植物、物体からの放射の強さを計測するために〝バイオメーター〟を開発し、オングストロームを単位としました。のちに物理学者のアンドレ・シモネトンは、その単位の名前を〝ボヴィ〟に変更しました。バイオメーターは6500を中間点として、0から18000単位までを計測します。パリ近郊のシャルトルの大聖堂にある迷路の中心は18000単位と計測されました。

ノーベル賞受賞者のアレクシス・カレル（1873―1944）は、外科手術と臓器移植の分野で高名なパイオニアですが、ニューヨークのロックフェラー財団の援助のもと、振り子の研究をしています。彼は、物理学者にとって〝放射感知は真剣に考慮する価値がある〟との結論に達しました。

アルバート・アインシュタインはダウジングをおもしろいと思い、ダウジングが機能する理由の科学的答えは電磁気だと考えました。アインシュタインはこう語っています。〝多くの科学者がダウジングを占星術と同じように古代の迷信の一種だと考えているのは知っている。しかし私は、これは不当だと確信している。ダウジング用杖は、人間の神経系が、現時点で我々にはわかっていない特別な要素に反応することを見せてくれる単純な道具のひとつなのだ〟

直観的キネシオロジー

わたしは本章で学ぶ方法を説明するのに〝直観的キネシオロジー〟という用語をつくりました。この用語は直観（内部の知識や洞察力という意味）とキネシオロジー（動きの研究）を合わせたものです。

直観的キネシオロジーは、直観を発達させ強化させるさまざまな手法の動きを研究する、知識の一分野です。手法のなかには、筋力テスト、筋肉チェック、ダウジング、ディバイニング、放射感知などがあります。

直観的キネシオロジーは、道具（L字型杖や振り子など）を使う、使わないにかかわらず、論理的な理由づけを意識的に使わずに、隠された情報を探索することと定義されます。内面の知識の源泉に接し、この直観的情報を至高善のために使う助けとなってくれます。この広大な知識のフィールドをここできちんと説明することはできないので、本書ではエネルギー・フィールドの大きさ、強さ、健全さを測定し強化する単純な道具をいくつか学ぶことにしましょう。

直観的キネシオロジーを学ぶことは、内部感覚器官（見る、聞く、味わう、かぐ、感じる）よりも謎めいているわけではありません。この〝第六感〟は誰でも生来持っているもので、ちょっとした練習で開発できるのです。

直観的キネオロジーで使われる道具やテクニックは、読み出し、仲立ち、あるいは伝達のための手段であり、自分自身のハイアー・マインド（ハイアー・セルフ）がコントロールしているかのように思われます。以下の練習を始める前に、次のような下準備をされることを強くおすすめします。

〔準備練習〕

1. 最初に新鮮な水を1杯飲みます。

2. ひとりになれて心地よい、静かな場所を見つけてください。

3. 本書の311頁をあけて、エネルギーの準備運動をしてください。

4. 本書の314頁をあけて、ブレインジム®練習をしてください。

5. 何度か深呼吸をして、力を抜き静かにします。祈りの気持ちにゆっくりと入っていきます。

6. 本書の218頁をあけて、スピリチュアルな自己防衛と神性の保護を得るために、自分を信頼するアファメーションを、声を出して言いましょう。

7. 祈りを唱えるか、セッションの目的を声に出して言います。以下に例をあげますが、自分の言葉でかまいません。

〝わたしは宇宙にはひとつの力、ひとつの存在、慈悲深く全能の神がいることを知っています。神は知恵の源泉。神は明快で正確。神は今、あらゆる場所で完全です。わたしはこの神の源泉と共にあります。今、わたしの心は神の知恵と明快さと正確さに満たされています。わたしは神性の力の道具で栄光に包まれています。今、わたしの完全な直観的キネシオロジーのセッションが、神の秩序とタイミングを持って完全に進んでいくことを宣言します。わたしの質問は明確につくられることがわかっています。わたしの手は内的な神性に導かれています。わたしの心は神の知恵に同調しています。わたしの直観と感性は澄んでいます。このセッションのわたしの目的は、関係するすべての至高善のために祝福されています。わたしは神の道具で、今このセッションの目的を達成しようとしています。神さまどうもありがとうございます、そして今こうしていられることに感謝を〟

8. 自分の質問をするまえに、まずハイアー・セルフに許可を求めましょう。ほかの人も参加しているときは、進めるまえにその人からも許可を得ます。許可を得る方法は以下のようになります。

(1)いいでしょうか？　この目標を見つけるのに許可を得ているでしょうか？

(2)できますか？　この目標をうまく見つけることができるでしょうか。わたしは進んでいく準備ができているでしょうか。
(3)最高の知恵ですか？　この目標を見つけるのはわたしにとって適切でしょうか。それとも今はやめたほうがよいでしょうか？
許可を得る質問のひとつの例をあげておきます。

〝わたしは（この特別な目標を探す、この特別な質問をする）許可を得ていますか？〟
9．さらに深呼吸をして、注意深くはありながら、くつろいだ状態で内面に集中します。
これで次に進む準備はできました。
注意：本章の練習や実験をおこなうまえには、必ず適量の水を飲み、ここに書いた準備練習をしてください。

Lロッドの使い方

直観的キネシオロジーの道具にはどれも〝用意の位置〟〝ハイの位置〟〝イイエの位置〟〝発見の位置〟〝方位線の位置〟〝浄化の位置〟〝増加の位置〟があります。

〝用意の位置〟とは、質問をしたり目標物を見つけたりするために道具を使う準備ができたことを示す中立的な位置です。〝方位線の位置〟とは目標物が見つかる方向やエネルギーが流れている方向を示す位置です。〝ハイの位置〟はあなたの質問に〝ハイ〟と答えていることを指し、〝イイエの位置〟はあなたの質問に〝イイエ〟と答えていることをあらわします。〝発見の位置〟はあなたが特定した目標（隠れていたもの、失せ物、地下の流れ、レイ・ライン、有害な場所、オーラ・フィールドの輪郭など）を見つけたことを確認しています。〝浄化の位置〟は、有害なエネルギーが目標、状況、場所から取り払われたことを示します。〝増加の位置〟は目標、状況、場所に有益なエネルギーが注入または追加されたことをあらわします。

Lロッドは、見えないエネルギーや物体の位置を知り測定できる用途の広い道具です。〝アングルロッド〟〝スイングロッド〟〝ポインティングロッド〟〝ダウジングロッド〟などと呼ばれることもあります。わたしはオーラ・フィールドの測定には最良の道具だと考えています。

コートハンガーとしっかりした銅線、または溶接

エネルギー・フィールドを測定するＬロッド（図6a）

Ｌロッドは見えないエネルギーや物体の位置を知り、測定できる用途の広い道具である。コートハンガー、しっかりとした銅線、溶接棒のいずれかでＬ字をつくる。上部は10～60センチ、普通は30～40センチが適当である。持ち手の部分は厚紙を丸めたもの、銅管、プラスチック管などを使う。

Ｌロッド１本の場合は失せ物、隠れた物体の方向指示器の役割を果たす。

棒から手づくりのLロッドを2本つくりましょう。上部の線の長さは10~60センチ以上にします。普通は30~40センチが適当でしょう。持ち手の部分は厚紙を丸めたものや、銅管、プラスチック管、あるいはプラスチックのストローでもいいでしょう。www.divinerevelation.orgから銅製Lロッドを購入することもできます。

Lロッドの〝用意の位置〟は、上部の線を身体に対して直角になるようにまっすぐに前に向け、力を抜いて持ち手を握り、線の先を5度ほど下に傾けます。持ち手をぎゅっと握りしめてはいけません。上部の線が回転するようなら、それを止めるのに親指をかけてもいいでしょう。止まったら親指をはずします。そうしないと杖が自由に振れなくなってしまいます。腕と手は力を抜いて気持ちをらくに構えます。棒の先が低く傾きすぎているようなときは、重力が勝ってしまいロッドが揺れません。5度の角度を保つようにしてください。

単独で使われるLロッドは失せ物、隠れた物体、方向を指示する役割を果たします。これは〝方位線〟と呼ばれます。ロッド1本の場合の用意の位置は、まっすぐ前にロッドを突き出し、先端を少し下げます。ロッド1本の場合の発見の位置は左右どちらかに90度振れた状態です。ロッド1本の場合、ハイの位置は右へ90度、イイエの位置は左へ90度振れて示すこともよくあります。

Lロッドを2本使う場合は、用意の位置はまっすぐ前に突き出す状態です。ハイの位置は2本が交差します。イイエの位置は外側に振れて互いのロッドの角度が180度になります。発見の位置は、2本のロッドが交差するか、外側に振れて目標の位置を示すというものです。

重要:Lロッドを使用するまえに、311頁に書かれたエネルギーの準備運動をおこなってください。そうするとリラックスしていながら注意力を失わない状態になれます。

力を入れずにLロッドを持ち、無理な形にせずに用意の位置にかまえます。内面の真実を教えてくれるシステムであるハイアー・セルフ、または内なる神性(神、聖霊、そのほか神性の存在)に〝どうかわたしのLロッドの「ハイの位置」を教えてください〟と語りかけます。

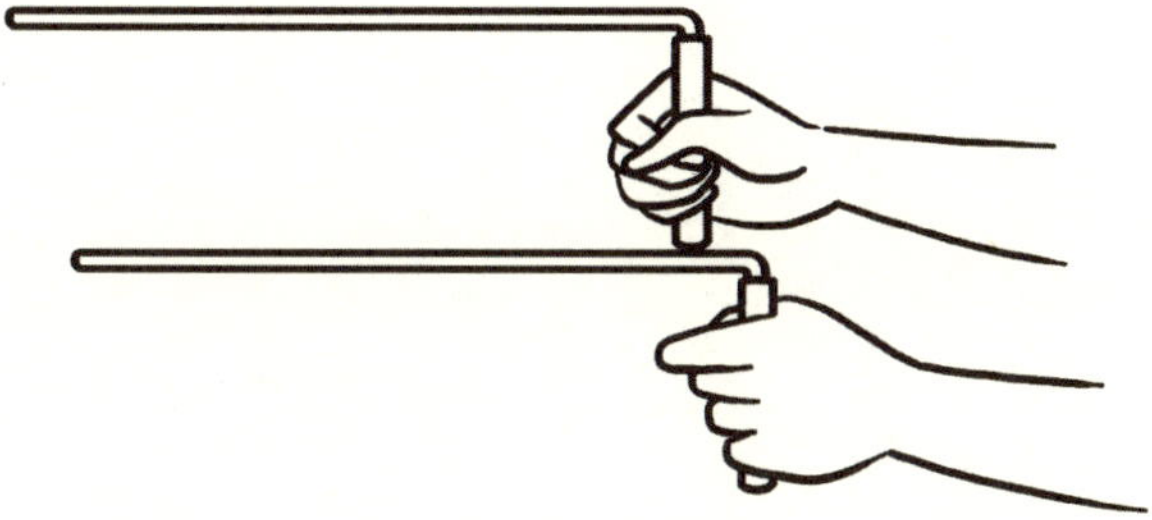

用意の位置

ハイの位置

使用しているLロッド（図6b）

Ｌロッドを測定するまえには311頁に書かれた準備運動を行う。

力を抜いて持ち手を握り、上部の線を身体に直角になるようにまっすぐ前に向けた位置から５度下に傾けたところが“用意の位置”になる。

ハイアー・セルフまたは内なる神性に「ハイの位置」を教えてくれるように語りかける。

答えを得ようとせず、緊張もしなければ、期待もしない“なにもしないプログラム”の状態で、ただ無になるように深呼吸をし、息を吐ききると、ハイの位置にＬロッドが揺れる。

それから数回深呼吸をして、息を吐き切ります。わたしが〝なにもしないプログラム〟と呼んでいるものをやってください。これは、なにも、なにも、本当になにもしないという意味です。緊張もしなければ期待も持たないでください。答えを得ようとしてはいけません。ただ深呼吸をして、息を吐きます。完全になにも期待しない境地です。充分に息を吐けば、Lロッドがハイの位置に揺れるでしょう。135頁の図6cのハイの位置とあなたのハイの位置が違っていてもかまいません。

それからLロッドを用意の位置に戻します。今度はハイアー・セルフに〝どうかわたしのLロッドの「イイエの位置」を教えてください〟と語りかけます。あなたのイイエの位置はハイの位置とは簡単に区別できるものであることを確認してください。同様にハイアー・セルフに〝どうかわたしのLロッドの「発見の位置」を教えてください〟と語りかけましょう。

それからハイアー・セルフにあなたが正解を知っている質問をいくつか尋ねます。たとえば〝わたしの名前は――ですか？〟などです。あなたの尋ねる質問に対してLロッドが正しく反応することを試してください。

◇ アヒルのくちばしの実験

Lロッドの使用方法がわかったら、今度は友人とおもしろい実験をやってみましょう。最初に311頁のエネルギーの準備運動をおこないます。

友人に部屋の反対側に立ってもらい、自分のほうを向いてもらいます。Lロッドを2本用意の位置に構えます。はっきりとした声で〝ハイアー・セルフ（または神、聖霊、イエス・キリストそのほか神性の存在の名）、どうか（友人の名）さんの歓喜鞘の輪郭を見せてください〟と語りかけます（オーラの鞘については69頁を参照のこと）。

注意力は失わず、瞑想的で内に向かっていてバランスを保ちながら中立的な状態で、友人のほうにゆっくりと歩いていきます。歩きながら〝なにもしないプログラム〟を実践してください。どこかの地点で、Lロッドが発見の位置に動くでしょう。そこが友人の歓喜鞘の外側のへりになります。

用意の位置

ハイの位置

イイエの位置

一般的なＬロッドの位置（図6c）

「ハイの位置」を確認したときと同様にして、ハイアー・セルフに「イイエの位置」を教えてくれるように語りかけ確認をする。

一般的なＬロッドの用意の位置とハイの位置、イイエの位置とは違ってもかまわないが、ハイとイイエの区別が簡単につくことを確認しておく。

ハイアー・セルフに正解を知っている質問をいくつかし、Ｌロッドが正しく反応することを確かめる。

今度はLロッドを脇に置いて、次の〝アヒルのくちばしの実験〞を友人とやってみましょう。利き手でないほうの手を使って小指と親指で円をつくります。言い換えると、あなたが右利きなら左手の親指の先と左手の小指の先を合わせてください。あなたが左利きなら右手の親指の先と右手の小指の先を合わせます。こうすると一種の電気回路ができます。

親指と人差し指ではなく、親指と小指を使っていることを確認してください（139頁図6e参照）。

今度は利き手を使って、親指の腹と人差し指の腹を合わせて小さなアヒルをつくります。言い換えると、あなたが右利きなら右手の親指と右手の人差し指を合わせてください。残りの3本の指は自由にしておいて、アヒルのくちばしか羽を広げた七面鳥をつくるような感じにしましょう（図6f参照）。

次にこのアヒルのくちばしを穴に突っ込みます。つまり利き手の親指と人差し指を、利き手でない手でつくった円に入れるのです。あなたの〝くちばし〞は、利き手でないほうの親指と小指の下から、手のひらに向けて突き出すような形になっているはずです（図6g参照）。

あなたと友人は、この位置を保ったまま次のアファメーションを強くはっきりとした声で言います。

〝わたしは素晴らしく、力強く、スピリチュアルな存在です〞

それから利き手でないほうの小指と親指をぎゅっと押して圧力に抵抗します。同じ圧力をかけた利き手でアヒルのくちばしをあけて円をあける、アヒルが口をあけるような形で円を切り離すように動かしてください。アヒルのくちばしで、円に対して一定の継続した圧力をかけます。強弱をつけず、無理やりもいけません。利き手でないほうの手で圧力に抵抗していると、このアヒルのくちばしでは円を切り離すのがむずかしいことに気づくでしょう。これは〝筋力テスト〞とか〝筋力チェック〞と呼ばれます。

次にLロッドを拾って、友人の歓喜鞘の輪郭を再び測定しましょう。友人がこの肯定的なアファメーションを声に出したあとで、オーラが大きくなっていることに気づくかもしれません。

Lロッドを置いて、あなたも友人ももう一度アヒルのくちばしの手にしてください。気持ちをらくにして、押したり抵抗したりせずに、この姿勢を保ち

オーラの測定（図6d）

まずはエネルギーの準備運動（311頁参照）を行う。

部屋の隅に友人（被験者）に立ってもらい、向かいあった隅にＬロッドを用意の位置にかまえて立ち、はっきりした声でハイアー・セルフに友人の歓喜鞘を見せてくれるように語りかける。注意力は失わず、瞑想的で内に向かってバランスをとりながら、中立的な状態で友人に向かってゆっくりと歩いて近づいて行く。

友人の歓喜鞘の外側のへりの位置で、Ｌロッドが発見の位置に動く。

ます。友人と一緒に次のアファメーションを大きな声ではっきりと唱えましょう。あなたも友人もこれが真実だと信じて心をこめてください。〝わたしは価値がなく、未熟で、役立たずの恥さらしです〟

それから利き手のアヒルのくちばしで利き手でないほうの円を押しあける筋力テストに再び挑戦してください。今度は、あなたの円が、アヒルのくちばしの圧力を感じると、まるでハサミで切ったように簡単にあいてしまうかもしれません。

もう一度Lロッドを拾って友人の歓喜鞘の輪郭を測定します。友人のオーラは明らかに縮んでしまっているのに気づくでしょう。身体から30センチ、あるいはそれより小さくなっていることもあります。

Lロッドを置いて、もう一度アヒルのくちばしの手をつくります。あなたも友人もくつろいだ気持ちになって、次のアファメーションを強くはっきりとした声で唱えます。〝わたしはわたしの存在の光に神的に保護されています〟もう一度、筋力テストをやってみるとあなたの円はアヒルのくちばしに対してしっかりと抵抗するでしょう。円は切れません。

Lロッドをとりあげ、友人のエネルギー・フィールドをもう一度測定しましょう。今度は、オーラは劇的に拡大していることに気づくでしょう。

この驚くべき実験でなにを学んだのでしょうか。ここからいくつかの結論を導き出せることでしょう。

✣ 肯定的なアファメーションと真実の陳述は筋肉を強化します。否定的なアファメーションや嘘の陳述は筋肉を弱くします。

✣ 肯定的なアファメーションと真実の陳述はエネルギー・フィールドを劇的に、強化し、活発にし、拡大します。否定的なアファメーションと嘘の陳述はエネルギー・フィールドを劇的に弱め、消耗させ、縮小させます。

✣ 肯定的なアファメーションや陳述、否定的なアファメーションや陳述の影響は即座に結果となってあらわれます。

◇ さらに興味深い実験

ほかに友人とできる実験をいくつかあげておきましょう。

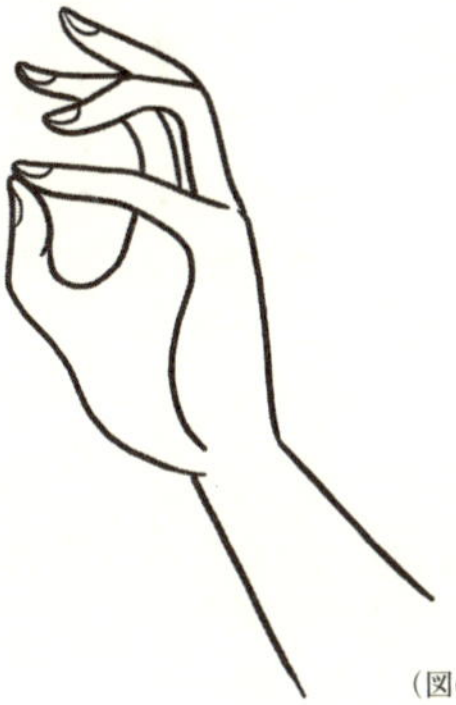

（図6e）

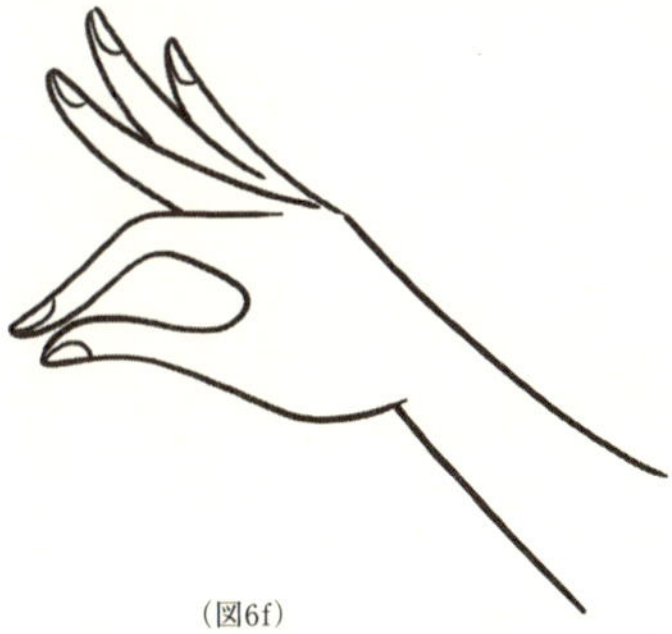

（図6f）

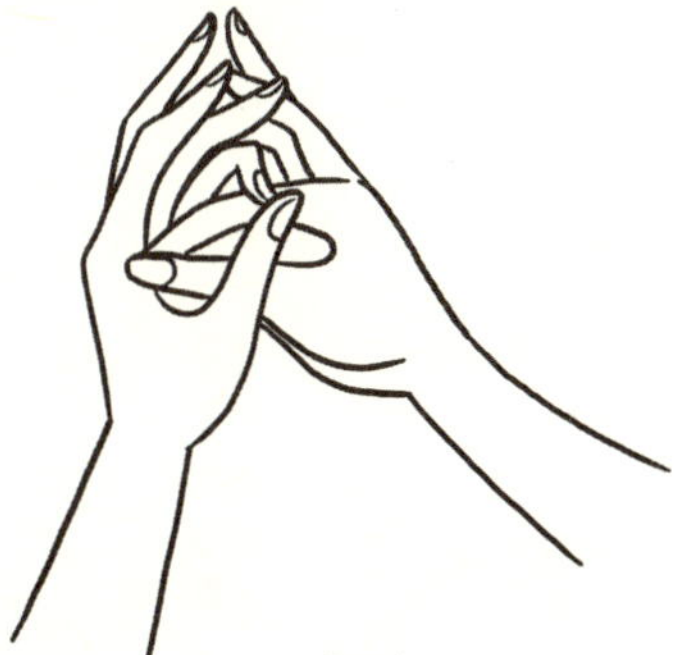

（図6g）

アヒルのくちばし実験

利き手でないほうの手の親指と小指の先を合わせて円をつくる。こうすると一種の電気回路ができる。利き手の親指の腹と人差し指の腹を合わせて小さなアヒルをつくる。残りの指は自由にしておく。

友人がつくった円のなかに、アヒルのくちばしを突っ込み、この位置を保ったまま、友人にはっきりとした声でアファメーションを言ってもらう。友人には円を保つようにしてもらいながら、円を切り離すように指を広げていく。このとき強弱をつけず、アヒルが口をあけるように一定の継続した圧力をかけていく。

アファメーションでポジティブなことばを言ったときには切り離すのがむずかしいと感じるのに、ネガティブなことばを言うと、ハサミで切ったように簡単にあいてしまうかもしれない。これは“筋力テスト”“筋力チェック”と呼ばれる。

◆友人に肯定的な思念を送ります。次に否定的な思念を、そしてもう一度肯定的な思念を送ってください。友人にはどんな思念を送ったかは言わないでください。オーラを計測して結果を見てみましょう。

◆友人に肯定的なことを考えてもらい、それから否定的なこと、そしてもう一度肯定的なことを考えてもらいますが、今どちらを考えているかは言わないでいてもらいます。そのつどオーラを計測してみましょう。

◆友人のオーラを計測します。それからオーラにはそこにそのままでいるように、友人にはどこか他へ行くように言います。オーラを計測してみましょう。オーラは友人の周囲にはありません。それからオーラに友人のところへ戻るように言い、もう一度計測します。

◇筋力テストの利用

Lロッドと同じように、筋力テストは、ハイ、イイエ、用意の位置がある方法のひとつです。筋力テスト法の用意の位置は図6gの形です。ハイの位置は普通利き手でないほうの手の円が強く、利き手のアヒルのくちばしで円を切り離すことができない状態で、イイエの位置は円が弱く、アヒルのくちばしで簡単に円を開いてしまえる状態です。

今度は自分で手を筋力テスト法の用意の位置にして試してみましょう。用意の位置ができたらハイアー・セルフに〝筋力テストの「ハイの位置」を教えてください〟と語りかけ、アヒルのくちばしで円をこじあけようとするときに利き手でないほうの手が抵抗するのを確認します。それができたらイイエの位置について同じ手順を繰り返しましょう。

振り子の使い方

紐、鎖、その他のなにかの枠などにおもりをつけたものを振り子と言います。紐の先についたティーバッグ、同じく紐の先につけたボタンやワッシャー(座金《ざがね》)、カーテンの引き紐、鎖についた鍵、ロケット、懐中時計などすべて振り子です。ダウジング用

（図6h）

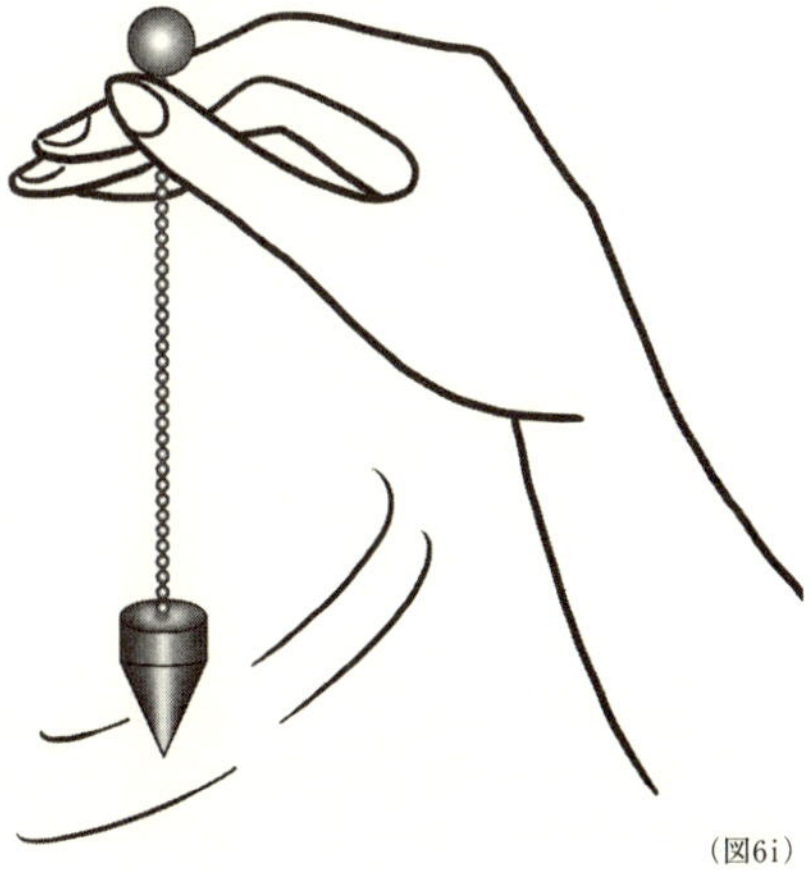

（図6i）

エネルギー・フィールド計測用の振り子

振り子はダウジング用道具として、紐、鎖、そのほかのなにかの枠などにおもりをつけたものである。ティーバッグや紐の先につけたボタンやワッシャー（座金）、カーテンの引き紐、鎖についた鍵、ロケット、懐中時計も振り子である。

振り子の紐か鎖を親指と人差し指ではさんで持つ。振り子を振り子の質問チャート図６ｉの上に持っていき、用意の位置で揺らす。必要なら振り子に用意の位置でゆれつづけるように語りかける。振り子が用意の位置で揺れるようになったら、ハイアー・セルフに「ハイの位置」「イイエの位置」を教えてくれるように語りかける。

始める前には準備運動をし、振り子が揺れはじめたら“なにもしないプログラム”を実行する。

につくられ設計された振り子もあります。自分で振り子をつくってもかまいませんし、www.divinerevelation.org で注文してもいいでしょう。

振り子は、ほかのダウジング用道具と同じように用意の位置、ハイ、イイエ、発見の位置があります。ハイアー・セルフにこれらの位置を見せてもらいましょう。あるいは図6jの位置を示すように自分の振り子をプログラムしてもいいでしょう。用意の位置は、図にあるように45度の角度に振れることとします。ハイの位置はまっすぐ前に、つまり90度の角度に振れること、そしてイイエの位置は180度の角度で左に振れることとします。

まず、311頁のエネルギーの準備運動をおこなってください。振り子の紐か鎖を親指と人差し指ではさんで持ちます。持つ位置は7～13センチくらいのどこでも持ちやすいところでかまいません。鎖の長さは、振り子の振れる速さを決定します。鎖を短く持つと振り子は速く振れます。

振り子を持って、図6jの上に持ってきます。それから手で振り子を動かします。45度の角度、用意の位置で揺らしましょう。続けて動かしていてください。必要なら声を出して、振り子に用意の位置で振れつづけているように語りかけます。振り子の揺れで重要なのは、図の上半分だけです。下半分の揺れ（チャートの点線の部分）は無視してください。

振り子が用意の位置で揺れるようになったら、ハイアー・セルフに〝どうか振り子の「ハイの位置」を教えてください〟と語りかけます。深呼吸を数回して、〝なにもしないプログラム〟を実行します。振り子はゆっくりと用意の位置から左方向へ動き、図のハイの位置で揺れるようになります。

再び用意の位置で振り子を動かし、イイエの反応をするように求めます。振り子は再び左に動き出し、用意の位置からイイエの位置で振れるようになるでしょう。上半分の揺れ、自分から遠いほうの揺れにだけ注意を払うようにしてください。

振り子が円運動をしながら回転するのに気づくこともあるでしょう。たぶんハイの反応のときは時計回りでイイエのときは逆回りではないでしょうか。これでもかまいません。しかしこの動きだと、詳細な質問に対して複雑な図を使いたいときに限界があるかもしれません。

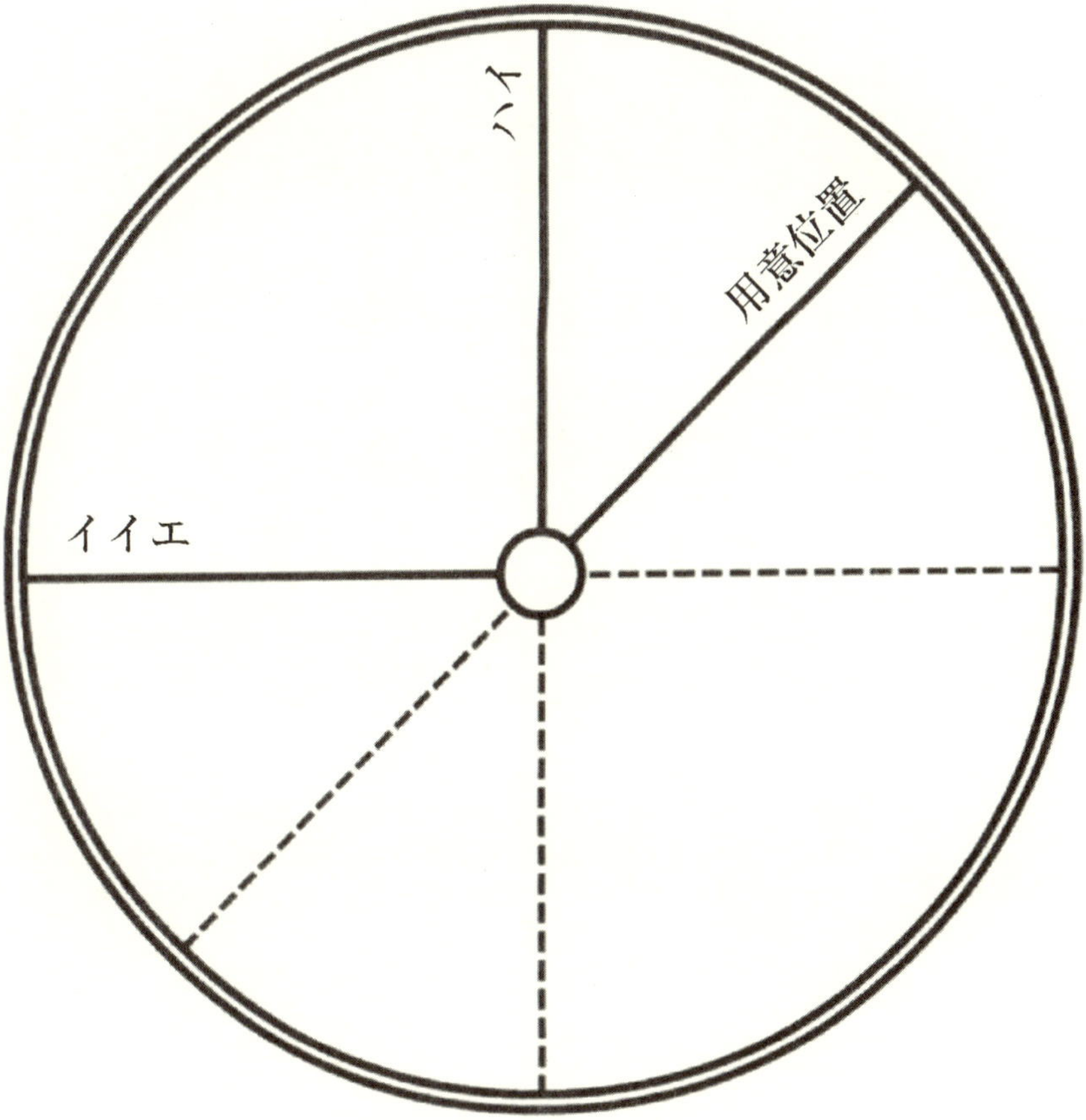

振り子の質問チャート（図6j）

振り子には他のダウジング用の道具と同じように、用意の位置、ハイ、イイエ、発見の位置がある。質問チャートにある位置を示すように自分の振り子をプログラムするとよい。揺れは上半分、自分から遠いほうの揺れにだけに注意を払い、チャートの点線は無視してよい。

最後にハイアー・セルフに〝どうか振り子の「発見の位置」を教えてください〟と語りかけます。発見の位置は回転する動きのこともあれば、ハイの位置を上下に動くこともあります。

この手順に加えて、ウォルト・ウッズによる“Letter to Robin―A Mini-Course in Pendulum Dowsing”を読むことを強くおすすめします。この無料のe―bookはwww.lettertorobin.orgからダウンロードすることができます。

振り子の使い方がわかったら、Lロッドでおこなったのと同じように友人のエネルギー・フィールドを測定することができます。134頁と同じ方法を使ってください。45度の角度、用意の位置で振り子を振りつづけて、ゆっくりと友人のほうへ近づきます。あなたが歓喜鞘にたどりついたら、振り子は方向をかえて発見の位置で動くようになるでしょう。

次の章では、その道に秀でた透視能力者やそのほかのオーラ研究者の目にはオーラがどのように見えるかをご紹介します。

第７章

オーラはどんなふうに見える？

オーラと思考形態を見てみましょう

エネルギー・フィールドはふたつの特徴ある層になっています。ひとつ目は基調を示す層で、性格や意識、習慣的パターンによって規定されるほぼ変化のない色です。ふたつ目の層は、折々の気分や思考形態によって形づくられ絶えず変化しています。オーラは人間の身体全体を包み、オーラの色や形はその人の感情や健康状態に左右されます。つまり、オーラの色や形を見ることによって、人の性格やそのときの感情、健康状態を知ることができるのです。また、神性の存在、天使的存在は、頭や肩のあたりに光る球体となってあらわれます。

思考形態がオーラにどのようにあらわれるのか見てみましょう!

〝光のなかにいると、つまずくようなことがまったくない。あらゆるものが光のなかに見えているから〟

——ジョージ・フォックス

エネルギー・フィールドは、色が活発に揺れ動く万華鏡《まんげきょう》にそっくりで、絶えず動き、気分や思考と衝突しています。これらの色はあなたの感情に隠れている、絶えず変化する内面の揺れる状態を外側にあらわしているのです。色の断片、すじ、縞、点、閃光《せんこう》、流れ、雲があらわれたり消えたりします。黒い雲がその下の明るい色を隠していることもあります。

特別に落ち着いた気持ちでいるとき、オーラは穏やかで光り輝き、放射状になっています。光輪のように。ひどく怒っているときや興奮しているときは、激しく燃える炉、燃えさかる建物、爆発のときのように大きく燃え立って見えるかもしれません。炎が外側に飛び出し、踊り、混沌《こんとん》とした大渦巻のなかで旋回しているような感じです。この炎はオーラから離れて周囲に向かって飛んでいくこともあります。

オーラが完全に静止することはありません。リラックスしているとき、精神的に落ち着いているとき、瞑想しているときも、脈動する波のような動きがオーラ全体を震わせています。感情が高まっているときは誰しも、たとえ色は見えなくても激しく荒れ狂う嵐がエネルギー・フィールドから噴出するのを感じられるはずです。

オーラの研究

20世紀初頭から人のエネルギー・フィールドの研究は、生物の周囲に輝く光の観察へと向かいました。この分野でのパイオニアの発見をいくつかご紹介しましょう。

【キルナー：オーラ・フィールド】

1911年、ロンドンのセント・トーマス病院の医師であるウォルター・J・キルナー（1847―1920）は、人のオーラに関する徹底的な研究を出版しました。〝スペクトーラニン〟と呼ばれる、染料のジシアニンで染めたガラスのスクリーンを通して、キルナーは多彩な色のはっきりと3つに区別できる楕円形の光輪を観察しました。その光輪は身体に近い場所が、一番密度が濃くなっていました。

キルナーは男性のオーラは年齢に関係なく一様であり、女性の場合は女児のオーラは大人のものとは異なっていることを発見しました。男性のオーラは頭の周囲が大きく、身体の輪郭につながっていきます。女児のオーラは男性のものに似ていますが、成人女性のオーラは男性のものより幅広く、特に腰まわりが広くなっていました（身体から15～30センチくらい）。成人女性が横を向いて立つと、そのオーラは、背中のくぼみ、胸、腹部で最も広くなりました。

キルナーの観察は、男性は知性的で頭中心で、一方女性は感情的で心を中心としていると、典型的に分類されることの説明になっているかもしれません。

キルナーは疲労、病気、気分、催眠状態、磁力、電気がオーラの大きさと色を変えることを発見しました。彼は、オーラの色、構造、量、その存在をもとに主な病気を診断し、治療しました。キルナーの業績は、職業的医師からは懐疑的に受け止められ、第一次世界大戦の始まりと共に中断してしまいました。

【ピエラコス：バイオエナジェティクス】

ギリシャ生まれの医師、心理学者、科学者で、ニューヨークのバイオエナジェティクス分析研究所の共同設立者であるジョン・C・ピエラコス（1921―2001）は、人、動物、植物のエネルギー・フィールドとクリスタルを共同研究者のアレクサンダー・ローワンと共に12年にわたり研究しました。

ピエラコスはエネルギー・フィールドを〝身体のエネルギーが光の色合いを持ったもの〟と描写し、〝エネルギー〟を〝意識によって放射される生命力〟と定義しました。またピエラコスは、人は〝絶えず移り変わり、ちらちらと光り、揺れ動くあでやかな色の重なりが律動的に色を添える液体の海を泳いでいる。生きているということは色彩に富み、活気にあふれている〟と語っています。

ピエラコスによればエネルギー・フィールドは3

放射するオーラ（図7a）

エネルギー・フィールドは、色が活発に動き、絶えず変化する内面の揺れる状態をあらわしている。特別に落ち着いた気持ちでいるとき、オーラは穏やかで光り輝き、放射状になっている。

感情的な爆発（図7b）

ひどく怒っているときや興奮しているときは、炎が外側に飛び出し、踊り、混沌とした大渦巻のなかで旋回しているような感じがする。この炎はオーラから離れて周囲に向かって飛んでいくこともある。

層から成っています。

1．内側の層：3ミリから5ミリで暗く濃い藍色、菫色か、あるいは紫外（ultraviolet）で、空虚、透明、結晶性があります。

2．中間層：7センチから10センチで青灰色、明るくちらちらと光り、液体状で、純化した状態にあり以下のような形状をしています。

A．層全体を満たす波様の形

B．全体がブラウン運動をしているような姿

C．白か黄色の光が身体から約50センチから1メートルくらい放射状に出ていて、頭の周辺は房飾りのように見える状態

3．外側の層：15センチから20センチのほとんど透明な水色で、最高約30メートルまで広がっており、螺旋《らせん》状または渦状の動きを見せて拡散し、その境界ははっきりしない

ピエラコスは、エネルギー・フィールドは活動、休息、身体の代謝、感情、呼吸の数と質の影響を受けることを発見しました。その動きは絶えることがなく、複雑で常に変化し、震え、揺れています。エネルギーの流れは頭のほうと足のほうへ同時に広がっています。揺れは身体の輪郭をはみでて広がっています。またこうした特徴を研究することによって病気の状態を判断することができます。

【ハント：バイオフィールドとオーラ・カラー】

1970年から1990年にかけて、UCLAの生理学部長のヴァレリー・ハントは、ロルフィングのセッション中のヒトのバイオフィールドを測定しました。被験者の皮膚につけた電極がミリボルテージの低いシグナルを記録する一方で、透視能力を持つオーラ・リーダーのロザリン・ブリエールとバーバラ・ブレナンが被験者のオーラを観察しました。

科学者たちはフーリエ解析と超音波周波数分析を使って数学的に波形を評価しましたが、結果は特定の色と正確な相関関係がありました。言い換えると、オーラ・リーダーが青を見ているとき、電気的測定は特徴的な青の波形と周波数を見せたのです。1988年、ハントはこの実験をほかの7名のオーラ・リーダーと共に繰り返し、成功をおさめました。

オーラの層 (図7c)

内側の層：３～５ミリの暗く濃い藍色、菫色あるいは紫外（ultra violet）で、空虚、透明、結晶性がある。

中間層　：７～10センチで青灰色、明るくちらちらと光り、液体状で、純化した状態にある。層全体を波様の形が満たし、全体がブラウン運動をしているような姿で、白か黄色の光が約50センチ～１メートル、身体から放射状に出ている。頭の周辺は房飾りのように見える。

外側の層：15～20センチのほとんど透明な水色で、最高約30メートルまで広がっており、螺旋状、渦状の動きを見せて拡散し、その境界ははっきりしない。

〝霊媒は何世紀にもわたりオーラの放射を描写してきましたが、これは初めての客観的な電気的証拠と言えるでしょう。周波数、振幅、時間、が色の放出の主観的な観察を検証したのです〟

オーラ・リーダーの目に見えるもの

個々の経験や、精神的な考え、先入観などから、透視能力者にはオーラの描写において大きな違いが見られます。本章では、オーラがどんなふうに見えるのかいくつかの例をご紹介しましょう。しかしオーラ・フィールドを見るには自分なりの研究をすることをおすすめします。

優れたオーラ・リーダーはエネルギー・フィールドがふたつの特徴ある層になっているのを区別することができます。ひとつ目は基調を示す層で、性格や意識、習慣的なパターンによって規定されるほぼ変化のない色です。ふたつ目の層は、折々の気分や思考形態（習慣や信念が固まったエネルギー）によって形づくられていて、絶えず変化しています。

オーラは身体全体を包んでいますが、最も密度が高いのは頭と肩の周辺です。強い色は普通、より強い意志、集中したエネルギー、スピリット、活気を示しています。オーラの外見には食事、健康、環境など多くの要素が影響しています。しかし最も重要なのは心です。

妊娠中、子育て中の女性は明るく、目に見えやすいやわらかなパステル・カラーのオーラを出しています。講演者、歌手、ミュージシャンは、感情と熱意を込めて舞台を務めるときに、明るく多彩な色のオーラを出します。麻薬中毒者、アルコール依存症患者、精神病患者からは、星状体で粘液質の灰色の雲が見えます。星状体の物質は黒や灰色の球体になることもあります。それとは逆に精神的な指導者、天使、神性の教師、愛されながら亡くなった人は明るく白いエネルギーのボールを放出していて、頭の周囲に見られることが多いものです。小さな球体は亡くなったペットによく見られます。新生児は母親となる女性の右側に光の小さな球となってあらわれます。

『光の手』（邦訳、河出書房新社刊）の著者、バーバラ・ブレナンによれば、特に自己防衛的な人のオ

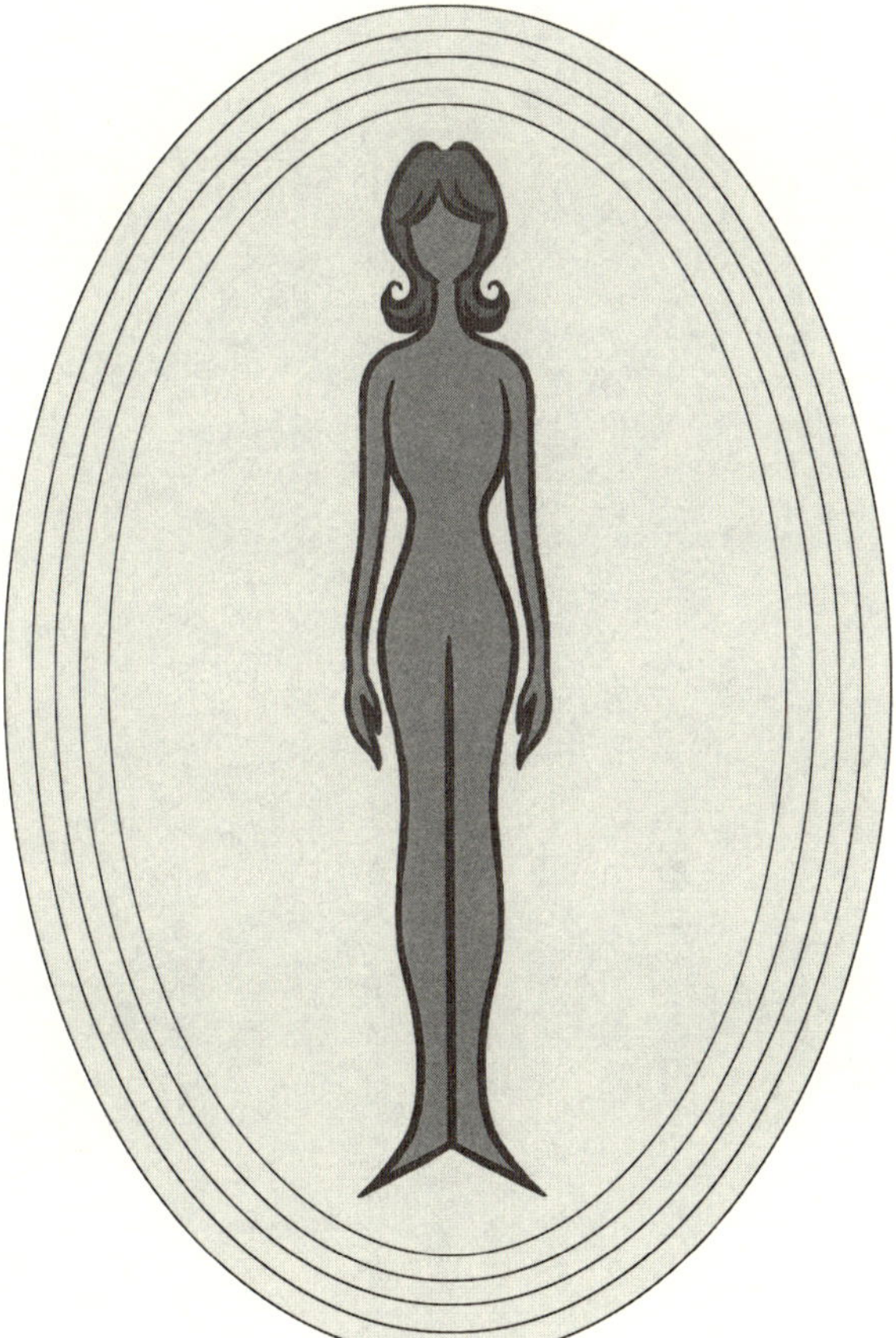

防御の構え（図7d）

バーバラ・ブレナン（『光の手』著者）によれば、特に自己防衛的な人のオーラは、親交を妨げる固く厚い殻におおわれている。

ーラは、親交を妨げる固く厚い殻に覆われているそうです（図７ｄ）。また言い訳をしたり、責められるのを言葉で否定したりする人は頭の周囲に大きな光輪を放射します（図７ｅ）。さらに優越感にひたっている人はあらゆる方向にオーラが膨れあがる〝のぼせあがり〟〝ふくれ頭〟〝自我の膨張〟などと呼ばれる状態にあるそうです（図７ｆ）。劣等感や無能、無価値だと思う人、自分はなにかに値しないと感じている人のオーラは縮んだり壊れたりしています。深く傷ついた人は、ヤマアラシのようなシールドをつくりあげ、他人が近づくのを妨げます（図７ｇ）。

目覚めている時間は色とりどりの感情体の思考形態がオーラを支配しています。しかし睡眠中の心と身体が休んでいるときは、アストラル・ヴァイタル・ボディが主になります。そのときのオーラは半分透明な真珠色、ミルク色の領域となりオパールのような光彩と色合いをうっすらと帯びていて、それが混ざり、動き、隠れ、またあらわれます。この輝く真珠色の物質が〝エーテル二重体〟、ヴァイタル・ボディで、人体の精巧なコピーです。このヴァイタル・ボディの大きさは縮んだり拡大したりします。

オーラは微小のきらめくエネルギー粒子に満たされていて、それは絶えず動く電気のスパークに似ています。この活発な動きは身体から出る蒸気や熱気に似ています。エネルギー・フィールド内のプラーナの粒子が身体に生命を吹きこんでいるので、この踊るような動きは文字どおり生命のダンスと言っていいでしょう。

微小なオーラの粒子は息を吐くたびに、微細身から捨て去られます。この粒子は空気中に長く残り、イヌ、ネコ、その他の動物にはそれとわかるにおいを残します。

思考形態とは？

人が感情的に怒り狂っているのを感じたことがありますか？　誰かの目に怒りを見たことがありますか？　人の感情を察知したことがありますか？　たとえば不安、悲しみ、罪悪感、恐怖、あるいは不思議に思っているときに？　初対面の人の傲慢《ごうまん》や臆病、

言葉による否定（図7e）

言い訳をしたり、責められるのを言葉で否定する人は頭の周囲に大きな光輪を放射している。

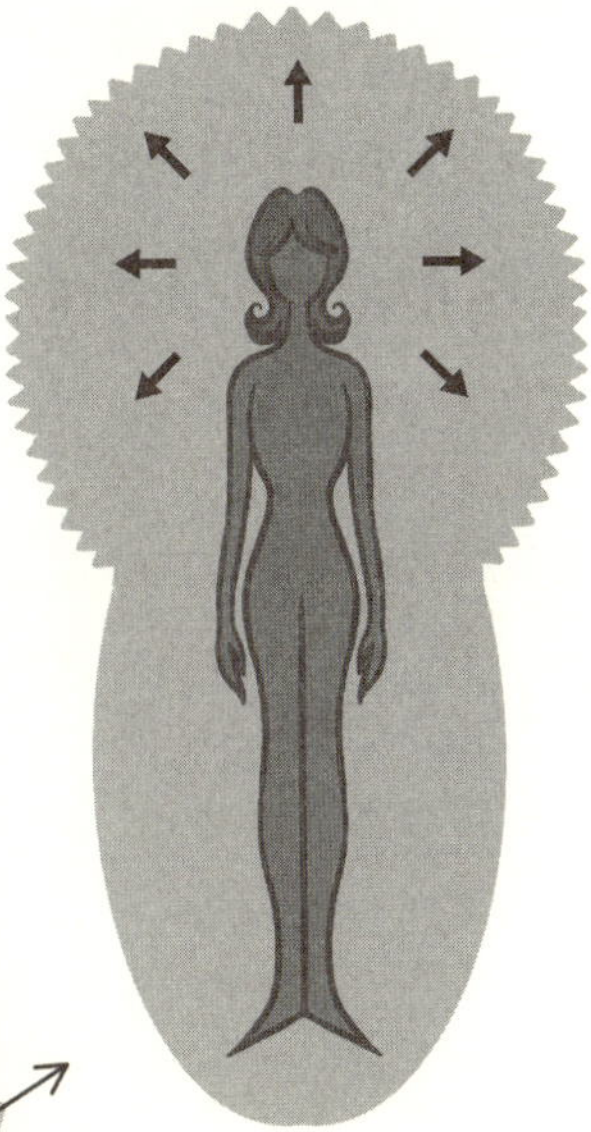

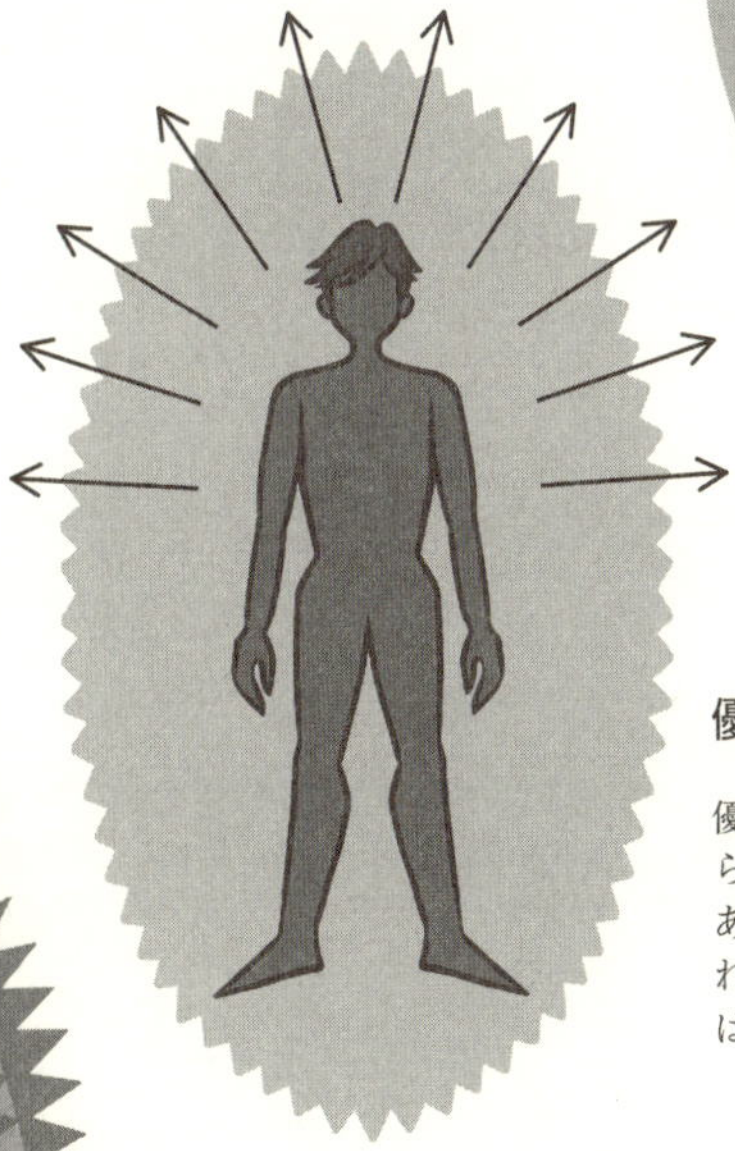

優越（図7f）

優越感にひたっている人はあらゆる方向にオーラがふくれあがる“のぼせあがり”“ふくれ頭”“自我の膨張”などと呼ばれる状態にある。

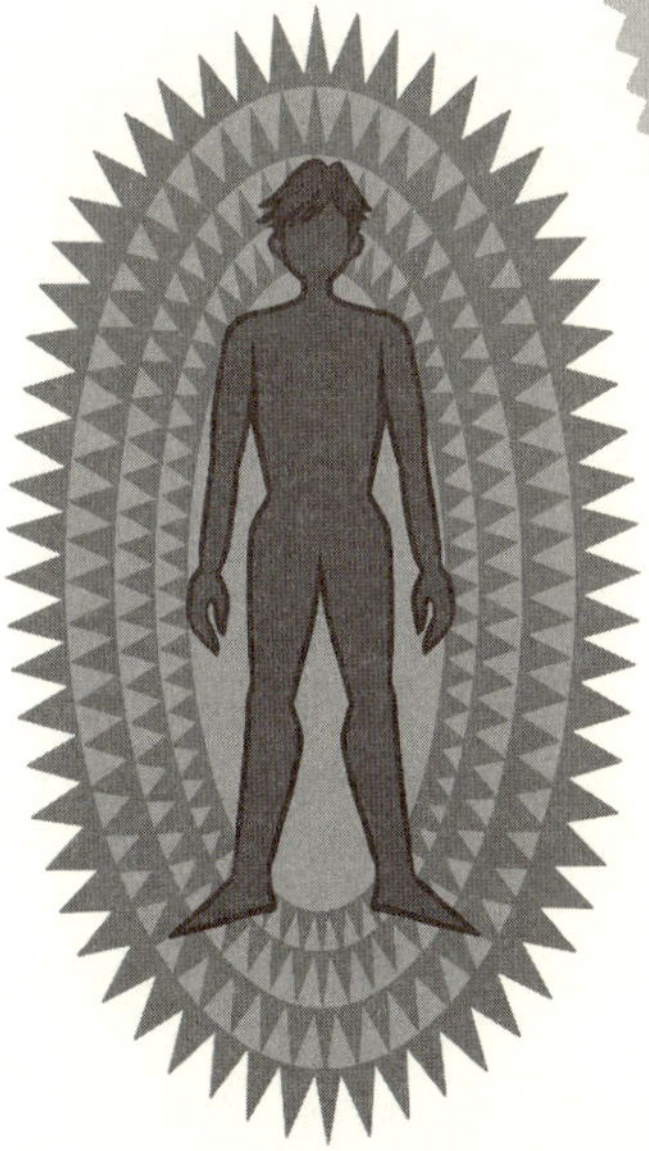

遮蔽（図7g）

劣等感や無能、無価値だと思う人、自分はなにかに値しないと感じている人のオーラは、縮んだり壊れたりしている。深く傷ついた人は、ヤマアラシのようなシールドをつくりあげ、他人が近づくのをさまたげる。

自信、人見知り、残酷、恐れ、落ち着かなさに気づいたことはありますか。これらの質問のひとつにでもハイと答えたあなたは、思考形態を見るか感じるかしたことがあるのです。

思考形態は、強い意志によってエネルギーを与えられた強い感情、感覚、考え、習慣、パターン、条件づけを言います。こうした感情に対応する激しい波動が、結合力の強いオーラの物質の場のなかで、強い思考力の強いエネルギーの渦をつくります。このエネルギーの渦はプラーナのエネルギーが充満してできたものです。プラーナの物質が思考形態の構成要素となり形づくり、これがあざやかな色とエネルギーを見せるのです。

思考形態のなかには、精神体をつくりあげている半永久的なものもあります。そのほかの思考形態は一時的なものです。気分によってあらわれたり消えたりします。思考形態のなかには〝ファサード・ボディ〟とかラクシャサと呼ばれるものがあり、それ自身が生命を持っているように見え、個性的な、ほとんど独立した性格を持っています（248～254頁参照のこと）。

あなたの思考形態は強力な影響を与えます。プラーナのエネルギーと精神的な意志力であまりにも一杯になり、周囲に光の閃光を放つことがあります。この思考の閃光の通り道にいた人は誰でも本能的にこれとわかるエネルギーの一撃をくらったような感じがするでしょう。

思考形態はあなたの心と意志とプラーナの物質でつくりだされたエネルギー物質です。思考形態はあなたの心の子供であり、思考の実体と生命のエッセンスから生まれたものです。ほんの数秒しか生きられないときもありますし、精神体に半永久的に固定されることもありますし、オーラの外で分離した存在として自己を確立してしまうことさえあります。暖炉の火が燃えつきたあとでも部屋のなかに暖かさが残るように、思考形態もそれをつくりだした人が肉体を去ったあとに残っていることがあります。

思考形態はどんなふうに見えるか

思考形態は、オーラのなかにうねる波のようにあらわれることがよくあります。湖の表面と似ています。ほかには渦を描く雲のようなエネルギーの球や、旋風、渦巻、風車のように見えることもありますし、汽車やディーゼル・トラックから渦を巻いて出てくる蒸気のようにあらわれることもあります。大きな噴射がやかんから勢いよく出る蒸気のような形で、1回、あるいは連続して起きることもあります。思考形態は強力な稲光、やわらかな閃光、宇宙に穴をあけるコークスクリューのように見えるときもあります。果てしなく広がる美しい幾何学模様が燐光《りんこう》性の光を発して光っているのです。

思考形態はふつう単純な色であらわされます。その下に隠れている感情が一面的だからです。たとえば強い怒りの思考形態は特徴的な赤と黒の閃光や光の筋となってあらわれることがよくあります。〝怒りが燃え上がった〟とよく言われますが、文字どおりそうなります。情熱は暗い赤となってあらわれます。無条件の愛の思考形態は美しいピンクの花弁を持つ花となってあらわれます。

思考形態の外見は他人の影響を受けることもあります。1960年代、セルマ・モスはUCLAの放射フィールド写真研究室で、高圧カメラを使ってヒトのエネルギー・フィールドを研究しました。ある研究ではふたりで組になり、互いの指の先を近づけ、しかし触れることはせずに、お互いの目を見つめ合いました。理由はわかりませんが、写真では指先のひとつが消えてなくなることがしょっちゅうありました。あとになって被験者のひとりが催眠術のプロで、多くのパートナーの指先を消してしまっていたことがわかりました。

ある驚くべき実験では、ひとりの被験者が、針を怖がる相手に針を刺すところを想像しました。高圧写真では、攻撃側の指から鋭い赤い線が出ていて、想像上の犠牲者に向かっており、相手のオーラは小さくなっていました。別のケースでは、一緒に瞑想しているふたりの高圧写真を撮ったところ、ふたりのオーラが融合しているのが見られました。

思考形態はエネルギー・フィールドにとどまることもあれば、遠距離を移動することもあります。移動中に消えてしまうこともあります。大気中でうっすらと輝きながら長時間残ることもあります。空間は思考形態を飛ばす障害にはなりません。思考形態はどこへでも飛んでいけるのです。

最も激しい感情に満ちた思考形態は爆弾の形をしていて、目標に届いたときに爆発します。講演者や演説家、政治家は往々にして観衆に向かって強力な思考爆弾を投げつけます。

極端な思考形態は人々を怯《ひる》ませたり、目標を精神的な矢で攻撃したりします。この矢がオーラ・フィールドの位置をずらすことがあります。人に巻きついたり、巻きついて結び目をつくってしまったりすることもあります。ときには相手のオーラを縛りあげ、矢を放った人のほうへ引きずっていくことさえあります。こうした現象は強い感情的な強制や脅迫をともないます。長くうねりべったりとした触手を持つタコ型思考形態はソーラ・プレクサス・チャクラを攻撃したり、目標に巻きつき息苦しくさせたりすることがあります。感情的に貧しいために起こる、そうした霊的な操作は相手のオーラの元気をなくしたり、相手をからめとったりしようとする傾向があります。

持ち主によって、生命強化型思考形態か生命損傷型思考形態を持ち、前者はポジティブな波動を、後者はネガティブな波動を放出しています。ある例では、男性がほかの人々を助け勇気づけようと書いたり講義をしたり教えたりしているときに、その人のハイアー・セルフからインスピレーションを受け取ったのですが、そのとき、うっとりするほど美しい虹色の光の矢が、男性の左肩に向かって下方向に放たれていました。

オーラは自家充電するフィールドで、肉体が生きている限りエネルギーが空っぽになることはありません。それとは対照的に、思考形態には内面のエネルギー源がありませんから一時的なものです。思考形態を最初につくりあげた、内面のエネルギーの放出電池が続くあいだだけしか続きません。

オーラの性格

オーラは人の性格や特徴を見抜くことがあります。思考形態の形や色からは習慣、思考、病気がわかります。一般の人のオーラは肉体から60センチくらいの幅で輝いています。その色彩は透明で輝いているものから暗くくすんだものまでさまざまで、感情や健康を反映しています。子供のオーラは絶えず流動

精神的な矢の攻撃（図7h）

極端な思考形態は人々を怯ませたり、目標を精神的な矢で攻撃したりすることがあり、この矢がオーラ・フィールドの位置をずらすことがある。

また、精神的な矢は人に巻きついたり、さらには結び目を作り相手のオーラを縛りあげ、矢を放った人のほうへ引きずることもある。こうした現象は強い感情的な強制や強迫をともなう。

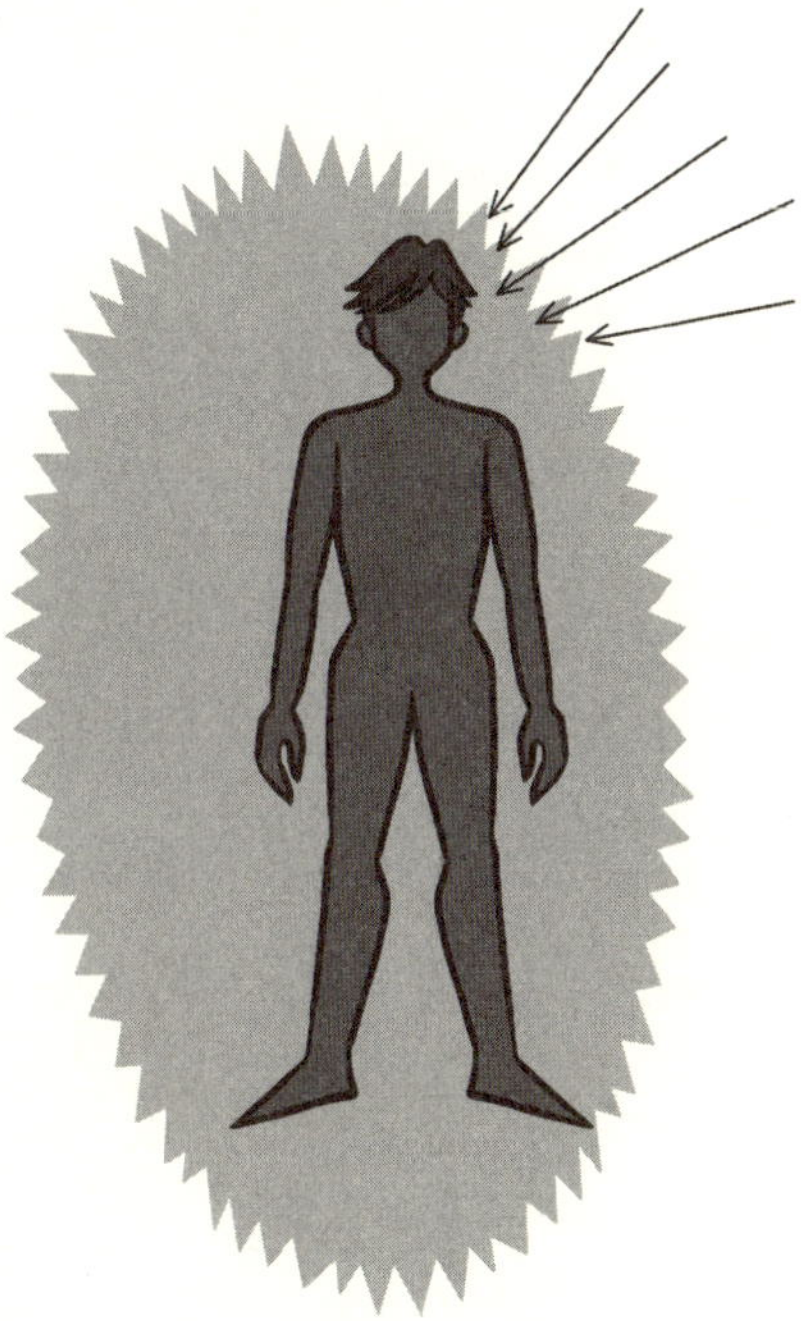

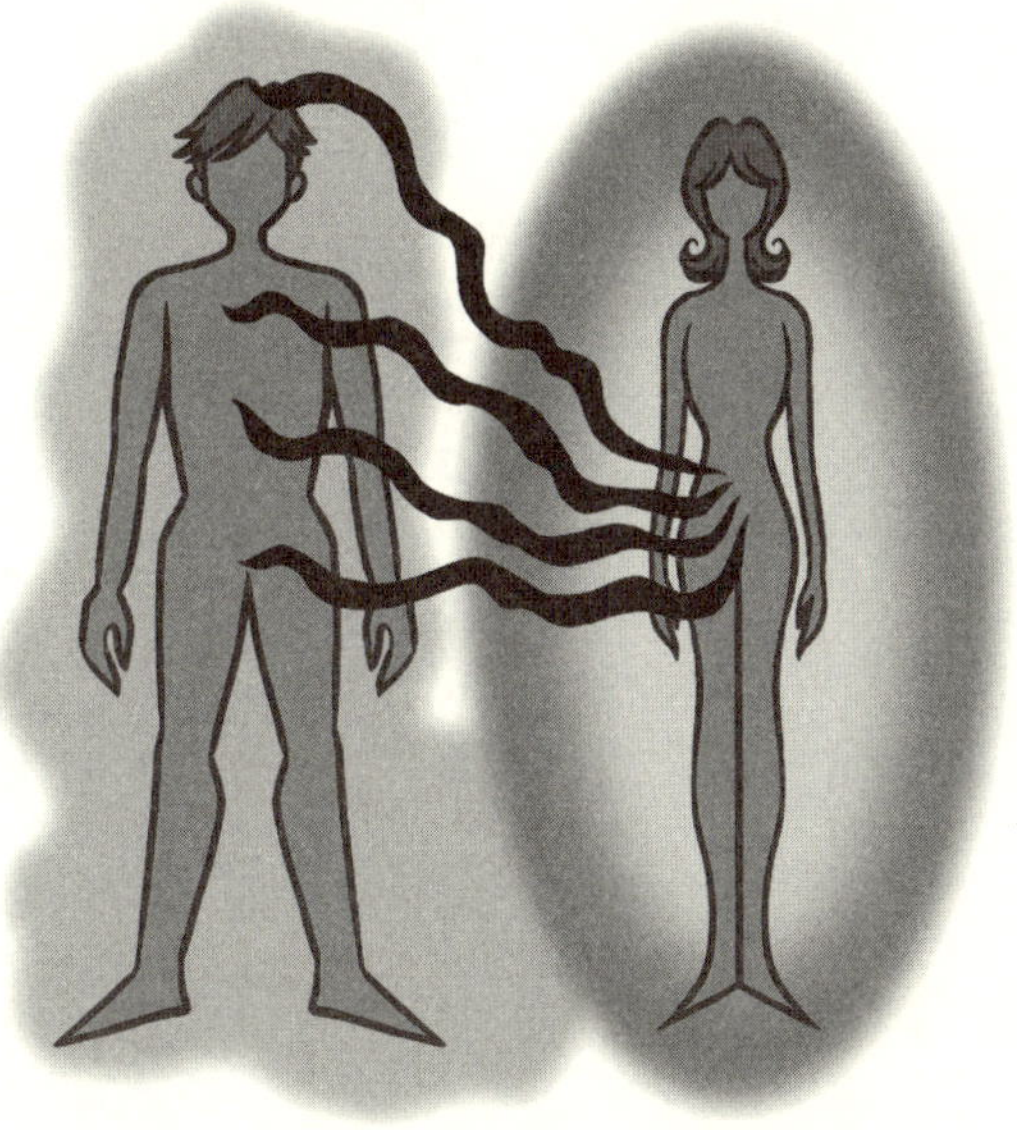

タコ型思考形態（図7i）

長くべっとりとした触手を持つタコ型思考形態は、ソーラー・プレクサス・チャクラを攻撃し、目標に巻きつき息苦しくさせることがある。感情が貧しいために起こる霊的な操作は、相手のオーラの元気をなくしたり、相手をからめとったりしようとする傾向がある。

している一方で、大人は必然的に各々の個性に合わせて、ある程度固定していて、顕著で読み取りやすい特徴を持った安定したオーラを見せています。

たとえば陽気で寛大な人はしばしばやわらかな色の広がったオーラを持っています。愛情豊かで大きな心の性格は、ピンク、バラ色、水色、レモン色、薄緑などの色合いを持っています。

対照的に、欲張りな人のオーラは狭く小さく、汚い茶色がかったオレンジ色で、エネルギーは狭い焦点にあてられています。エネルギーの循環が省略されているのです。毒の排出もなければ宇宙のエネルギーの注入もありません。オーラは、孤独と無力の小さな境界をつくる外殻に閉じ込められ、侵入することができません。

肉体的な歓びに取りつかれた現世的な人は、臙脂《えんじ》色、深紅色、深く汚らしい青や、濁った紫色のエネルギー・フィールドを見せることがあります。そうした人が子供を授かると、家族愛や献身に目覚めると共に、オーラもだんだんと変化していきます。波動の焦点もセイクラル・チャクラからハートのチャクラへと移動し、濃い赤がバラ色と青へ変わります。

物質的な目標に突き動かされた現実的なビジネスマン（ウーマン）は、オレンジ色のオーラを見せることが多いようです。知性が心を支配しているので、頭の周辺のオーラが大きく目立ちます。

内向的な人は色が弱かったり、身体の右側の色が欠落していたりします。外向型の人は左側のオーラが欠けていることがあります。

スピリチュアルな人のオーラは、青や菫色が基調になっていて、水色、緑、菫色が心臓から輝いています。このような素晴らしいオーラは、粗末な身なりで、読み書きができないことも多いのに、他人へ犠牲を惜しまない人に見られます。病気の人を看護し、貧しい人を助け、老人を励ますような人です。

教えることで人類に奉仕する人は、頭と心臓のチャクラに力強いエネルギーが脈打つオーラを持っています。こうした人は光り輝く黄色、白、レモン色、青などの色を強く見せています。人間らしさを愛する人の心臓の中心には、藤色、紫、青などの献身的な色が輝いています。

本物の聖人、マハトゥマ（偉大なる魂）は、大きく輝く蛍光色の、真珠の光沢を持つオーラ・フィールドを持っていて、肉体の周囲に大きく広がっています。こうした悟りを開いた人の場合、頭頂の1000枚の花弁の蓮から光が輝き、オーラ・フィールド全体を輝く銀色のゆらめく光で満たします。波動に敏感な人は誰でもそのような力強い愛のオーラから暖かな光を感じます。

オーラの健康状態を読む方法

生命力がエネルギー・フィールドを力強く流れているときは、オーラの色は明るくあざやかで脈動しています。ほとんどの人の場合、エネルギー・フィールドは上半身がやや大きくなっています。非常に健康な人の場合には、オーラは肉体の周囲すべてにおいて同じ大きさです。

生気鞘には、ほとんど色がありません。澄んだ水の色、完璧なダイアモンドの色をしています。特に健康で活気のある人の場合、うっすらと暖かいピンク色を帯びて輝いています。透視能力のある人には、外向きに放射状になっている細く硬い毛のような線の縞が入っている、あるいはそういうしるしがあるというふうに見えます。健康なオーラでは、この縞がこわばってもろく見えます。健康に問題があると、放射はもつれ、ぶつ切りになり、ねじれ、丸まったり、力がなくなったりします。

病気のときは、オーラの形が壊れたり潰れたりするか、暗い部分となってあらわれることがよくあります。オーラ・リーダーのなかにはこれを〝穴〟とかエネルギーの漏《も》れと呼ぶ人もいます。病気の部分があると、その部位にあたる部分のオーラにしばしば暗い穴が見られます。たとえば、肺がんの場合、腫瘍とちょうど重なる位置のオーラの前や後ろに暗い箇所が見られます。

著名な超常能力者のエドガー・ケイシー（1877―1945）には、かついつも青いもの、ネクタイやソックスまで青を身につけているという知り合いの男性がいました。ある日この〝ブルー・マン〟は店に行き、自分でも驚いたことにえび茶のネクタイを購入していました。それから赤い縞の入ったシャツや緋色のネクタイとハンカチーフを買い、そのまま赤いものばかりを数年間身につけていました。そのあいだ、彼の健康は悪化していき、どんどん神経質になり疲れやすくなっていきました。そして最後には神経衰弱になってしまったのです。

このあいだ、この人のオーラ・フィールドでは赤色が成長していました。それから灰色（病気の色）が赤に侵入してきました。しかし少しずつ健康を取り戻していくと、青色が赤を侵食していきました。最後には青が戦闘の勝利をおさめ、男性は回復しました。男性は二度と赤を身につけることはありませんでした。

ケイシーの別な友人は女性で、子供時代に色とりどりのオーラを見ていました。彼女は誰もがオーラを見ているのだと思っていました。ある日、この子がある女性に会いました。この女性はおかしいと子供時代の彼女は感じたのですが、その理由を正確に述べることはできませんでした。そして帰宅して、女性の周囲になんの色も見られなかったことを思い出してびっくりしたのです。数週間のうちにその女性は亡くなりました。

エドガー・ケイシーはいつもオーラを見ることができました。ある日、彼はデパートの6階でエレベーターを待っていました。そのとき明るい赤のセーターが彼の興味を惹《ひ》きました。ほぼ満員のエレベーターが止まり、ケイシーは乗り込もうとしたのですが、その途中でなにかが彼を引き止めました。エレベーターのなかは明かりが煌々《こうこう》とついていたのですが、ケイシーには〝暗い〟と感じられたのです。彼はこのエネルギーに追い払われ、エレベーター係に〝どうぞ行ってください〟と伝えました。赤いセーターに歩み寄りながら、ケイシーはなぜ落ち着かない気持ちになったのか気がつきました。エレベーターのなかの人たちにはオーラがなかったのです。その瞬間、ケーブルが切れ、エレベーターは地下へと落ち、乗客は全員死亡しました。

オーラは魂の波動を反映しています。死が近いとき、魂は肉体から去ろうとします。オーラには色がありません。微細身は肉体の上を漂っているからです。オーラはしだいに薄くなり、地上の身体からの脱出が完全に終わるまでそれは続きます。

驚いたことにテレビや写真に映っている人のオーラも見ることができます。死が近い人、死んでいる人にはオーラがないのでテレビニュースに映し出される死体にはオーラがありません。死の直前に撮ら

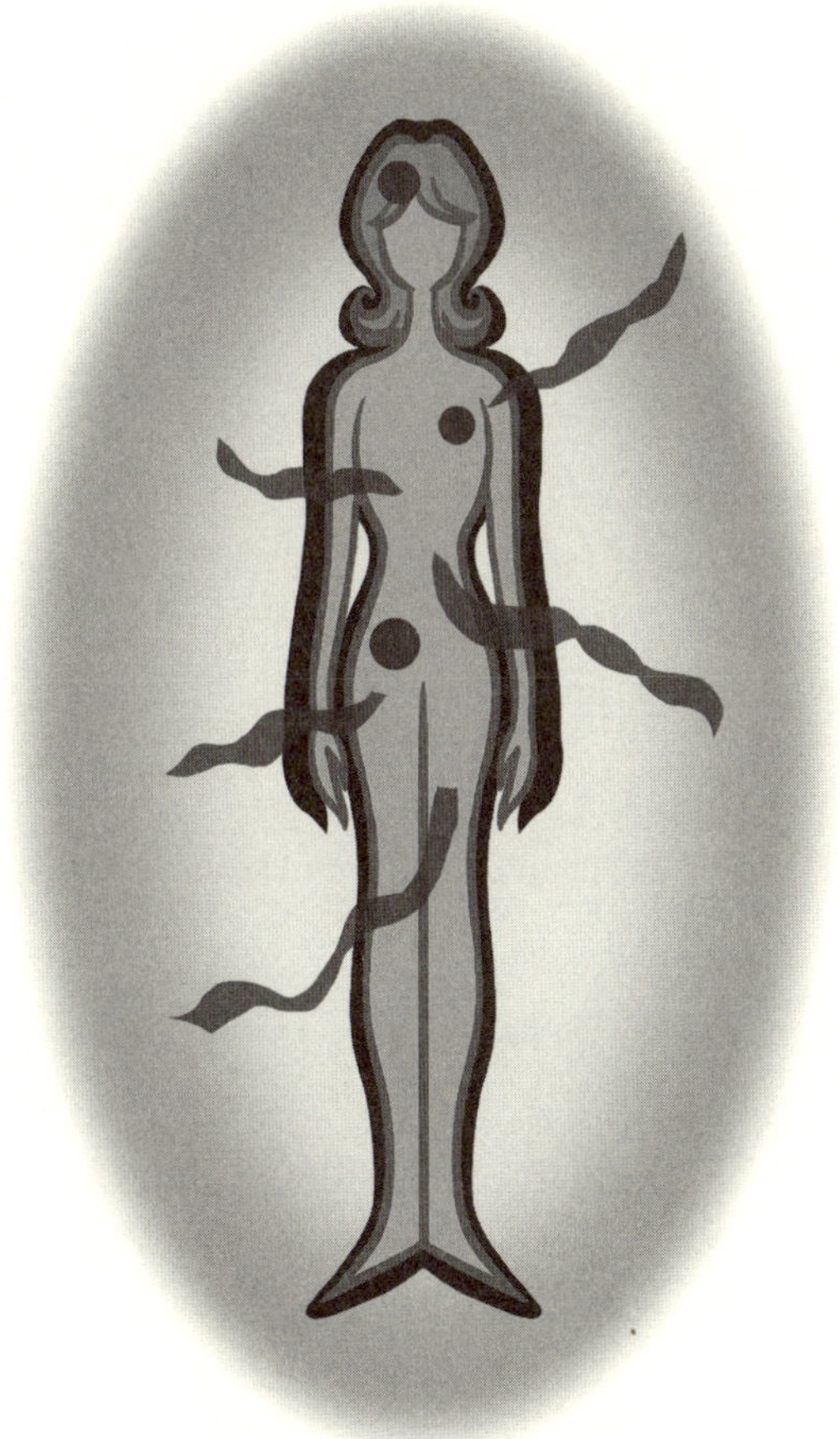

エネルギーの漏れ (図7j)

病気のときのオーラは、形が壊れたり潰れたり、暗い部分となってあらわれる。これを“穴”とか“エネルギーの漏れ”と呼ぶ。

健康に問題がある人のオーラは放射がもつれ、ぶつ切りになったり、ねじれ、丸まって力がなくなる。

れた人の写真や映像にもオーラは見られません。

飛行機が墜落事故を起こすとき、その飛行機の乗客にはオーラ・フィールドが見られません。スペース・シャトル「チャレンジャー号」が１９８６年１月29日に出発したとき、７人の宇宙飛行士の肉体はオーラに包まれてはいませんでした。したがって宇宙船に乗り込む直前に撮られた乗員の写真にはオーラが見られません。

天上の存在を見る

キャシー・マーティンはテキサス州サンタフェ出身のオーラ写真家で、いつもオーラ写真を写したときに、人々の頭の周囲に見られる光の球を、不思議に思っていました。この球体は神性の内なる教師、神格、天使的存在、その他の神性の存在であるといろいろな人に言われたのですが、キャシーはそれを信じませんでした。キャシーは顔や翼を求めていました。そこではっきりした答えを得るために、彼女は祈ることにしました。

それからまもなく、キャシーはニューヨーク・シティでオーラ写真を撮影しました。現像しているのを待つあいだ、今写真に撮った女性がこう言いました。「わたしは守護天使や愛している人たちが見えます。彼らはみんな肩のあたりに光の球体となってあらわれます。ときにはとても明るいので、少し暗くしてちょうだい、話しかけている相手に集中したいのとお願いすることもあるんです」

そのとき、オーラ写真の現像が終わり、キャシーはバッキングを取り除きました。女性は写真を見ると叫びました。「これよ！　これが、わたしが目にしているものなの！」ちょうどそのとき鳥肌がぞわっと立ち、エネルギーがキャシーの身体を駆け抜けました。神の声がはっきりとキャシーに語りかけました。「我々には肉体はない。探すのをやめなさい。我々は光なのだ」

オーラを観察するとき、あなたはそれを自分のオーラを通して見ています。したがってあなた自身の思考形態や感情があなたの観察に色を与えます。オーラの研究は、研究分野のなかでも新しいものですから、あなたはこの分野のパイオニアになれるでしょう。

神性の存在（図7k）

神性の存在は、人々の頭や肩の周囲に光の球となってあらわれる。神は「我々には肉体はない。探すのをやめなさい。我々は光なのだ」は語りかけてくる。内なる教師、神格、天使的存在、その他の神性の存在には肉体はなく、光だからである。

次の章では、人のエネルギー・フィールドに見える色の解釈について勉強しましょう。

第8章

あなたのオーラの色は？

光と色を見つけましょう

一般的に、発色には、太陽やテレビなど光の放射源によるものと、絵や衣服など反射光によるものがあります。しかしオーラはこのどちらにも属さない霊的な光です。オーラの基本色は赤、青、黄で、この3つが混じりあっていろいろな色を作り出しています。色によるよし悪しはなく、赤は活力、青は霊性、黄は知性というように、それなりの意味や価値があります。身体に異常がある場合は、色がくすむなど、オーラにもあらわれます。

オーラの色、オーラ・フィールドの異常について学びましょう！

〝あなたは太陽の光を真実の神の光だと考えてはいけません。それは本物の神の光を反射したものなのです〟

――オムラーム・M・アイヴァンホフ

オーラということばを聞いて最初に思い浮かべるのは色ではないでしょうか。それはオーラ・リーダーがエネルギー・フィールドの色を見て、意味を解釈すると想像しているからでしょう。このことを考慮しつつ、本章では色と人のエネルギー・フィールドとの関係を見ていきましょう。

生まれながらに人の周囲に光を見る子供は大勢います。両親からは判で押したように拒絶《きょぜつ》のことばが返ってきます。〝想像しているだけでしょ〟

子供の透視能力者、マレーサは母親に近所の人の「光が消えちゃった」と話しました。母は、その近所の人が急死したときにひどく怒り、マレーサを叱りました。「二度とそういうことは言わないで」

聖書にあるヨセフの〝色とりどりの裾の長い晴れ着〟は、偉大なる預言者のオーラの衣服《レイメント》（レイメントは光を放つの意）の引喩《いんゆ》で、彼が精神的に高いレベルにまで達したことを示しています。ヨセフの嫉《しっ》妬《と》深い兄たちは、この高価な晴れ着を盗み、ヨセフを穴に投げ入れ、銀貨20枚で奴隷として売ってしまいました。しかしヨセフはエジプト王の夢を正確に解釈し、王国全体を飢餓《きが》から救ったのです。彼はエジプト全土を治める役割を担うという栄誉をいただきました。（創世記　37：3―50：26）

オーラの色の意味

光は生命です。これは天地創造の最初に明らかにされています。「光あれ。こうして光があった」（創世記　1：3）太陽の白色光は、心の目でしか感知されない聖霊の純粋な光を反映したに過ぎません。この神性の光はオーラのなかで、プラーナ・エネルギーの7つの宇宙の〝光線〟となってあらわれます。7つの光線はすべてエネルギー・フィールドにあらわれますが、そのとき基調となる色が、あなたがどの宇宙線と最も関係が深いかを示しています。

聖書では「心を尽くし、精神を尽くし、力を尽くし、思いを尽くして、あなたの神である主を愛しなさい、また、隣人を自分のように愛しなさい」（ルカによる福音書　10：27）と語っています。心を尽くして神を愛すると緑の光線が満たされます。思い《マインド》を尽くして神を愛すると黄色の光線が満たされます。精神《ソウル》を尽くして神を愛すると藍色と紫の光線が満たされます。力を尽くして神を愛するとオレンジと赤の光線が満たされます。神も隣人も完全に愛すると、あなたはすべての光を包含する聖霊の白色光とひとつになります。

純粋な白色光は虹のすべての色を混ぜ合わせてできます。黒は色の欠如《けつじょ》です。目に見える最長の波長は赤で、最短の波長は紫になります。

光の放射と反射

色の光線はふたつの方法で伝わります。

1. 放射する光の源から
2. 表面を反射して

太陽、映写機、テレビのスクリーンからの色の光線はどれも放射光です。紙、衣服、壁、家具、絵の色は反射光です。

放射光の原色は反射光の原色とは異なります。放射光の原色は赤、緑、紫です。この3色が混ざると純粋な白色光になります。赤と緑の光を混ぜると、黄色の光があらわれます。紫と赤の光は臙脂色をつくりだし、緑と紫では青になります。放射光を混ぜていくと、もとの色よりも明るく強くなっていきます。

一方、反射する色素には別の原色があります。赤、黄色、青です。この3色を混ぜると白になります。反射の色とはものの表面で反射した特定の波長を意味します。すべての光が表面で反射すると白があらわれます。すべての光が吸収されると黒になります。紫の布は白色光に含まれる紫以外のすべての色を吸収します。光源がなければ、どんな表面も黒に見えます。

赤、黄色、青の原色を混ぜると第二色がつくりだ

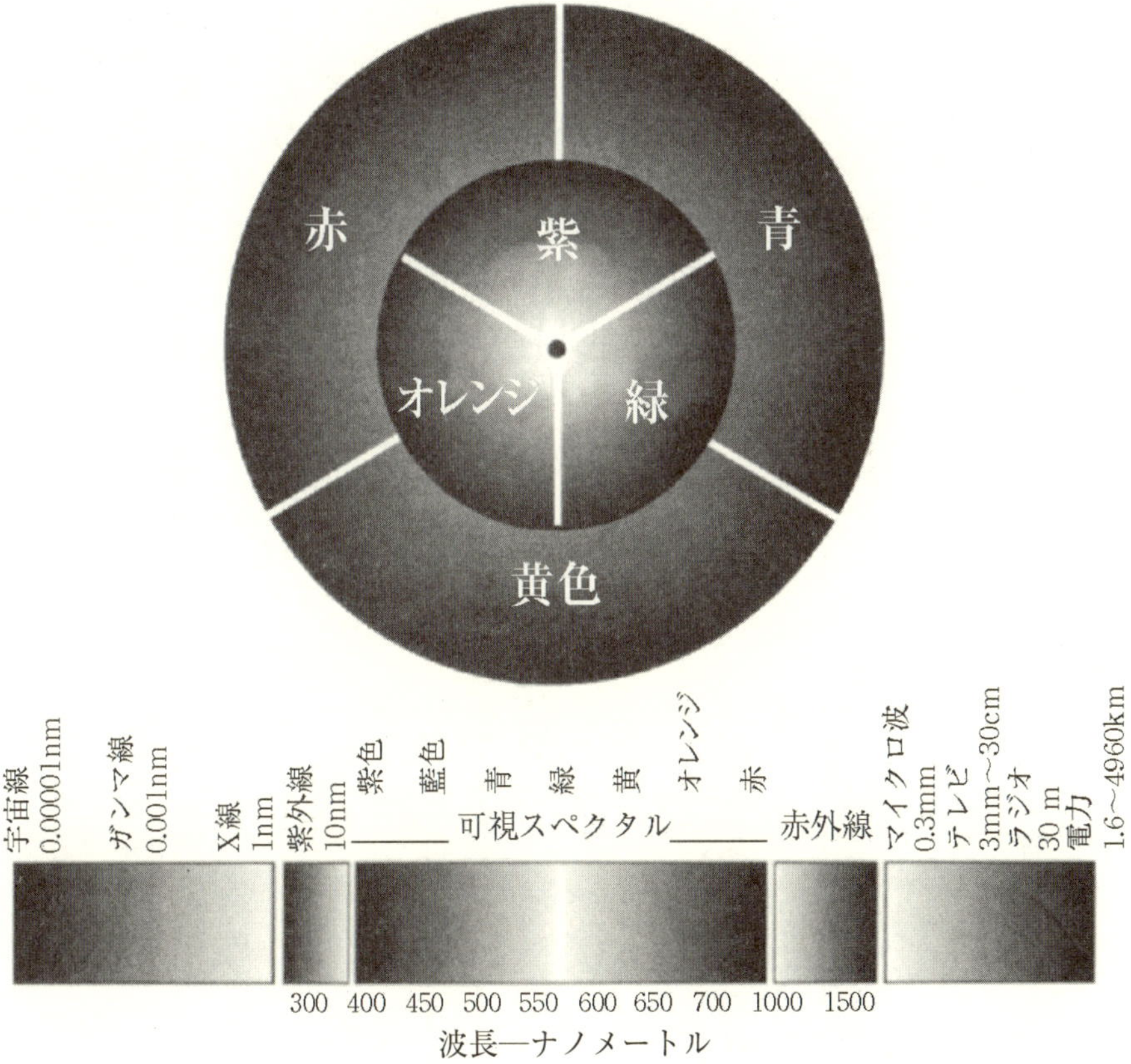

電磁放射 (図8a)

純粋な白色光は虹のすべての色を混ぜ合わせてでき、黒は欠如の色である。目に見える最長の波長は赤で、最短は紫である。

されます。赤と黄色からはオレンジ色、黄色と青からは緑色、赤と青からは紫色ができます。色を混ぜつづけていけば、あらゆる色を生み出すことが可能です。色相環の反対にある色（補色）を直接混ぜると、灰色になります（173頁の図8bを参照のこと）。白を混ぜると色が軽くなります――〝明度〟が高くなるのです。黒を混ぜれば色は暗くなります――〝暗度〟が高くなるわけです。

放射光と違って、反射するふたつの色素を混ぜると、結果としてできる色は光の反射量が小さくなります。したがって、どんな色も自然の色や太陽の明るさに匹敵する色にはなりません。

オーラの光は放射光（太陽からの）でも反射光（表面の）でもありません。その光はもっと力強い、宇宙のスピリチュアルな光です。しかし、オーラの意味を考えるうえでは、原色は赤、黄色、青になります。〝よい〟色や〝悪い〟色はありません。どの色にも価値があります。特定の肉体的、精神的、感情的状態は異なるときに異なる色を示しているからです。したがってオーラを読むときに性急に判断することは賢いとはいえません。

・**赤**

古代の象徴的表現では、赤は人の肉体の色、大地の色、地獄の色です。活気づくものも消耗するものも、あらゆる肉体活動は赤の波動であらわされます。

・**黄色**

古代の色の意味では、黄色は精神をあらわします。心が躍るものも落ち込むものも、すべての知性的な活動は黄色の波動を示します。

・**青**

古代の象徴的表現では、青は天国と聖霊の色です。本当にスピリチュアルなものも狂信的なものも、あらゆる宗教的な感情は青い波動であらわされます。

・**白**

白は純粋な聖霊をあらわし、その核にあるのは、

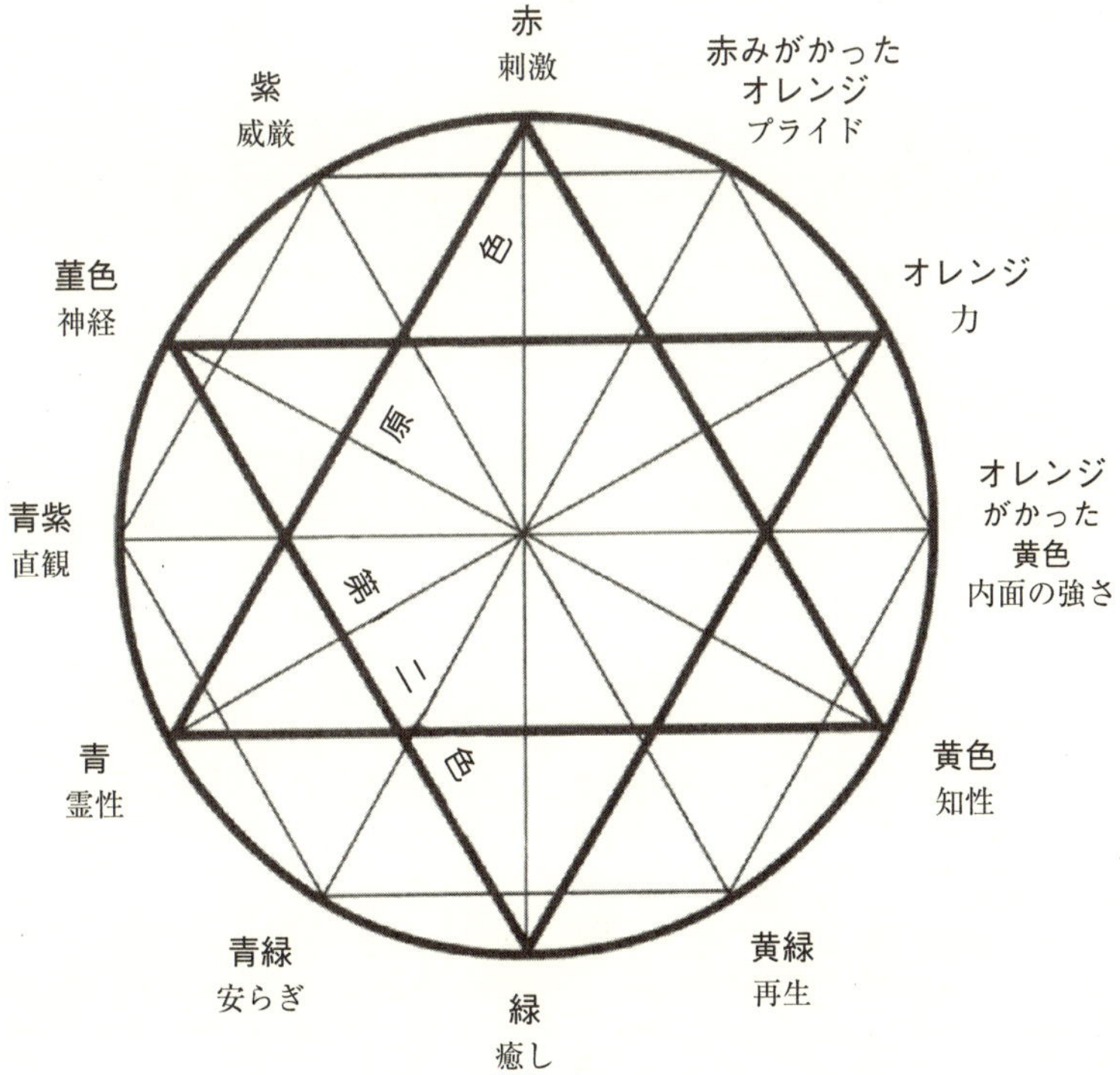

色相環（図8b）

赤、黄色、青の原色を混ぜると第二色がつくりだされ、色を混ぜつづけていけばあらゆる色をつくりだすことが可能である。白を混ぜると色が軽く（明度が高く）なり、黒を混ぜれば色は暗く（暗度が高く）なる。

オーラの光は放射光でも反射光でもない、力強い宇宙のスピリチュアルな光であるが、オーラの意味を考えるうえでは、原色は赤、黄色、青となる。色にはよい、悪いはなく、どの色にも価値がある。

宇宙で最もポジティブな性質です。

・黒

黒は無の色、光の欠如です。負の極限にあり、白の波動の逆になります。

白　⇔　積極性——無限の光
青　⇔　霊——霊性
黄　⇔　精神——知性
赤　⇔　肉体——肉体的・物理的
黒　⇔　欠如——無限の闇

宇宙線は純粋で混じっていない色なので、明るく透明なオーラの色は、ポジティブで健康な姿勢とエネルギーを反映しています。色を混ぜることによって精神的・感情的な活動のスペクトルがあらわれます。たとえば黄色と青で緑色となりますが、これは知性とスピリチュアルな面をあわせているわけです。白を加えればオーラは明るくなります。黒や補色を加えると暗く濁った色になり、有毒な感情や病気を意味します。太陽の透明な光線が汚い窓を通るように、神性のエネルギーの流れが妨げられ、光の多くは止められてしまいます。本書では、エネルギー・フィールドを透明で、清潔で、明るく保つための大切な方法も学びます。

赤い光線——活力

赤の宇宙線は純粋な生命力を運んでいます。インドの経典には、プラーナのエネルギーは赤色をしていると書かれています。透明な赤は、心臓を離れるときの、酸素の詰まった健康な血液の色です。顔色に赤みがさしていれば健康を意味します。一方青白い肌は病気を示しています。このようにオーラの赤は健康、力、活発性、精力をあらわしています。強《きょう》靭《じん》で健康な子供は純粋な赤いオーラを見せていることがよくあります。

成人で赤が支配的なオーラは、物質主義や肉体的欲望をあらわしていることが多いようです。赤は、愛にしても憎しみにしても、とても強い情熱のしるしです。義憤は明るく透明な緋《ひ》色の炎を放散します。生き生きとした深紅色は、純粋な愛をあらわします。バラ色がかった赤は家族愛や愛国心を意味します。明るい赤は神経質や衝動性の象徴です。緋色は自己本位を示しています。

暗い赤は支配的な傾向を示します。わがままな欲に基づいた純然たる野望は、黒味がかった赤を放ちます。黒を背景に濁った赤が炎を飛ばしているようすは、悪意に満ちた憎しみをあらわします。緑を背景にした同じような炎は嫉妬や妬《ねた》みです。強欲は鈍く暗い赤と汚らしく濁った緑の組み合わせになります。

✻明るい赤：熱意、活気、強さ、決断、忍耐、完全を求める気持ち、強い意志、リーダーシップ、勇気、意気、活気、動き、愛、暖かさ、友情、愛情、寛容、犠牲、他人への感受性、謙虚、自己認識、内省、健全な野望、運動、仲間との交わり、健全なスポーツ

✻暗い赤：自己保存、わがまま、性急、衝動的、幼稚な傾向、利己的な愛情、興奮、神経質、混迷、動揺、管理、支配

✻濁った赤：怒り、憎しみ、欲求不満、欲望、残酷、激怒、反発、反抗、復讐、暴力、破壊、攻撃、支配、敵対的競争、好色、制限のない性的欲望、流血への欲望

ピンクの光線――愛

利己的でない、スピリチュアルで、献身的で、普遍的な愛の高い波動は、美しいバラ色がかったオーラとなってあらわれます。ピンクはスピリチュアル（紫）な生命と、物質的（赤）な生命が完全にバランスのとれた状態です。最も進化した魂は、珍しい大きなピンクのオーラを見せます。〝バラ色の眼鏡〟ということばは、楽観的で陽気なことをあらわし、

〝ピンクのなかにいる（in the pink）〟と言えば、健康なことです。

珊瑚色（濁ったピンク）は、未熟なことをあらわし、子供によく見られます。成人の場合は思春期が遅れていることや、幼稚なわがまま、選択することへの恐怖、周囲になじめず不幸に感じていることなどを示しています。

✻ **明るいピンク：**無条件の愛、優しさ、開放的な心、思いやり、同情、感情移入、博愛、寛大、謙遜《けんそん》、優雅、芸術的な性質、陽気、健康、喜び、慰め、仲間との交わり、活発化

✻ **濁ったピンク：**欲望に満ちた熱情、幼稚な感情、わがまま、喜びの欠如、条件つきの愛、不親切、自己防御、不安感

オレンジ色の光線──力

初期のキリスト教会では、オレンジは栄光、美徳、大地の果実の色でした。この色は力──他人に影響を与え、他人を支配したいという能力や願望──をあらわしています。黄色と赤を混ぜたオレンジ色は、精神的な活力、知的な野望、誇り、意思による支配などを示します。明るい琥珀《こはく》色は内面の強さと知的な優越性をあらわします。

赤みがかったオレンジ色は、支配的な傾向が強すぎるということです。誠実な医師の指先からは中程度のオレンジがかった赤（活力をあらわす色）が放出されています。物質主義から主知主義に転向したばかりの人はオレンジ色のオーラを見せます。この色が腎臓の問題をあらわすこともあります。

✻ **明るいオレンジ色：**楽観的、自信、感情的なバランス、自発性、創造性、熱意、欲求、野望、インスピレーション、勇気、リーダーシップ、機転、克己、自己抑制、知的な支配、意志力、内省、熟考、洞察力、ホスピタリティ、親しみやすさ、協力、人道主義

✻ **濁ったオレンジ色：**無関心、怠惰、無気力、感情的不安定、失敗することへの恐怖、自信の欠如、

神経質、抑圧、高圧的、強制、威圧、巧みな策略、自己陶酔、利己的なプライド、放縦、浅薄、見栄、上昇志向、権力志向、鈍感、疑惑、非難、批評、非社交的

黄金の光線――知恵

純粋に知的な達成、そして知識に対する純粋な愛は、透明な黄金色のオーラとなってあらわれます。偉大なる知恵を得た偉大な霊的指導者は、頭の周囲に金色の光輪をいただいています。そして光輪のへりは青く、その外側の層はピンクになっています。仏陀やイエス・キリスト、クリシュナ、その他偉大な聖人たちは黄金色の光輪を持っている姿を描かれています。透明で黄金色のオーラの持ち主は、思い煩《わずら》うことがなく、学ぶことを愛し、また、やすやすと学びます。

＊**明るい黄金色：**知恵、知識、インスピレーション、健康、健全、幸福、友好的、助け合いの気持ち、熟達、神との同調

＊**濁った黄金色（黄褐色）：**恐れ、臆病、劣等感、優柔不断、意志薄弱、依頼心、偽装、隠れる

黄色の光線――知性

黄色は世俗的な暮らしの影響をまったく受けない精神的な領域を意味します。したがって透明で明るく活発な黄色いオーラは、高い知性や好奇心、冒険心、楽観主義、知識への愛のある人たちに見られます。レモン・イエローは芸術的な仕事や科学的な発明などへの精神的な強さを示しています。薄黄色のオーラを持つヒーラーは、疲れた神経を慰め、穏やかなバランスを回復させることができます。

赤みがかった黄色は優柔不断や劣等感を意味します。非常に薄い黄色は病気を示しています。濁ったりくすんだりしている黄色は恐れ、臆病、恐怖を意味します。英語では一般的な〝おまえは黄色だ〟という言い回しは、勇気に欠けていることを意味します。

✻ 明るい黄色：よろこび、精神力、明確な思考、洞察力、論理力、判断力、忍耐、自己抑制、冒険心、受容力、主知主義、好奇心の強さ、楽観主義、幸福、友好的、知恵、互助精神、創造性、精確、柔軟性、効率性、分析力、組織力、問題解決能力

✻ 濁った黄色：恐れ、皮肉、強欲、後悔、未知のものへの恐怖、意志薄弱、臆病、精神的攻撃性、ことばによる攻撃性、混乱、批判、懐疑主義、過剰分析、精神的刺激過剰、頭痛、批難、自己本位、孤立

緑の光線――調和

緑は癒しの色、ヒーラーの色です。初期のキリスト教会では、この色は若さ、豊饒《ほうじょう》、春の野を意味しました。可視光線の真ん中にある緑色は、ふたつの電磁的な端のバランスを保っています。このことから緑は均衡や順応の象徴なのです。

透明な草の緑のオーラは〝緑の指〟、自然への愛、野外生活、新しい始まり、穏やかな家庭生活を示します。薄く透明な緑の色合いは、利他主義、慈悲の心を象徴します。エネルギー・フィールドから緑のオーラがゆらめいている人は、非常に感情移入の上手なヒーラーです。濁った緑には、如才なさ、外交術、協力などの意味が加わります。青緑のオーラは信頼に足る人柄で助けようとする気持ちの強い人を示します。明るい青緑（トルコ石の色）のオーラの持ち主は、影響力があり、てきぱきと活動的に複数の仕事をこなす人です。

濁った黒板の色、オリーブ色は、堕落、下劣、詐《さ》欺《ぎ》、裏切りなどをあらわします。非常に濁った緑は恨みによる悪意です――英語では〝嫉妬で緑色だ〟とか〝緑の目の怪物〟と言いますよね。目のくらむようなレモン色がかった緑の筋が、人が言い逃れをしようとしたり嘘をついたりしているときに、頭のすぐ上にあります。

✻ 明るい緑：癒し、愛、バランス、調和、平和、信仰、希望、慈悲、神の意志への同調、兄弟愛、協力、助け合いの精神、成長、変化、愛の奉仕、慈愛、学び、順応性、より高い意識、寛容、自然への愛、友好的、強さ、繁栄

✻ **濁った緑**：妬み、嫉妬、裏切り、悪意、危惧《きぐ》、硬直性、柔軟性の欠如、頑固、わがまま、不安感、自己疑念、けち、不誠実、策略好き、欺瞞《ぎまん》、裏切り、不信、所有欲

青い光線――霊性

青は聖霊の色、黙想、祈り、天国の色で、宗教的、神秘的、スピリチュアルな感情を象徴しています。初期のキリスト教会では、青は魂が到達する最高地点と関係していました。明るく透明な、空の青のような色は純粋な霊性をあらわしています。薄い青には成熟度こそ不足してますが、正しい方向に向けて努力をしていこうという誠実な願望が見られます。水の色のオーラは調和とバランスを示しています。薄い青よりも、その働きの効果も効率もよくなっています。

高い道徳心、高い意識、深い霊的な理解、高い理想は透明で明るく、空の青みが感じられます。英語で〝本物の青〟はあらゆる関係において誠実であるという意味です。深く透明なオーラは利己的でない理想に向けての使命を達成します。精神的、芸術的、あるいは科学的のいずれであれ、より高い目標に向かい、正しい方向性を決めた人からは、青が放出されています。青いオーラは生まれついてのサバイバー――穏やかでリラックスしていて、バランスがとれていることを意味します。

一方、青みがかった灰色は宗教的原理主義、意識過剰、臆病、恐れや疑いの影の差した宗教をあらわします。深いブルー・ブラックは、粗野で迷信的な信仰を意味します。ふさぎこんだ気持ちのことを英語で〝青い感じがする〟と言い、黒みがかった、あるいは茶色みがかった青の嵐の雲のようにあらわれます。

✻ **明るい青**：静穏、沈着、インスピレーション、直観、霊性、信仰、献身、独立独歩、忠誠、感覚的内省、思いやり、感受性、感情移入、同情、寛容、知恵、道徳心、正直、無私、忍耐、優しさ、芸術的創造性、満足、神の意志への追随、神を体験したいという願望

＊ **濁った青**：恐れ、遅延、怠惰、冷たい無関心、不当な差別、落胆、憂鬱、自己憐憫《れんびん》、自己中心的、頑固、苦闘、硬直性、保守的、抑圧された感情、狂信、不寛容、教義への執着、権威主義、独善的、自己満足、過去への従属

藍色（紫）の光線――直観

王家の紫《パープル》、王のローブの初期の色である藍色《インディゴ》がオーラに見られるときは、霊的に高い地点への到達、自己修養、統治を意味します。形式、儀式、厳粛《げんしゅく》な式典の色である紫は、宗教的な地位や威厳とつながっています。この色は初期のキリスト教会では、屈辱と悲しみに関係がありました。

藍色と紫はあらゆる求道者――大義を求め、霊的な体験を求める人々――をあらわしています。紫は現実的な、世の中のできごとをうまく処理します。青みがかった紫は神性の力を通じての達成を意味します。赤みがかった紫は人の意志と努力です。ラベンダー色は謙虚と崇拝を意味します。

＊ **明るい藍色**：世間的、精神的な支配、高い知覚、直観、超常能力（ＥＳＰ）、神性の知恵、予見的な幻を見る能力、自己修養、希望に満ちた期待、理想主義的な野望

＊ **濁った藍色**：狂信的、宗教的熱狂、所有欲、高圧的、混乱、忘却、非効率、将来への異常な関心、内向的、節制心がない、無能

菫色の光線――神性の悟り

菫《バイオレット》色は可視光線のなかで、最も高い周波数を持ち、非常に高尚な、霊的で宗教的な感情、思考、達成をあらわします。青と赤、熱望と不屈の精神の組み合わせが菫色には混ざり合っています。このオーラの色は進化した意識を示します。

初期のキリスト教会は菫色を贖罪《しょくざい》の日々に使って、礼拝者の思いを世俗的な心配から天上の調和へ向上させようとしました。精神性が高く、心身共に不屈で予知夢やお告げとなる場面を見ることができ

る人は菫色のオーラを持っています。紫外線はバクテリアや寄生虫を殺すので、菫色のオーラを持つヒーラーは、病気や鬱の人を自分はその病気に感染することなく助けることができます。菫色のオーラを持つ人には心臓や胃の疾患がよく見られます。

＊ **明るい菫色**：神性の悟り、神とのつながり、一体となった意識、謙虚、創造性に満ちた想像力、啓示的場面、インスピレーション、精神の自由、高いところでの霊的同調、〈気〉への感受性、霊的啓蒙《けいもう》

＊ **濁った菫色**：狂信、宗教的熱狂、所有欲、放心状態、自己嫌悪、夢想、不調和、不信心、精神性への無自覚、地に足がついていない、精神的不安定

白い光線――純粋性

魂が完璧なバランスを保っているとき、オーラの光線すべてが完全に調和のとれた白へと溶け込んでいきます。白は純粋な光の色、純粋な聖霊の色で、そこに溶け込んでいるあらゆる色の波動を高めます。純粋意識の白色光は輝く純粋なエネルギーで、肉体面、精神面、霊的な面のすべての光を超越していることを象徴しています。このオーラの色は高度な霊達成と進化を象徴しています。オーラ・フィールド全体が白で満たされている人は本物の霊的指導者といえるでしょう。

真珠の輝きを持つ白は、優しさ、温和、赦《ゆる》しをあらわします。薄灰《うすはい》色は、魂が困難にめげることなく高みにある意識を理解しようと努めている状態です。汚れた白は深刻な病気やドラッグの濫用《らんよう》を示しています。

＊ **明るい白**：克己、ハイアー・セルフとの一体、師との調和、神の理解

＊ **汚い白**：深刻な病気（死の直前に見られることが多い）、ドラッグによる人工的な刺激、心身の調和の欠如

黒――撤退

エネルギー・フィールドに見られる黒い色は光の

欠如ですが、ますます光に焦点を当てます。夜の空が暗ければ暗いほど、星や月はその輝きを増します。したがって、黒は本質的に〝邪悪〟というわけではありません。夜になれば、この惑星のすべての生物は休息して力を回復します。このように黒は睡眠の色で、元気回復の意味があります。睡眠は意識の欠如を意味しますから、黒は無知、無自覚、無意識とも関連しています。

　黒は無とプラーナ・エネルギーの欠如をあらわします。薄い色、明るい色に陰を与え、その波動を低くし、エネルギーを奪います。黒は深刻な病気にかかっているときやアストラル体が憑依《ひょうい》している場合によく見られます。深紅色の輝きが黒と一緒にあるのは不純な組み合わせです。青みがかった黒が顔を覆っているときは、差し迫った死を意味します。

✻**黒の肯定的な意味：**休息、くつろぎ、睡眠、静《せい》謐《ひつ》、撤退

✻**黒の否定的な意味：**憎しみ、希望のない悲しみ、抑圧、憂鬱、悲観、抑鬱、悪意、復讐、邪悪、敵意、病気、アストラル体の憑依

茶色——大地

　茶色は、四元素のひとつ、地に足のついた色で、土や樹皮の色です。オーラに見える茶色は、仕事における眼識、勤勉、組織的、秩序のある管理、獲得や蓄積への願望を示しています。茶色は成長、努力、達成や成功への願望と関係があります。世俗的な事柄はエネルギー・フィールドの茶色によって強化されます。

✻**透明な茶色：**勤勉な蓄積、信頼性、堅実、労を惜しまない忍耐、現実主義

✻**濁った茶色：**消極性、頑固、柔軟性の欠如、硬直性、けち、強欲、貪欲、堕落

灰色——憂鬱《ゆううつ》

　灰色のオーラは、一生懸命働き仕事を成し遂げる

不屈の人に見られます。自分なりのやり方で生きていくことを望む一匹狼が多いようです。オーラに見られる灰色は病気、悲嘆、悲しみ、喪失を示すこともあります。黒味がかった灰色は鈍く重い波動です。鉛色は、恐れ、卑怯《ひきょう》、自分の信念への疑い、優柔不断をあらわします。濁った灰色は、消極性、抑鬱、絶望、心・身体・組織の衰え、欺瞞を意味します。銀色は大きなきらめきをもたらします。

オーラ・フィールドの異常

オーラを見ると、エネルギー・フィールドに、普通では見られない斑点、筋、棒、雲などをたくさん見ることでしょう。ここに例をいくつかあげておきます。

✤ 赤や明るい黄色の稲妻のような筋——精神的昂揚や衝突

✤ 喉や関節周辺の灰色の棒型の閃光——処方薬の服用

✤ 心臓と肺周辺に飛びまわる黒と赤の斑点——コカインやヘロインなど中毒性の強い麻薬の中毒

✤ 赤とオレンジの斑点をともなうカーキ色（濁った緑色）——身体の感染している箇所

✤ オーラ全体を旋回する濁った紫色の斑点——同性愛

✤ 腹部に見られる濁ったオレンジ色の斑点——食物アレルギー

✤ 頭の周囲や脊柱の周囲にひらめく濁った黄色の筋や円錐形——恐怖（英語では〝彼には黄条がある〟という表現で、彼には臆病なところがあるという意味になります）

✤ 目、鼻、喉と頭頂の周辺に灰色のしみ、心臓の中心に縮小拡大する赤いしみを持つ縮んだオーラ——アルコール依存症

✤ 頭の隣に茶色や灰色のしみ——アストラル体の憑依や抑圧（詳細は194頁を参照のこと）

✤ 頭の隣の白い光の球——スピリチュアルな指南役、天使、愛する故人

✤ 灰色や茶色の点——身体のその部分の病気

✤ 頭頂の暗い穴——偏頭痛や外の世界からのコミュニケーション

✣ フィールド全体に散らばる小さな鉤《かぎ》状の光――大人数のグループのリーダー、指導者、監督者
✣ 左側に差し込む明るい緑色――やりなおし、または再生
✣ 左側に差し込む黄金色――家のリフォームや新しい創造

次章では、低い波動の存在やその他、エネルギー・フィールドを消耗させ損なう外部の影響を癒す方法を学びましょう。

第3部

エネルギー・フィールドの浄化

第9章

周囲の精神的雑音を癒す

オーラの環境を整える方法

オーラはまわりの人、場所、アストラル界からいろいろな影響を受けます。

アストラル界には、死後、肉体から離れたものの神のもとへたどりつけずにいる霊が住んでいます。こうした霊は、迷い混乱し、癒しを求めています。悪意がない場合がほとんどですが、その場の波動を下げ人に悪影響を与えます。無理に追い払ったりせず、癒しの祈りを捧げましょう。

また、他人のエネルギーを吸い取ったり、他人のオーラを侵害したりする人もいます。自分のオーラを保護するすべも身につけてください。

オーラを保護し、悪影響をはねのける力を養いましょう!

〝光は汚れを通り抜けても、汚れることはない〟
——アウグスティヌス

ボクシングのチャンピオン、マイク・タイソンとテレビ女優のロビン・ギヴンズは1988年2月7日に結婚しました。ロビンの妊娠がわかってのことでした。その年は不義の年、配偶者虐待《ぎゃくたい》の年、接近禁止命令の年、そして自動車事故の年になりました。タイソンは、自分が永遠に愛すると誓った女性に対して、最高のパンチをお見舞いしたと吹聴《ふいちょう》しました。〝あいつは後ろに吹っ飛んでった、アパートメントのあちこちの壁に身体をぶつけたよ〟

1988年9月30日、テレビキャスターのバーバラ・ウォルターズのインタビューに答えて、ロビンはタイソンとの生活をこんなふうに描写しています。〝拷問《ごうもん》……本物の地獄……想像できる最悪よりももっと悪いの……〟そのあいだ、タイソンは彼女のすぐ隣にすわって、静かに彼女の首を撫でていました。

伝えられるところではその2日後、タイソンが暴力的になったと言います。ロビンは離婚訴訟を起こしました。タイソンは彼女のことを〝金目当ての男たらし〟〝最低のなかの最低なやつ〟と決めつけました。ふたりは1989年のバレンタイン・デーに離婚しました。

2004年11月5日、有名なテレビ番組、オプラ・ウィンフリー・ショーに出演したロビンは、結婚期間中にマイクは彼女を殴り、殺してやると脅《おど》したと報告しました。彼女はマイクに殺されるのではないかと怯《おび》えながらも、彼と一緒に暮らしていたというのです。

オプラ・ウィンフリーは、招待を受けてマイクとロビンの豪邸を訪れたときのことを話しました。オプラが到着すると、なにかが〝消えている〟という感じがしたのです。ロビンはひと晩泊まっていかないかと誘ったのですが、空気がとても緊張していたので、オプラはその誘いは断りました。ところがオプラが鉄道の駅に着いてみると、乗るはずの列車は行ったあとでした。彼女はタイソンの家に戻り、泊めてもらうことにしました。しかしそこのエネルギーがあまりにもひどいので、結局オプラは真夜中にそこを出て、二度と戻ることはありませんでした。

　あなたは、誰かの家でこのような恐ろしい感じがしたことがありますか。負のエネルギーに自分のエネルギーを消耗させられたことは？　その人は〝ブラック・ホール〟――よろこばせようとどんなに努力しても決して満足しない――のような人はいませんか？　必要以上に欲しがり、べたべたしたがる人が、あなたの注意を引こうとしていますか？　人で混み合うイベントで閉所恐怖症のような気持ちになったことはありますか？　まるでぎゅうぎゅう詰めの人の海に呑《の》み込まれそうな感じがしませんでしたか？

　たくさんの有害な影響がオーラ・フィールドを侵害しようとしています。強い負の波動によって、ひどく消耗したり、弱ったり、苦しんだり、ひどいときは、傷つけられたりすることがあります。そうした波動は以下のようなところから送られます。

1. 周囲の人々
2. 愛する人々
3. 勤務先の同僚
4. 親しい友人
5. 家や職場の波動をともなう環境
6. 地下鉄、電車、飛行機、劇場、レストラン、バー、教育的施設、スタジアム、コンサート・ホールなど、混雑した場所の空気
7. 病院、精神病院、刑務所などの空気
8. アストラル界からの低い波動をともなうエネルギー

　これらの〈気〉の性質とはどんなものでしょうか。そしてそれはあなたにどんな有害な影響を与えるのでしょうか。

アストラル界――精神世界

　191頁の図9aを見てください。これはアストラル界、すなわち精神世界のさまざまな側面を描いたものです。

　この領域の基本的なふたつの部分は、個人的な潜在意識、それと人の集合的な潜在意識です。

　ファサード・マインドは、偽物の制限された自我

アストラル界／精神世界（図9a）

		機能	原動力	物理的な形
ファサード・マインド（自我）	潜在意識（個人）	条件づけ 習慣的パターン 信念 記憶 思考形態 自我―アイデンティティ	防御、安全 地位、特権的地位 蓄積 尊敬される 正しくある 権力、影響力	ファサード・ボディ
	フィーリング・マインド（感情）	感情 よろこびと痛み 本能 欲望と願望 気分 サイキックの拘束 誘引と反発 相互依存	必要 執着 条件つきの愛 束の間の愉しみ 恨み、怒り 痛み、悲しみ 恐れ 罪悪感	感情体
	サイキック・マインド（霊能力）	サイキック・リーディング 精神的印象 読心術 占い 霊媒 幽体離脱 物質よりも精神	他人を援助する 他人を癒す 他人を管理する 力を得る 尊敬される 特別な存在である 正しくある	ファサード・ボディ
レース・マインド（集合的思念）	潜在意識（集合的）	条件づけ 習慣的パターン 集合的信念 歴史 アカシック・レコード 人類の思考形態	生存 生殖 支配 競争 創造 操作 管理	集合的ファサード・ボディ 集合的感情体 集合的思考形態
	アストラル界（下位の存在）	地縛霊 肉体のない存在 霊的存在 思考形態 いたずらな存在 悪意ある存在 狂気の思考	生存 支配 管理 他人を脅かす 他人を悩ます 他人を制限する 所有欲 執着	霊体 思考形態 精神体 記憶体

で構成されていて、その自我はあなた自身が自分であると決めたものです。習慣的パターンで外殻がつくられ、それが深く染み込み結晶化し硬くなっているために、ファサード・ボディは鎧《よろい》のように知覚されることが多いものです。防衛のための覆いです。これはすべて錯覚で、祈りと愛によって癒すことができます。

サイキック・マインドは、とらえにくい霊的なものを知覚する機能を持っています。これは一般に理解され受け入れられているとは言えない能力です。しかしこの才能は発達させることができます。恵まれた超常能力者のなかには、生まれながらに霊的な才能を持っている人もいます。アストラル界・精神的な場から精神力を獲得した人もいます。予言は非常に正確なこともあれば、非常に不正確なこともあります。これは精神的・感情的状態が常に揺れ動いていて、ずっと続く真実というものがないからです。あなたは自分の自由意志で自分の将来を創造することができますし、信念を変えれば運命も変わります。

レース・マインドの意識は集合的な人類の思考でできています――共同体、社会、宗教、政治、国家の思考形態（非常に強いため固定化して形になった信念）から生まれた信念、習慣、状況の累積したものです。これらの信念は、地球上の人類のほとんどすべてで共有されていることもよくあります。

アストラル界は、目に見えない、肉体の形のない存在の世界です。この存在はスピリチュアルな存在よりもゆっくりと密度の濃い波動を持っています。〈気〉に敏感な人はこうした存在を感じることができます。敏感な人はこうしたエネルギーにどう対処すべきかを知っておく必要があります。

多くの宗教や哲学は恐怖心からアストラル界を否定し、無視してきました。生命のネガティブな側面を信じようとしない人は大勢います。しかしアストラル界は恐ろしいものでも、ネガティブなものでもありません。癒しを必要としているだけなのです。アストラル界の体験は確実に存在し、それを否定することはできないのですから、それを癒す方法を学ぶことがとても重要です。

本書では、自己を強化する方法を学ぶので、アストラル界／精神世界の悪影響を受ける対象とはならないでしょう。祈りの力を通じて、ネガティブなエネルギーを癒し、自分の人生をきちんとコントロールできます。つづく数章では、力強い肯定的な癒しの祈りを学びます。その祈りを唱えればたった数分でエネルギー・フィールドを深いところまで変容させることができます。

アストラルのオーラ侵入

アーカンソー州のフェイエットヴィルに住む優秀なダウザーで、オザーク研究所の共同設立者であるグラディス・マッコイがある夏にヴァーモント州からアーカンソー州へ移動していたときのこと、彼女は混んだモーテルに泊まりました。唯一空いていたのは障害者用の部屋で、部屋の一部が地下にありました。グラディスはその部屋に入ると、陰気な濃いエネルギーを感じました。

夫のハロルドが飲み物を買いに外へ出るやいなや、地縛霊が突然グラディスに向かって飛び出してきて、彼女のエネルギー・フィールドにくっつきました。グラディスはぞっとして、怖くなったのですが、ゆっくりと円を描いて回りながら大きな声で繰り返しこう唱えました。「わたしは神の子、だから悪魔の力はわたしを傷つけることはできない」夫が戻ってくると、グラディスはまだ傍目《はため》にわかるほど震えていました。素晴らしいヒーラーであるハロルドはグラディスが落ち着くのを助けました。ハロルドはグラディスのオーラ・フィールドをなだめ、エネルギーをきちんと戻しました。その夜、部屋にはなんの問題もなく、ふたりは無事に帰宅しました。

健康で活動的、頑健でしなやかな80代の男性、D氏はフェイエットヴィルのグラディス&ハロルド・ヒーリングセンター周辺の木や藪の剪定《せんてい》をしていました。D氏は活動家としておもしろい人生を送っていました。正義があると見ると、運動に参加してきたのです。ある日、彼は小さな引退者用アパートメントに引っ越しました。そして、そこで回想記を書くことにしました。

その2週間後、グラディスはD氏が急に力をなくしているのでびっくりしました。強い痛みに苛《さいな》まれるD氏の身体は、ゆがみ、ねじれ、曲がって、どうやらひどい関節炎の症状を呈しています。D氏はすべての希望を失ってしまったようでした。まるで彼の霊が身体から離れてしまったかのように。

万策尽きたD氏は松葉杖をついてよろよろとグラディスのセンターへやってきて、マッサージ台で彼女のヒーリングを受けました。グラディスはD氏にアパートメントの図を描くように頼み、振り子を使って建物のなかの悪いエネルギーの位置を特定しようとしました。負のエネルギーをクリアにすると、グラディスの目に、突然障害を持ったネイティブアメリカンの姿が見えました。二又の棒を生皮で上腕に縛りつけ、それを松葉杖にして曲がってねじれた身体を引きずっています。

グラディスはそのネイティブアメリカンがD氏のことを気に入り、彼の身体を占領してしまったことに気づきました。そこでグラディスは優しくネイティブアメリカンに語りかけ、あなたはD氏を傷つけているの、どうかそこを去ってちょうだいと頼みました。ネイティブアメリカンは地上界を去るのはいやでしたが、アパートメントは出ていきたかったので承知しました。

それから1週間もたたずにD氏は全快し、今までの活動的な生活に戻って、チェーンソーを持って木に登れるようになりました。彼のアパートメントはネイティブアメリカンの塚が多くある地域、〝涙のトレイル〟に建てられていたのでした。その地域では、敏感な人なら大気の中に悲しみと不幸を感じ取ることができます。

D氏はどんなふうにネイティブアメリカンに所有されてしまったのでしょうか。そして魂はなぜ生きている人間を所有しようとするのでしょうか。

地縛霊

〝臨死体験〟はご存じのことと思います。一時的に脳波図が水平になった、つまり脳波の活動が停止した人によって、何千という臨死体験が報告されています。呼吸が止まり、一時的に脳死状態になります。臨死体験から生還《せいかん》した人は、この脳波図が水平だった時間に、肉体を離れて説明できないほどの美しさと輝きを持つ神の光に向かって移動したと報告することが少なくありません。わたしは、臨死体験は本物で、彼らは死後に起こるできごとを明らかにしてくれているのだと確信しています。

死を迎えると魂は肉体を離れて神性の光に向かいます。そのとき彼らは〝人生批評〟（人生を映画のように見直す）をします。自分の側からだけでなく、今までに出会ったほかの人たちの視点からもこの映画を見るのです。言い換えると、魂が今まで出会った人の気持ちになり、その人たちに自分がどういう影響を与えたのかを見るわけです。

しかし死後にこの神性の光に向かわない魂もあります。この魂はほとんど入り込めないほど濃いオーラを持ち、自らがつくりだした霊の監獄に閉じ込められています。自分の周囲にある霊的な光も神の見せる景色も目に入りません。天上の領域の明るい色や色彩が目に入らず、天空の音楽も聞こえず、愛する人たちに囲まれながら彼らを見ることを拒《こば》み、孤独です。そして、自分でつくった地獄に住んでいるのです。

死後、魂が美しい神性の光を見ないことを選択した場合、そこにはどんな理由があるのでしょうか。

✣ 予想もしていない、事故あるいは暴力的な死を迎えたのかもしれません。この魂は突然、肉体から投げ飛ばされて、自分が死んでいることさえ理解していないのです。

✣ 魂がぼうっとして迷い、混乱し、さまよっていることがあります。これはアルツハイマー病や老衰、死の直前に大量のドラッグを摂取していた場合などに起こります。

✣ 神や光、死後の世界を信じていないのかもしれません。死後の世界にはなにもないと確信していると、光を見たり光のなかに入っていったりする妨げになります。

✣ その人が傲慢だったり頑固だったりすると、魂は神の光に続くトンネルへと案内してくれる、愛する故人の手助けを受け入れないことがあります。

✣ 罪深いやつだとか、おまえは罪を背負って生まれてきたと常に言われていた場合があります。このとき魂は神性の光に入っていく価値がないと感じてしまいがちです。

✣ 死ぬと自分は〝天国の門〟を入り聖ペテロに会うと信じている人がいます。生前の罪を書いた大きな本が読まれると、地獄の業火《ごうか》に落ちるよう宣告されるかもしれないと考えているのです。そうした恐れは、魂が光へ入っていくのを妨げます。

✣ 自殺したため恥ずかしく罪の意識を感じている魂があります。しかし自殺した魂でも死後、光のなかには入れます。とはいえ人とは違う人生批評が待っています。もしも生きつづけていたらどんな人生を送っただろうかという映像を見るのです。

✣ 地上に残してきた愛する人に過剰に執着していることがあります。あるいは残された人のほうが故人に執着していて離さないことがあります。

✣ 魂が地上世界、あるいは物質的なことに過剰に執着していることがあります。そしてそのまま家やほかの建物にとりついてしまいます――ときには何世紀も。

✣ 魂が怒っている、非難している、復讐しようと考えているのかもしれません。

✣ 次に移る用意ができるまえに成し遂げておきたい未完の仕事があると感じているのかもしれません。

✣ 闇の力と契約した、協定を結んだ、取り決めがあるなどと信じていて、そのために光のほうに移動できないと考えていることがあります。しかし、いつでも光を選択してよいのです。

✣ アルコール、ドラッグ、セックス、食べ物などの依存症に苦しんでいたのかもしれません。身体がないと、死後その習慣を続けることができないので、魂は肉体のよろこびを享受《きょうじゅ》しつづけるために生きている人間に取り付こうとします。その結果、生きている人間はその魂に抑圧されたり、支配されたりします。アストラル体に取り付かれやすい人はどんな人でしょう？　中毒、抑鬱、病気や事故、アルコール依存症、麻酔状態、そのほかの弱っている状態に苦しんでいる人が狙われやすいのです。

✣ 結果を考えずに臓器移植カードに署名した人。亡くなった人の魂があまりにも肉体に固執していると、自分の肉体が切り裂かれるのに恐怖を感じることがあります。しかし自分はこの肉体的な殻に一時的に住むだけの霊的な存在であると自覚できれば、臓器提供は魂が次の段階へ進むのを妨げることにはなりません。

✣ 生きているあいだ、名声を得たい、人から認められたい、権力を手にしたいという試みにあくせくして、ストレスを溜めていたのかもしれません。そんなときは死後、魂は生きている人間や霊媒にくっ

亡くなった霊が地上にとどまる理由（図9b）

1. 死に気づいていない
2. 迷い、混乱している
3. 死後の世界を信じていない
4. 傲慢で頑固
5. 罪悪感と恥、恐れと恐怖
6. 自殺したことの恥ずかしさ
7. 現世への執着
8. 愛する人々への執着
9. 非難と復讐
10. 未完の仕事がある
11. 闇の力との契約
12. 中毒（依存症）
13. 臓器移植との葛藤
14. 名声と権力への欲望

つこうとすることがあります。この魂は、自分の仲介者に嘘を言い、聖書に出てくるような有名な名前をあげ、この仲介者を通してメッセージを言ったり書いたりして名声を獲得しようとします。これが〝偽物の霊〟です。

わたしは、死後の世界はあなた自身の思考形態が生み出した天国や地獄でできているのではないかと考えています。だから才能ある透視能力者でも、〝地獄〟として描写される存在の場を知覚することができないのです。彼らが感じることのできるのは、濁ったオーラを生み出している魂の暗い自己防衛のエネルギー・フィールドだけなのです。

地縛霊、肉体のない存在、アストラル体、幽霊、ポルターガイスト（窓やドアを鳴らしたり、テレビや明かりをつけたり消したりするいたずらな幽霊）、亡霊、幻――これらはすべてアストラル界に生きている霊に対する名前です。

エクソシズムということばに与えられた定義のひとつは〝邪悪な霊を追い払うこと〟です。しかし、ほとんどの存在はその場のエネルギーの波動を下げはするものの〝邪悪〟ではありません。たいていは迷い、混乱していて無知なだけです。悪意があったり有害だったりいたずらしようと思っていたりするものの割合は小さいのです。〝霊を追い払う〟ことは永続する解決策ではありません。無理に霊を追い払うと、あとになって戻ってくるか、近所の人や子供、ペットあるいはあなたのお義母さんなど、ほかの人に憑依するか、その人を所有しようとするでしょう。

あらゆる霊には共通項がひとつあります。それは癒しを必要としているということ。彼らが光のほうへ移動しようと願うか、あなたが光に向かうよう説得できれば、二度とあなたや愛する人に影響を与えることはなくなります。

ロスアンゼルスのアルバート・マーシュは、霊を癒したときの体験をこう語っています。〝すぐできるし簡単で効果は抜群です。多くの場合、ただ〈癒されて、赦されてますよ〉と数回言うだけで、うまくいくんです。最初にこの教えに関わったときは、霊がそばにいることが多かったので、落ち込んだときや落ち着かないときには一日に何度か祈りのこと

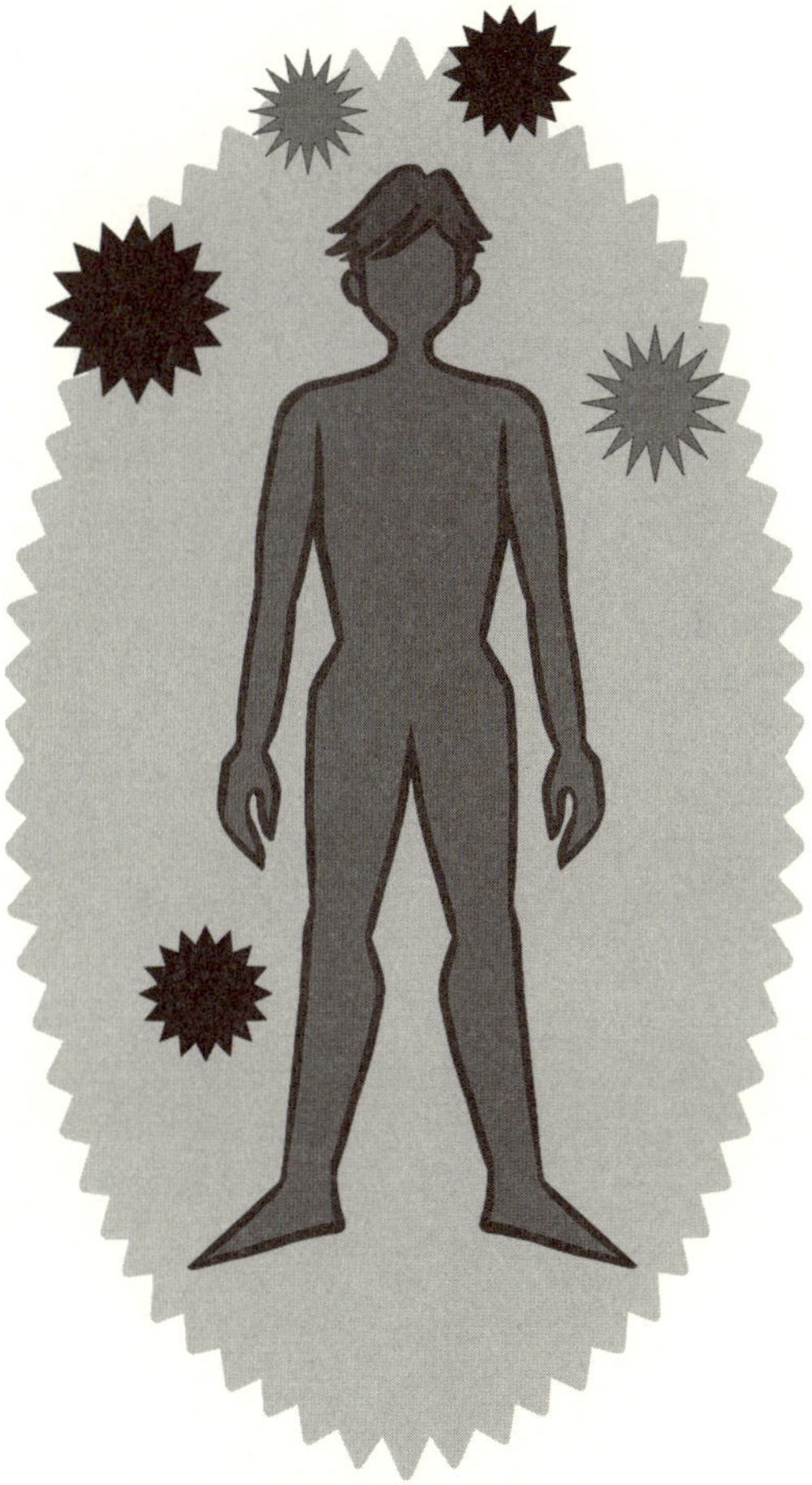

霊的存在（図9c）

アストラル界に生きている霊は、地縛霊、肉体のない存在、アストラル体、幽霊、ポルターガイスト、亡霊、幻などである。ほとんどの存在は、その場のエネルギーの波動を下げはするものの、邪悪な存在ではない。たいていは迷い、混乱していて無知なだけで、悪意があったり、有害であったり、いたずらしようとしているものの割合は少ない。

あらゆる霊は癒しを必要としている。無理に追い払おうとせず、彼らが光のほうへ移動できるように願うか、光に向かうように説得できれば、影響を受けることはなくなる。

ばを口にしていました。時間がたつと、たぶん霊は私のところで時間を無駄にしていると理解したのだと思うんですが、有害なことはやめてしまいました。今は、ほとんどいつもすっきりしています。霊の影響を感じると、はっきりとした変化があるので、すぐに祈りのことばを唱えて癒してやるんです〟

このあとに出てくる祈りは、こうした霊を神性の光へ送り出します。これは、癒しを必要としている霊に向かって、優しく、直接語りかける祈りです。これらの霊体を癒す祈りを使うと、すぐに周囲のエネルギー・フィールドが軽く澄んできます。

重要：本書に出てくる祈りとアファメーションは、すべて力強くはっきりとした声で口にしてください。これらは自分自身と他人の両方を癒すのに使えます。信念と自信、確信を持って大きな声で言いましょう（これらの癒しの祈りの多くは www.divinerevelation.org でCDを購入することができます）。

霊体を癒す祈り

✳ 霊を癒し赦す祈り ✳

（霊を光へ送る癒しの祈り）

愛する者よ、あなたは真実の存在に統一されます
神の愛によって高みへ運ばれます
あらゆる罪と恥は赦されます
喪失から、痛みから、混乱から、恐怖から
癒され、解放されます
今、神の愛と光があなたを満たし包みます
地上への執着はもはやあなたを縛りません
あなたは自由で、神の光のもとへ行けるのです
愛と平和のうちに出発しましょう

わたしの生徒のひとりが、オンラインの祈りのグループへ亡くなった母親オヴェラのために祈ってほしいと依頼してきました。それからまもなく、わたしは次のEメールを受け取りました。

〝母のために祈ってくださったみなさんに感謝を申

し上げます。今朝、瞑想をしているときに、わたしはついに先に進むことにしたというメッセージを母から受け取りました。母はわたしに、子供全員のことを、特にわたしの妹のことをとても心配していたのだと言いました。わたしたちはみんなだいじょうぶ、うまくやっていけるわと保証すると、母もそれが本当だと認めたのです。それから今いるところはとても美しく、よろこびと平和を感じているとも教えてくれました。幸せそうで落ち着いていました。母はとうとうふさわしい休息期間に入っていったのです〟

＊ 宇宙の救世主の癒しの祈り ＊

（霊を癒し、周囲の空気の波動を高めるための癒しの詠唱《チャント》）

聖霊にお願いします
あらゆる愛する者を優しく癒してくださることを
今このときに癒してくださることを
愛する者たちよ、あなたは優しく清められ
赦され、解放され
愛と、光と、宇宙の救世主の完全性へと
迎え入れられます
清められ、赦され、解放され
愛と、光と、宇宙の救世主の完全性へと
迎え入れられます
（最後の3行を霊が光のもとへ行ったと感じるまで繰り返します）

ロスアンゼルスのアルバート・マーシュはこう語っています。〝あるとき、わたしはポルターガイストを癒したのですが、すごく簡単でした。ある家族が引っ越してきてからまもなくして、奇妙なことが起きはじめ、家族はとても怖がりました。わたしは霊に対する癒しの祈りを唱え、そのことは忘れてしまいました。数週間後、わたしは幽霊のことをたずねました。すると奇妙なことはあっというまに止まってしまい、家族は再び楽しく平和に暮らしていました。こんなふうに簡単なんです。聖職者も聖水も聖書もいりません――ドラマとは違うんです。実際、彼らは先に神父に相談していたんですが、問題には何の効果もなかったんです〟

✳ 地球外の霊の癒しの祈り ✳

（地球外の悪意のある霊、外宇宙の存在を癒し、取りついたエイリアンを追い払うために）

親愛なる者よ、あなたたちはみな、癒され
赦されています
自身の思う万能の宇宙の救世主のもとに
統一され、ひとつになり、満たされ
包まれています
自身の思う万能の宇宙の救世主の愛に
統一され、ひとつになり、満たされ
包まれています
自身の思う万能の宇宙の救世主の光に
統一され、ひとつになり、満たされ
包まれています
親愛なる者よ、あなたは優しく清められ
赦され、解放されています
愛と、光と、宇宙の救世主の完全性へと
迎え入れられます
あなたたちはみな、恐れ、痛み
地上の、そしてそのほかの星の波動から自由です
ここで、それからその他のすべての次元において
イエス・キリストとサーナンダ
万物の宇宙の救世主にお願いします
あなたたちを正しくいるべき場所へと
連れていってくださるように
平和に満たされますように
今、（人の名前）と愛する者とのあいだとの
霊的な結びつきを切り離します
この霊的な結びつきは、今そっと
切られ、高みへ運ばれ、愛され
癒され、解放され
消滅し、完全に自由にしてくれます
神さまに感謝を。心の底から感謝を

✳ 霊集団の癒し ✳

ときには2体以上の霊を感じることがあるでしょう。そのときは〝癒すべき集団がいるのでしょうか？〟と尋ねてみましょう。ハイの答えを受け取ったら、地縛霊の集団がそこにいるのです。2001年9月11日のように、大きな悲劇が起こりたくさんの命が失われたときにはいつも、集団の癒しが必要

になります。

そのときはこう言いましょう。〝あなたがた全員を愛と光のなかへお迎えします。あなたがた全員が癒され、赦されています〟そして〝癒され、赦されています〟と、癒しが終わったと感じられるまで繰り返しましょう。癒しが終わったかどうかを尋ね、イイエの答えが返ってきたら、ハイの答えが返ってくるまで、このフレーズを繰り返してください。

同じ単純なアファメーションは、霊などが出没する建物の浄化にも非常に効果的です。建物のなかにある戸棚や洋服ダンスなどの扉をすべて開き、すべての部屋を歩き回ります。あらゆる隅や割れ目に手を伸ばして、〝癒され、赦されています〟と繰り返し唱えながら空間を浄化します。これを建物全体が浄化されるまで続けます。

自然災害、紛争地帯などで命を落とした集団を癒すためには次の祈りを使うのもよいでしょう。

聖霊にお願いします
わたしと誰かと愛する者たちを結んでいる
霊的なつながりを断ってくださるように
今、癒しのためにここに来ている、愛する者たちとのつながりを断ってくださるように
わたしは今
美しい金色の聖堂を心に思い描きます
この場所からずっと高いところにある
わたしたちを守ってくれる神の愛と光の聖堂を
美しい多くの救世主と
〝わたしという存在〟の世界
今、癒しを必要としているすべての霊を
歓迎します
それらはみな癒され
今、光の中へと迎えられます
愛する人、あなたがたは自分という存在の真実に
統合されます
神の愛で高みに運ばれます
あらゆる罪と恥は赦されます
喪失、痛み、混乱、恐怖から癒され解放されます
神の愛と光があなたを満たし包みます
地上への執着はもはやあなたを縛りません
今、神の光のもとへ向かう自由を得ているのです
さあ、平和と愛のもとへ向かいましょう

わたしたちの地上での使命のひとつが
地上の波動を高め、悟りを得るために道を清め
霊的な雲を追い払う仕事であることに感謝します
神さまに感謝を。心の底から感謝を

サイキック・バンパイアの癒し

バンパイア（吸血鬼）の伝説は、日常の現実に呼応しています。あなたの友人や親戚に、バンパイアのような人がいませんか。あなたのエネルギーを吸い込み、空っぽにしてしまう欲しがりの人たちです。あなたの注意を引きたがり、愛情、時間、生命力を求めます。実際、あなたが自分のエネルギーを、底なしの穴に投げ入れつづけているような気分にさせる相手です。いつもハイと答えて、彼らの好きにさせておいても癒しにはなりません。

エネルギー・バンパイアはあなたを抱きしめたり、とんとんと叩いたり、つかんだりしてプラーナのエネルギーを吸収することがあります。小さな声でおどおどと話して、あなたのエネルギーを自分のほうへ拡大させようとする者もいます。面と向かって大きすぎる声で話したり、近すぎる距離に立ったりして、オーラのなかに入ってくる者もいます。目をしっかりと見開いてエネルギーを引き寄せる者もいますし、へんな時間帯に電話をかけてきたり訪ねてきたりして、自分の悩みについて際限なくぶつぶつ言う者もいます。あるいは目からエネルギーの短剣を投げつけてくることもあります。

エネルギー・バンパイアは人間ばかりではありません。アストラル界の下位の存在には、あなたの光や愛や力を見たり感じたりして、あなたのオーラ・フィールドに鉤をひっかけようとする者がいます。エネルギーの吸収鬼はいつも自分が鉤をひっかけられる栓を探しているのです。ポンプが開けば、精神的なエネルギーがオーラ・フィールドから流れ出します。ですから霊的な防備を維持することが必要不可欠です（第10章参照のこと）。

サイキック・バンパイアに悩まされているときは、あなたの深いところにある魂がこの経験を求めていたことを思い出してください。あなたがこの体験を学び、理解して、他人がこのようなひどい状況から抜け出す手伝いをできるよう願っているのです。

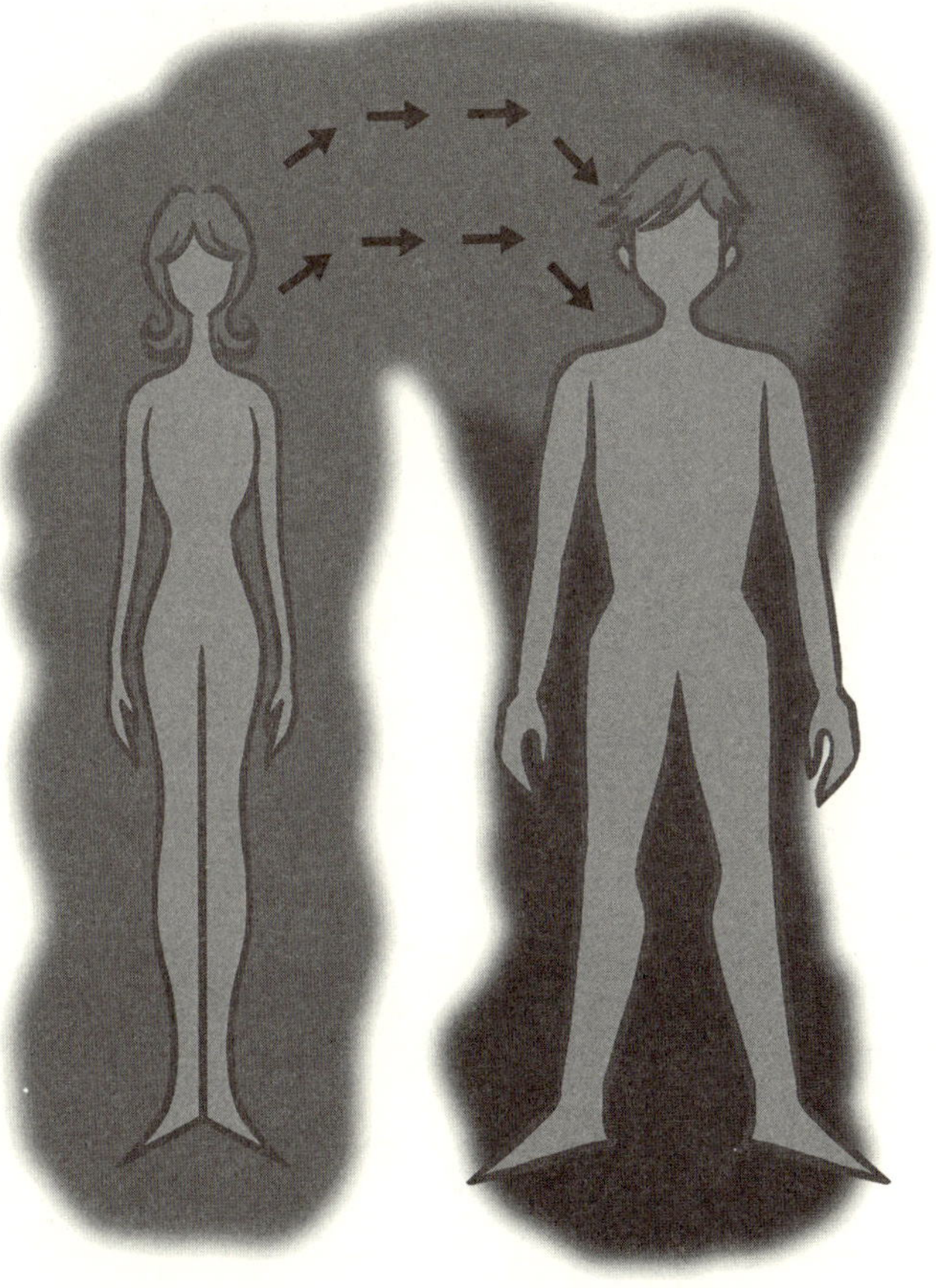

エネルギー・バンパイアの仕組み (図9d)

エネルギー・バンパイアとは、相手のエネルギーを吸い込み、空っぽにしてしまう欲しがりの人たちで、エネルギーを底なしの穴に入れつづけている気分にさせる。

注意を引きたがり、愛情、時間、生命力を求める。バンパイアは、抱きしめたり、とんとんと叩いたり、つかんだりしてプラーナのエネルギーを吸収する。近すぎる距離に立ってオーラのなかに入ってくるものもいる。

彼らの好きなようにさせていても癒しにはならない。

次にあげる祈りは、サイキック・バンパイアや霊的な鉤を癒すことができます。

＊ サイキック・バンパイアの癒しの祈り ＊

わたしは神の腕に抱かれています
わたしは神の愛に保護されています
わたしは神の手に包まれています
神はわたしに平和と愛と健康と
祝福を与えてくださっています
わたしはこの神の光に満たされているのです
わたしは輝きと純粋性と完全性に
満たされています
わたしは大きな全体であり、またすべてひとつです
全体が存在するとき、部分は存在しません
一体であるときは
サイキック・バンパイアや、霊的な吸収鬼や
サイキック・スポンジもいなければ
サイキック・エネルギーの喪失もありません
すべてがひとつのとき、喪失も獲得もありません
わたしはこの一体を信じ
わたしは一体となっていることを知っています
わたしは神という存在の
本物の美しい一部なのです
神さまに感謝を。心の底から感謝を

＊ 霊的な鉤の癒しの祈り ＊

わたしの心が神の愛のなかで溶けています
わたしは神の愛する子
わたしは神の光に満たされています
恐れるエネルギーはなにもありません
わたしの神はどこへ行くときも
わたしと共にあるから
わたしをあやつれるエネルギーはありません
わたしの神はどこへ行くときも
わたしと共にあるから
わたしに鉤をつける霊はいません
わたしは人の形、人の肉体に住む
神性の存在だから
わたしは偉大な光の存在、偉大な善の存在
偉大な栄光の存在、素晴らしく純粋な存在

霊的な鉤《かぎ》（図9e）

アストラル界の下位の存在には、人間の光や愛や力を見たり感じると、オーラ・フィールドに鉤をひっかけようと、自分がひっかけられる栓《せん》を探す者がいる。

栓に鉤をひっかけられポンプが開くと、精神的なエネルギーがオーラ・フィールドから流出してしまうので、霊的な防備を維持することが必要不可欠である。

神の愛が、今わたしを満たし、包みます
神さまに感謝を。心の底から感謝を

祖先からの影響の癒し

あなたの血族（生きていても死んでいても）が、祖先の絆《きずな》やロープや宿命の絆、そのほか縛るものによって、あなたのオーラを縮める原因になったり、祖先の絆地上にとどまっていたりすることがあります。家族からの虐待的なことばや行為があなたのエネルギー・フィールドに悲惨な影響を与えることもあります。

善意の親族が〝愛〟と定義する行為によって、あなたを窒息させることがあります。その愛は実際には依存や、サイキック・バンパイアの行為や、霊的な攻撃のことなのです。彼らは、この世界は危険だらけだとか、あなたが失敗するだろうと警告することで、あなたを傷つけずにすむと信じています。不可能な夢や目標を達成しようとがんばることは、無謀だと賢人ぶったアドバイスを、与えることもあるでしょう。自分の心に従い〝普通〟でないことをしようとするあなたを、周囲がどんなに笑っているか思い出させようとすることもあります。

親族があなたのエネルギー・フィールドを引き寄せたり縛りあげたりして、夢の達成を妨げていると感じるときは、次にあげる祈りを使ってください。

＊　家族の癒しの祈り　＊

わたしの親族が高みに運ばれていくことを
理解し確信しています
救世主の波動の浄化の光、癒しの光のなかで
運ばれていきます
今は美しい救世主の光の世界に生きています
保護され、神の光のなかに完全に安全な状態です
わたしの親族全員が
安全で、守られていて、平和であることを
知っています
わたしの親族は、神の意識にどんな影響も
与えることはありません
わたしと親族を結ぶ、あらゆる霊的な結びつき
つながり、宿命の絆、縛りあげる結び目は

今そっと、溶かされ、切られ、解放され
浄《きよ》められ、癒され、自由になり
魂は神の光のもとへと運ばれ、そして消えました
わたしは宿命の絆や縛りつける結びつきから
自由です
わたしは霊的な攻撃や
サイキック・バンパイアや霊的な影響の
対象ではありません
わたしは見せかけの攻撃からも自由です
それらはたんぽぽの綿毛のようなものに
過ぎません
なんの影響も与えません
わたしは自由です
わたしは神の聖なる存在に満たされています
わたしは光の輝く存在です
救世主の波動に満たされています
わたしのエネルギー・フィールドは脈打ち
神の光で輝いています
なにもかもが完全で
なにもかもがうまくいっています
神さまに感謝を　心の底から感謝を

＊ 亡くなった祖先の癒し ＊

（古い先祖の縛りによる苦しい影響を癒す）

この世界にもほかのどんな世界にも
救世主の意識を小さくし
弱くするエネルギーはありません
この世界の、そしてほかのどんな世界の
エネルギーも
わたしの存在の真実を反映しないものは
優しく高みに運ばれ、癒され、浄められ
解放され、自由になり
神の光で満たされます
見せ掛けの過去の影響
救世主ではない祖先や
そのほかの救世主ではない愛する人たち
からのもの
これらの存在は今、優しく、永遠に
神の愛と真実の光へと運ばれていきます
愛する人々、あなたがたは自分という存在の真実と
ひとつになります

あなたは愛に包まれ高みに運ばれます
神の輝く愛、輝く光、輝く力が
はかりしれないほどの平和と
はかりしれないほどの愛で
あなたを満たし包みます
あなたは地上の波動から今、自由です
あなたは自由に
神の聖なる存在と神の光のもとへ向かえるのです
平和のうちに進みなさい、愛する人よ
愛を持って進みなさい
神さまに感謝を。心の底から感謝を

虫けらを癒す

〝虫けら〟と呼ばれる存在はアストラル界の闇のエネルギーと連動しています。これらの存在は、混乱を生じさせ、エネルギーを消耗させ、光の存在や、この星を支えている光と共に働く人々を混乱させるための悪意を持った存在として地上に転生します。このいわゆる虫けらのエネルギーは闇の霊的エネルギーです。エイリアンのエネルギーとは異なっています。これはアストラル界の下位の面の異次元エネルギーで、悪魔的な存在が潜んでいます。

虫けらのなかには過去に人間だったものもいます。一度も人間になったことがないものもいます。これらの虫けらのエネルギーには誘惑し、うっとりさせる力があります。虫けらのエネルギーを持った一部の導師は、自分の周囲に特別神秘的で魅力的な雰囲気をつくりだします。霊的に消耗させたり、エネルギーを吸収したりするサイキック・バンパイアもいます。

あなたが虫けらを相手にしていると思ったら、次の祈りを使いましょう。

今、あらゆる恐怖を解き放ちます
どんな状況いかなる状況にあっても
なんであろうと、わたしは洞察力を使って
見せかけの虫けらの影響を今、癒し、解放します
神の愛の力を通じて
わたしのエネルギー・フィールドを変容します
わたしと見せかけの虫けらのエネルギーをつなぐ
霊的な結びつきは

今、優しく高みに運ばれ、癒され
つながりを解かれ
断ち切られ、愛され、溶かされ、解放され
完全に神の光のもとへ向かいます
もう虫けらのエネルギーからは
どんな影響も受けません
親愛なる見せかけの虫けらたち
あなたは自分の真実の存在と一体化します
あなたは神の愛のもとへ運ばれます
あなたは神の光に満たされます
あなたは神の真実に満たされます
あなたは赦しに満たされます
あなたは闇の力や闇のエネルギーと交わした
と思っている
あらゆる契約や義務から解放されます
あなたの真実の姿を経験してよいのです
恐怖や魔力や幻想や
魅惑や神秘や自我の誘惑から解放されます
本物のあなたになるのに遠慮はいりません
神の愛に、神の光に、神の真実に
心を開いてください

心のままに、神の御心《みこころ》のままに、どうか平和で
ありますよう
神さまに感謝を。心からの感謝を

次の章では、精神的な自己防衛と外部の影響でエネルギーを消耗するのを防ぐ効果の高い方法を学びましょう。

第10章

サイキック・スポンジになっていませんか？

オーラを守り自信を育てる方法

サイキック・スポンジとは周囲の霊的エネルギーから影響を受けやすい、善意にあふれる敏感な人のことです。ただ、オーラを閉じておく方法を知らず、基本となる自分の健康維持を忘れがちです。このため自分の弱さに悩み、自信が持てず、不安定で感受性が強い傾向が見られます。オーラが傷ついたら、祈りを捧げ、清めましょう。ただし、大切なのは治癒より予防です。ネガティブな思考や、自分のエネルギーを害する霊的な結びつきは切り離してください。

アファメーションによって、オーラを守り自信を育てましょう!

〝自らが光を持っているものは衛星として周回することはない〟

――セネカ

ニューヨークのタロットリーダー、エミー・レヴィンソンはこう言います。〝そう、ああいう人たちとつきあうとものすごく消耗しちゃうんです。自分が濡れたモップになって、一日中泥のなかを引きずりまわされているような気持ち。エネルギー・バンパイアが一日中わたしを吸い尽くしているみたいなの。一日の終わりには、ベッドに倒れ込むだけ。どうしようもなく疲れてね〟

　不幸なことに〈気〉に敏感な人の多くは、最低限の生活に欠かせないものを知りません――呼吸、食事、運動、そしてプラーナです。超能力者やヒーラーには、明らかに自分自身のオーラ・フィールドの健康を無視する傾向があります。自分が仕事をしているあいだ自分のオーラを閉じておくことや神性のエネルギーの流れに向けて開いておくことがどういうことなのかまるでわかっていない人もいます。

　弱って、壊れて、穴のあいたオーラは特に下位のエネルギーや霊による憑依《ひょうい》、サイキック・バンパイア、困難な体験、精神病、身体的病気などの弊害を受けやすくなっています。わたしたちは亀が甲羅《こうら》を背に移動するように、エネルギー・フィールドに守られているのです。その甲羅が裂けたり、ひびが入ったり、壊れたりしたら、不健全な環境のなかで、保護もなく、安全の保証もなく、不安な思いでもがくことになってしまいます。あなたは自分のオーラの保護膜にひびが入っていると思ってはいないかもしれませんが、次のような不満に覚えがあれば、あなたもサイキック・スポンジかもしれません。

　スコットランドのスチュアート・マーク・ファン・ニーカークはこう書いています。〝仕事や人、恋愛関係において、私はエーテルのなかのすべてを吸い込むサイキック・スポンジのようです。自分のオーラが弱るのを感じるのです。奇妙なエネルギーを感じて、怒りや恐怖と闘うこともあります。あらかじめそういう感情が起こる予感はするのですが、どんな状況においても光のなかにとどまるよい方法がわかりません。なにかいいアドバイスをお持ちですか?〟

サイキック・スポンジは周囲から波動エネルギーを吸収します。彼らのオーラは開いていて過剰に敏感であり、脆弱《ぜいじゃく》で、有害なものを含めてあらゆるエネルギーを吸収してしまいます。サイキック・スポンジに対するわたしの治療法は以下のとおりです。まず、本章を勉強してアファメーションを唱えてください。そうすると他を寄せつけない非常に強く耐性のあるオーラができます。毎日練習をすればサイキック・スポンジの代わりに無制限のエネルギーの源泉となることができるでしょう。力強いプラーナ・エネルギーが勢いよく流れるようになったら、他人と共有しましょう。

ケンタッキー州ルイヴィルのジャネット・リッティントンはこう語ります。〝わたしはエネルギーの影響に邪魔されて、消耗しているように感じていました。混乱して、ぐったり、ぼんやりとして、疲れてしまっていたのですが、それは身体が疲れているのではなく、食事が悪いわけでもなく、そのほかの単純な理由でも説明できませんでした。スーザン先生の方法を使って、わたしは自分のエネルギーを浄化する方法を学び、その結果がよい証明になっています。今は、この癒しの祈りを使って定期的に浄化しています〟

〝サイキック・スポンジ症候群〟を悪化させるものはなんでしょうか? サイキック・スポンジは善意にあふれた敏感な人で、ただオーラを閉じておく方法を知らないだけということが多いのです。自分の弱さ、だまされやすさに悩み、自信が持てず、不安定で、感受性が強いといった傾向が見られます。影響されやすく純真でうぶなため、派手な導師のあとを追いかけます。洞察力に欠けている、あるいは判断を誤りがちな性格といえるでしょう。アストラル界での経験を本物の霊的な体験と解釈しているのかもしれません。瞑想のしすぎかもしれません。落ち着かず、実際に肉体から分離していることもあります(図10a)。保護手段なしに幽体離脱やその他のオカルト的体験に関わっていることもあります。自分のスピリチュアルな進化とは無関係なことに取りつかれていたり、他人の意見に心を奪われたりして

分離（図10a）

サイキック・スポンジの人のオーラは開いていて過剰に敏感であり、脆弱《ぜいじゃく》で、有害なものも含めて、あらゆる波動エネルギーを吸収してしまう。オーラを閉じておく方法を知らず、自分の弱さ、だまされやすさに悩み、自信が持てず、不安定で感受性が強いといった傾向がある。このため、保護手段なしに実際に肉体から分離してしまう幽体離脱や、その他のオカルト的体験に関わっていることがある。

いるのかもしれません。
あなたが輝かせている愛の波動の質がエネルギー・フィールドの強さを決定します。強いオーラ・フィールドは、危険から身を守り、病気には免疫作用を果たし、ゴシップ屋や懐疑的な物言いばかりする人の影響を受けません。

オーラの自己防衛

1オンスの予防は1ポンドの治療に値すると言われています。人のエネルギー・フィールドを強化することの説明として、これほど真実を言いあらわしているものはほかにないでしょう。内なる神の保護のアファメーションを一日数回唱えるだけで、オーラは強化され、その効果は大きく最後には無敵になることを保証します。

わたしは、1986年以来ずっと、このスピリチュアルな保護のアファメーションを毎日唱えてきました。家を離れるとき、眠りにつくまえ、瞑想のまえ、会議のまえ、人ごみに入るとき、波動の低さを感じられる場所に入るとき、顧客と会う前後、上司や義母に会うまえ、そのほかおじけづいてしまうような状況のまえにこのアファメーションをはっきりと声に出して唱えることをおすすめします。

このアファメーションを唱えると、オーラを下位の波動レベルの心やアストラル界に対しては閉ざし、神とスピリチュアルな世界に対しては開くことになります。

重要：本書に出てくる祈りとアファメーションは、すべて力強くはっきりとした声で口にしてください。これらは自分自身と他人の両方を癒すのに使えます。信念と自信、確信を持って大きな声で言いましょう。

✳ 自信のアファメーション ✳

（自力本願、自信、内面の強さを高めるために）

わたしは自分を把握しています
わたしは神と共にある者です
わたしは人生における唯一の権威です
わたしは自らの存在の光によって
神に守られています
わたしの内なる神と意識以外のすべてに対して

自分のオーラと光の身体を閉じています
今も　これから先も　ずっと
神さまに感謝を　心からの感謝を

ウィスコンシン州マジソンに住むスティーブン・ヘッシュは、わたしにこんなEメールを送ってきました。〝わたしはスーザンの本にあった自信の祈りを毎日暗誦《あんしょう》するようになってから、もう何か月にもなります。これが、わたしの宇宙というものの見方に深くポジティブな影響を与えています。わたしはこの祈りを自我（ego）や人格（personality）を基本とした立場ではなく、個人我（"I AM" self）の立場から唱えています。わたしは、自分の真の性質をよく理解したいと思っているすべての人にこの祈りを心から推薦します〟

＊　神の権威のアファメーション　＊

（自信のアファメーションの代わりとして）

わたしのなかの神は、すべてを掌握《しょうあく》しています
わたしのなかの神は
わたしの人生で唯一の権威です
わたしの内なる神と意識以外のすべてに対して
自分のオーラと光の身体を閉じています
今も　これから先も　ずっと
神さまに感謝を　心からの感謝を

＊　保護の祈り　＊

（神の保護と神の愛のために：Unity Church of Christianity で使われています）

神の光がわたしを包みます
神の愛がわたしを抱きしめます
神の力がわたしを守ります
神の存在がわたしを見守ります
わたしがどこにいても、神はいて、なにもかもがうまくいきます

光の柱の視覚化

神性の光の保護的オーラをつくりだす効果的な方法のひとつが視覚化です。多くの人は自分を満たし、

包み保護する光の球体、泡、あるいは柱を想像します。221頁の図10bを参考に、次のような視覚化の練習をしてください。

目を閉じて、白、金色、菫色、ピンク、そのほかどんな色でもかまわないので、神の光で保護してくれる球体を頭上に想像します。それからその光が頭のてっぺんから足のつま先まで、身体の中心を貫くようすを思い浮かべます。この光線が自分のエネルギーの中心（チャクラ）から波動を繰り出し輝いて、神性の光の柱をつくり、自分のエネルギー・フィールド全体を満たすようすを視覚化してください。

美しい光がエネルギー・フィールドを神の愛、力、エネルギー、無敵の力、よろこび、幸福、達成感で満たします。神の光の波動と輝きを自分のなかに、また自分の周囲に感じましょう。あなたは自分の存在の光によって神に守られているのです。

グラウディングされた状態を保つ

地に足のついた状態、集中していてバランスを保ち、自分を失わずにいる効果的な方法はたくさんあります。はだしで歩き回ったり、地中深くに達する紐を想像したりするのは、スピリチュアルな意味での地に足のついた状態ではありません。それは神と一体化し、自分という存在の本質と一体化することです。あなたがスピリチュアルな意味での地に足のついた状態、集中している状態を保つためのアファメーションをご紹介しましょう。

わたしは祝福され愛されています
わたしの心は聖霊に向かっています
わたしは愛される偉大な力の存在
偉大な光の存在、エネルギーと栄光の存在です
わたしは美しい存在、輝く光の存在です
わたしは神の光に向けて昇っています。わたしは確立され、しっかりとしています
わたしという存在の本質のなかで
神はわたしのなかにいます
わたしのなかに神という存在があり
わたしを通して生き、呼吸し、動いています
わたしは愛される偉大な力の存在
偉大な光の存在、エネルギーと栄光の存在です

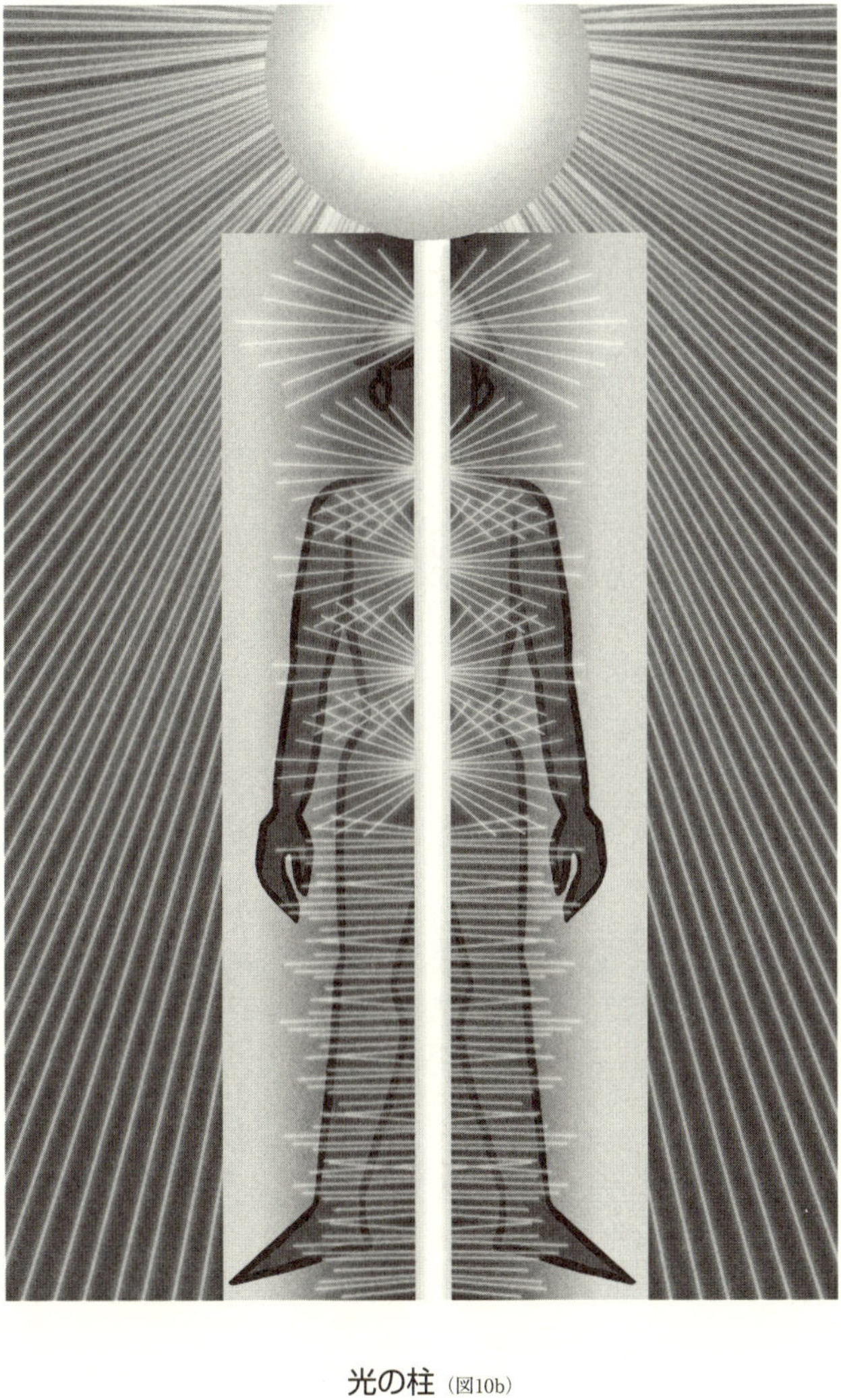

光の柱（図10b）

目を閉じ、白、金色、菫色、ピンクなどの神の光で保護してくれる球体を頭上に想像する。その光が頭のてっぺんからつま先まで、身体の中心を貫くようすを思い浮かべる。この光線が自分のエネルギーの中心から波動を繰り出し輝いて、神性の光の柱をつくり、自分のエネルギー・フィールド全体を満たすように視覚化してみる。

美しい光がエネルギー・フィールドを満たし、神の光の波動と輝きを自分のなか、自分の周囲に感じてみる。

わたしは愛に満たされ、平和に満たされ
力に満たされています
神の癒しの光が、今、わたしを満たし包みます
神の癒しのエネルギーが、今
わたしの波動を高め、わたしを平和で満たします
わたしは偉大な光と偉大なエネルギーの
愛される存在です
わたしはこれを信じ
自分が愛されていることを知っています
わたしは愛と光に満たされています
神性のエネルギーで満たされた神の輝く球体が
今、神の聖なる存在に守られたわたしを地上に
しっかりと置きます
わたしは聖なる存在とわたしをつなぎます
神さまに感謝を　心からの感謝を

オーラの浄化と癒し

エネルギー・フィールドを癒し浄化すると、人生が平和、よろこび、繁栄と光に満たされます。オーラはふたつのエネルギーによって浄化し、量を増やすことができます。そのエネルギーとは光と音です。次のアファメーションはあなたのエネルギー・フィールドを光で変容させます。そしてこのアファメーションを声にして唱えることによって、音があなたのエネルギー・フィールドにポジティブな影響を与えます。

✳ 光あれの祈り ✳

光あれ　愛を与え、力を与える光
白の　黄金色の　菫色の　ピンクの　緑の　青の光
癒し、力を与えてくれる、
イエス・キリストの　ババジの　聖霊の
世を救う光
そして（あなたの神の名）の光
この世を救い、癒し、力を与えてくれる
オーラの浄化と癒しのセッション、今この場で
わたし自身を、そして私のまわりのすべての人を
最高の状態にするために
（最低3回繰り返す）
神さまに感謝を　心からの感謝を

✳ 白い炎のアファメーション ✳

わたしは今、愛され高みに運ばれ、癒され
浄化されます
聖霊の白い炎のなかで
救世主の意識のなかで
サンジェルマンの紫色の浄化の炎のなかで
神の恩寵《おんちょう》のもと、神独自の賢く完全な方法で
神さまに感謝を　心からの感謝を

✳ 黄金の癒しの祈り ✳

わたしは今、愛され、高みに運ばれ
包まれています
神の意識の黄金色をした癒しの物質に
わたしは今、神の愛に、神の光に、神の真実に
満たされています
神は今、この黄金色の物質で
わたしのオーラと光の体を満たしています
それはわたしの肉体と微細身の扉を閉ざし
下位の霊的レベルの心の侵食から
守ると同時に
神の意識へと同調させてくれます
この黄金色の癒しの物質は、今、わたしを癒し
高みに運びます
わたしのなかにあり、創造物すべてのなかにある
神の意識に気づかせてくれます
わたしは癒され、わたしのなかにあり
創造物すべてのなかにある神と
もっと同調します
わたしのなかにある神の偉大なる意識に向けて
愛に包まれ目を覚まします
神さまに感謝を　心からの感謝を

オーラの救急法

オーラの障害はいろいろな形で起こります。サイキック・バンパイアはオーラ・フィールドからエネルギーを吸い取ります。麻薬やアルコールや煙草やそのほかの依存症を起こす物質は、オーラを傷つけます。不適切な食品、浅い呼吸、ネガティブな思考、

それにストレスはエネルギー・フィールドを小さくします。防衛手段や保護を持たずにオカルトをもてあそぶと、エネルギー・フィールドに穴をあける下位のエネルギーを呼んでしまいます。ここでは損傷を受け、傷ついたエネルギー・フィールドを修理する効果の高いアファメーションを紹介します。

本章の3つのアファメーション（〝穴を閉じる〟〝完全な自身へと部分を呼び戻す〟〝契約からの解放〟）は、コニー・ヒューブナーがつくりだしたTransformational Prayer（変容の祈りの意）と呼ばれる一連の癒しの祈りの一部です。

✳ 穴を閉じる ✳

イエス・キリストに
サーナンダさまに　聖なる母（訳註：ヒンズー教の三大主神の神妃を指す）にお願いします
すべての扉を、開いている箇所を、穴を
入り口を、門を閉じてくださいますように
わたしの多次元のエネルギー・システムの
どこにあるものも
すべての制限された場所、星
地域、次元、領域、範囲
創造されたどんな場所に対して
（ここで、あなたを〝縛っている〟状況、人、できごとなどについて詳しく述べ、穴を塞いでいきます）
この穴は　扉は　開いている箇所は
入り口は　門は
今、閉じられ、封印されます
イエス・キリストの名と力において
サーナンダさまの名と力において
聖なる母の名と力において
今では閉じられた開口部や穴のまわりの
あらゆるエネルギー構造、誘引作用は今取り除かれ
溶かされ、解放される
わたしは神性の愛の完全性に向けて完全に
開いている
神性の真実の完全性と手を取り
神性の恩寵の完全性を受け入れて
わたしは真実と共にある
神さまに感謝を　心からの感謝を

✳ 完全な自身へと部分を呼び戻す ✳

次の文章を強い意志と、そうなるという確信と共に読みあげます。

わたしは、今までにわたしから離れ、孤立化し、ばらばらになり、失われた、あるいは誰かに与えられた自分の一部をすべて自分のもとへ呼び戻します（ここで、状況を詳しく説明し、あなたを〝縛っている〟状況、人、できごとなどから自身の部分を取り戻します）
わたしは自分自身の部分を取り戻し、今、自分自身は完全な形になりました。
神さまに感謝を　心からの感謝を

自分が元気で、集中できていると感じられるまで、この文章を3回、必要ならそれ以上繰り返します。心臓を中心とした完全なるあなた自身に、呼吸の流れに乗ってバラバラだったあなたの部分が引き寄せられるようなつもりで、ハート・チャクラに向けて息を吸います。

✳ 救世主の鎧をつくりあげる ✳

今、神の愛へ向けて心を開きます
今、神の輝く光にわたしのなかに流れ込んでもらいます
神の恩寵が、わたしのエネルギー・フィールドを満たすままにします
美しさと　光と　完全性を持つ神の恩寵が満たすままに
わたしは神の光に満たされます
わたしは今、霊的な緊縛《きんばく》から解放されます
わたしを縛り上げていた霊的な縄は
今、そっとほどかれ、ゆるめられ、解かれて消えました
わたしのエネルギー・フィールドを閉じ込めていた霊的な網は
今、解けて消えていきました
無のなかへ解放されていったのです
本来あるべきところへ
今、わたしには船に乗っている自分が見えます

帆が風をはらみ
わたしは霊的な領域から遠く航海へ出ています
神の愛の明るい日光のもとへと
わたしは今、救世主の泡に包まれています
美しく、虹色にきらめき、ゆらめく
素晴らしい輝きの泡に
この救世主の泡は黄金色で多彩な球体です
白が混じり、輝く紫が混じり
ピンクが、青が、緑が、銀色の光が
エネルギー・フィールドを満たし、包み
エネルギー・フィールドに入り込み
染みわたります
この美しく、侵入不可能な光の球が
今、わたしを守り、封印し、癒します
わたしに悪い影響を与える
人や場所や組織や
状況や環境や依存症との関わりの結果
わたしのエネルギー・フィールドにできた
どんな見せかけの大きな穴も、小さな穴も
傷も今、救世主のエネルギーの白い炎と
無条件の愛の美しい黄金色の光とで塞がれます

神さまに感謝を　心からの感謝を

オーラの異常

この数年、わたしは癒しのセッションでオーラにおもしろい現象があることに気づきました。透視能力をもってすると、霊的な結びつきは前から目に見えていたのですが、最近は、奇妙な異常が見えるようになってきたのです。たとえば霊的な網、板、鎧《よろい》、鉤《かぎ》、締め金、檻《おり》、触手などの奇妙な形であらわれます。わたしは、人間関係が人のエネルギー・フィールドに異常な形態をつくりあげることがあるということに気づきました。

1970年代にUCLAのセルマ・モスの研究室でおこなわれた研究で、人のエネルギー・フィールドが感情にどう反応するかがわかりました。ふたりの人間がお互いにかなりの敵意を生じさせると、お互いの指のあいだのコロナは突然切れて、鋭くはっきりとした溝が残ります。これは〝ヘアカット効果〟として知られるようになりました。別な例では、高圧写真に撮られた指の腹と腹のあいだに、バリアのような明るい棒があらわれました。

　家族療法に関わった家族の研究もおこなわれています。家族の指先の集合写真を撮ったのです。典型的なのはグループのひとり（普通は息子）がまったく写真に写らないというものです。この研究のほかの写真から、高圧写真は人間同士の感情的な反応に関する洞察を見せてくれることが示唆されました。

　あなたのエネルギーは、この星全体を網羅《もうら》するエネルギーのネットワークと複雑に絡み合っています。人間は奥深いところでお互いに影響を与え合い、この影響が人のエネルギー・フィールドに積もっていくことがあります。愛や善意のような影響はポジティブなものですが、策略や支配、搾取《さくしゅ》や強制など悪意のものもあります。

　今度はあなたを不健全なやり方で他人に縛りつける、こうした霊的な侵入の多くを癒す方法を学びましょう。

霊的な縛りを癒す

　霊的な結びつきは人のエネルギー・フィールドで最も誤解されている異常だと思います。それはほとんどの人が、霊的な結びつきと愛の結びつきを区別できていないからです。

　霊的な結びつきとは、あなたに悪影響を与える人、場所、物、組織、環境、記憶、体験、中毒に対する不適切な愛着または嫌悪から成り立っています。霊的な結びつきはネガティブな思考形態と感情でできていて、その存在を意識しないままつくられてしまいます。たとえば、上司と言い合いをしたあと、なにが残るでしょうか？　霊的な結びつきをつくるエネルギーの残滓《ざんし》です。

　透視能力を持っていると、霊的な結びつきは、灰色や黒（そのほかの色のこともあります）の縄、紐、糸、蜘蛛《くも》の巣、ドレッドにした髪などのいやらしい鎖状の構造物が、エネルギーの中心（チャクラ）にくっついているように見えます。これらのエネルギーの足枷《あしかせ》は、役に立つことも有益なこともありません。誰のためにもならないものです。したがって、あらゆる霊的な縛りは切ったり溶かしたりする必要があります。

　霊的な結びつきとは対照的に、愛の結びつきは生きているか亡くなっているかにかかわらず、あらゆる愛する人たちとの本物の愛の関係です。この結びつきはあなた自身が個人的に理解している神、ハイアー・セルフ、天使、内面のスピリチュアルな教師などとも結びついています。これら真実の愛の黄金の結びつきは、決して壊れることがありません。

ほとんどの人が〝霊的な結びつき〟を〝愛の結びつき〟だと思っているので、それを断ち切ることを躊躇《ちゅうちょ》します。しかし、霊的な結びつきがエネルギー・フィールドの枯渇《こかつ》を招き、最終的には身体が病気になることを理解すれば、人生のなかであらゆる人とつくられる霊的な結びつきを毎日断ち切っていくことがとても重要だということがわかるでしょう。実際、職場の同僚や家族との霊的な結びつきを毎日断っていれば、よりよい親しい人間関係が構築できることは請け合いです。

カナダのオンタリオ州、ハミルトンに住むマーグ・ハックスはこう語ります。〝誰かに本当につながり親しく感じる能力は、霊的な結びつきを断つことによって強化されます。それはより〈孤独〉になるという意味ではなく、むしろ、よりしっかりと親しく結びつくことができるのです。他人に対してそうあるべきだという幻想を投影していなければ、わたしはその人の本当の姿をよく見ることができます。それは手と心を開いた愛の道で、こうあるべきというわたしの願望を手放して、ありのまま受け入れるということなのです〟

なにか、あるいは誰かと依存の関係にあるときは、一日に数回霊的な結びつきを断つことが非常に重要です。霊的な結びつきはあなたがセックスをするたびにつくられますから、性的行為のたびごとに霊的な結びつきを断つことが必要不可欠です。あなたの母親のおへそから出ていてあなたとつながっていたへその緒は大人になっても霊的な結びつきとして残っています。この結びつきは断つ必要があり、特に母親が亡くなったときにはそれが重要です。

サンディエゴのアイラ・スウィッツァーはわたしに次のようなEメールを送信してきました。〝わたしはガールフレンドとの結びつきを断つとき、ふたりの関係と愛が断ち切られて、彼女を失うのだと考えて、とても怖く思っていました。ですから、次に彼女に会ったとき、愛する気持ちや共通点がまだ残

強力な霊的な紐（図10c）

霊的な結びつきとは、悪影響を与える人、場所、物、組織、環境、記憶、体験、中毒に対する不適切な愛着または嫌悪から成り立っている。ネガティブな思考形態と感情でできていて、灰色や黒の縄、紐、糸、蜘蛛の巣、いやらしい鎖状の構造物が、エネルギーの中心（チャクラ）にくっついて、エネルギーの足枷《あしかせ》になっているように見える。

ほとんどの人が“霊的な結びつき”を“愛の結びつき”と勘違いをして断ち切ることを躊《ちゅう》躇《ちょ》するが、霊的な結びつきがエネルギー・フィールドの枯《こ》渇《かつ》を招き、最終的には身体が病気になることを理解すれば、断ち切ることが重要だとわかるはずである。

っているので驚きました。しかも恐れや不安や怒りは消え、以前は悩まされていたことに、いらいらしたり怖く思ったりすることがなくなったのです〟

✳ 霊的な結びつきの切断 ✳

（縛りつけている結びつきを解放し溶かすために）

聖霊にお願いします
わたしと（人、場所、物、依存していること）の
あいだの
霊的な結びつきをすべて断ってくださるように
霊的な結びつきは、今そっと
切られ、高みに運ばれ、癒され、解放され
消えていきます
神の愛と真実の光のなかへと
神さまに感謝を　心からの感謝を

シカゴに住む秘書のリサ・アーリントンはこう語っています。〝わたしが重大なミスをおかしてから の数週間、ボスはずっとけんか腰でした。わたしはスーザンの霊的な結びつきを断つアファメーションをおこなうことにしました。するとわたしが祈った瞬間、結びつきがやわらいだのです。すぐに張り詰めた気持ちがゆるんできました。その後2日間にわたり、何度か祈りを繰り返すとボスとの関係が変化しました。わたしの部屋に来てあんなに怒って悪かったと謝ってくれたんですよ〟

✳ 霊的な結びつきの切断：一枚ずつ ✳

（より強く、断ち切りにくい関係のために）

聖霊にお願いします
わたしと（人、場所、物、依存していること）の
あいだの
霊的な結びつき、因縁関係をすべて
断ってくださるように
霊的な結びつきは、今
永遠に、完璧に、そっと、しかし完全に
断ち切られ、断ち切られ、断ち切られ
断ち切られ、断ち切られ、断ち切られ
（終わるまで繰り返します）
高みに運ばれ、愛され、浄められ、癒され

赦され、自由になり
解放され、完全に消えていきます
一枚ずつ、一枚ずつ、一枚ずつ、少しずつ
少しずつ、少しずつ
（終わるまで繰り返します）
神さまに感謝を　心からの感謝を

ニュージャージー州モリスタウンのアンジェラ・コッヴェロは、こう書いています。〝わたしには、テレパシーでわたしと不気味につながっている親しい友人がいます。ある日、わたしが自分のエネルギー・フィールドの姿を思い浮かべたときに、銀色がかった灰色の紐、へその緒のような紐《ひも》が遠いところへ伸びているのを〈見た〉のです。それはわたしの太陽叢《そう》のところで分厚くなっていました。身体から30センチほど離れると太さは親指くらいになりました。そして心拍と同じように脈動していました。最初は躊躇したのですが、結局、わたしは強い鋏《はさみ》を想像してこの紐を切ってしまいました。それからわたしのエネルギー体の紐が出ていた箇所を癒してなだめると同時に、友人にも癒しを送りました。わたしの気持ちと、結びつきを断つ祈りを、確信を持って言ったことが効果をあらわしました。わたしたちの愛情は結びつきを断ってから増しています〟

霊的な結びつきを断つアファメーションを使うとき、光の剣や鋏やナイフで結びつきを切るふりをしながら〝断ち切られ、断ち切られ、断ち切られ、断ち切られ〟と言うのもいいかもしれません。アーカンソー州イングランドのトラヴィス・ワイリーは、次のような体験を教えてくれました。

〝今朝、わたしは人生におけるある特別な人々との霊的な結びつきを断つために祈りを唱えはじめました。大天使ミカエルが大きな黄金の鋏を持ってあらわれ、わたしに結びつきを断つようにと渡してくれました。わたしが言われたとおりにすると、わたしの目から涙がこぼれました。そのときわたしは数年前の特別なできごとをあらわす大量のエネルギーを目にしたのです。わたしは何年にもわたって、驚くほどの執着をこのできごととその結果に対して持っていました。そのとき、わたしのエネルギー回路がこのできごとにつながっているのが見えたのです。わたしがこのできごとの周囲につくりだした防護壁が見え、それを消すときがきたのだと悟りました。そこにつながっている結びつき、紐は巨大でした〝突然、わたしの内面の師が全員姿をあらわしました。ミカエル、イエス、わたしの案内人（ガイド）、彼のガイド、それからわたしのソウル・グループのほかの人たち。わたしは鋏を手にして、紐を切りはじめました。涙が流れ出しました。わたしは天の川の中心に驚くほど明るい光を見ました。そしてわたしが最後に残った紐を切ると、旋回する大量のエネルギーが飛び去って、光のなかに溶けていきました。よろこびの気持ちでいっぱいになりました。父であり母である神さま、ありがとう〟

霊的なオーラの異常を癒す

誰かがあなたを支配したり、管理したり、強制的に何かさせようと考えたとき、霊的な結びつき、縛り、鉤、締め金、板、そのほか異常なものをあなたのオーラ・フィールドに置こうとすることがあります。これらは攻撃性の産物です。そして、エネルギーの門（エネルギーの渦を経由して、あなたのオーラに出入りするためのチューブで、エネルギーの流れもこの門から出入りする）を通じて、意識的かつ意図的にエネルギー・フィールドに置かれることが多いのです。

こうした異常を癒すには次の祈りを使いましょう。

あらゆる霊的な網、漁網
締め金、鉤、板、そして檻
わたしのエネルギー・フィールドに
置かれたこれらのものが
今、救世主の酸で溶かされ、癒されます
これらの霊的な網は、今、優しく
高みに運ばれ、運ばれ、運ばれ、運ばれ、運ばれ
運ばれ、運ばれ
溶けて、溶けて、癒され、解放され
神の愛と真実の光へと運ばれていきます
わたしのエネルギー・フィールドに置かれた
すべての霊的な釣針は
今、取り去られ、救世主の酸で溶かされます
救世主の炎で燃やされます
神の愛の光のもとへ運ばれます

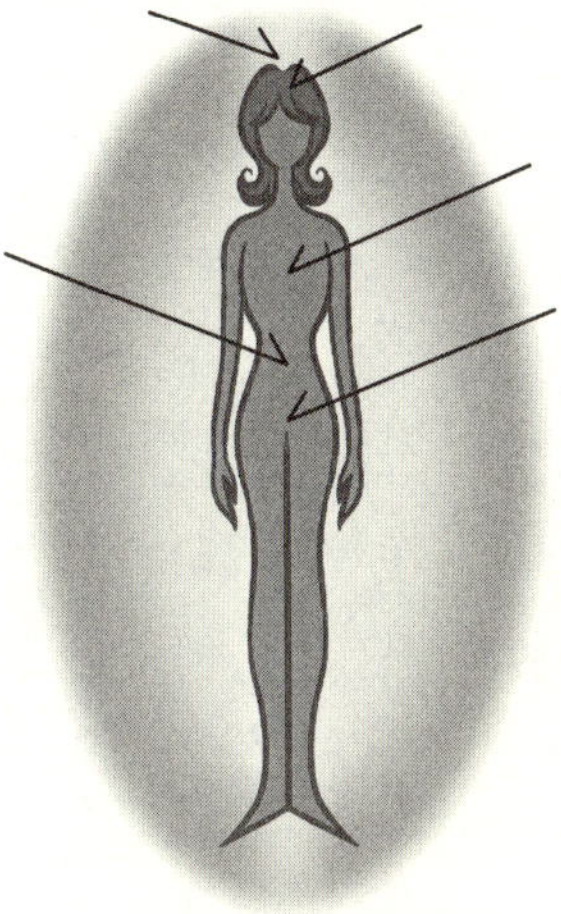

霊的な鉤《かぎ》（図10d）

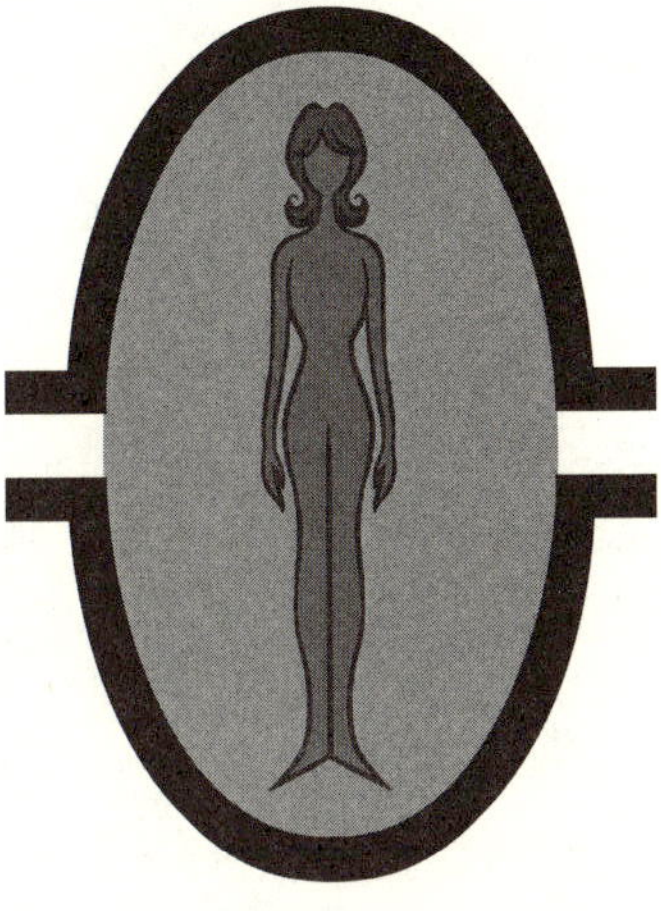

霊的な締《し》め金《がね》（図10e）

霊的な網《あみ》（図10f）

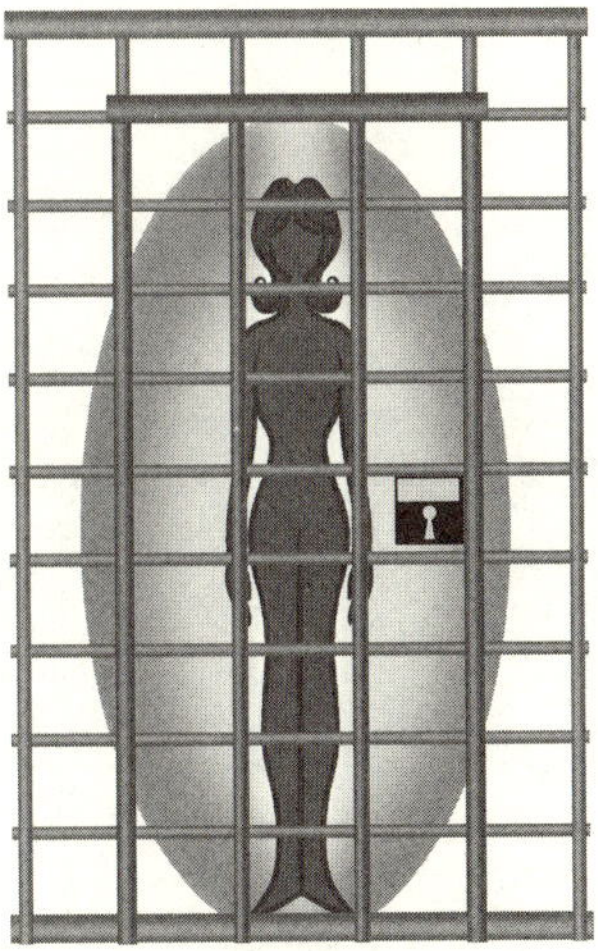

霊的な檻《おり》（図10g）

人のエネルギーはこの星全体を網羅するエネルギーのネットワークと複雑に絡み合い、人間は奥深いところでお互いに影響を与え合っている。支配したり、管理したり、強制的に何かをさせようとする、霊的な結びつきや縛りといった不健全な人間関係が、人のエネルギー・フィールドに影響を与え、異常な形態、霊的な網、板、鎧、鉤、締め金、檻、触手などの奇妙な形であらわれることがある。

わたしは今、あらゆる霊的な鉤や締め金や
足締め刑具から自由です
わたしは今、あらゆる霊的な縛りから
結びつきから、網から、霊的な檻から自由です
あらゆる結びつき、縛り、檻、網、締め金
足締め刑具、鉤、紐、そして門は
今、そっと切られ、断たれ、溶かされ
破壊されます
そしてその材料も創造した者も
二度とそれをつくりだすことができません
それらは今、溶かされ、癒され
高みに運ばれ、解放され、消えてしまいます
神の愛、神の平和、神の力、神の栄光の
光に向けて運ばれていきます
サンジェルマンの美しい菫《すみれ》色の炎が
今、わたしのエネルギー・フィールドを
清め、払い、浄化し、癒します
この美しい神性の救世主の光が
菫色の炎の竜巻のように
今、わたしのエネルギー・フィールドを
清め、清め、清め、清めます

清め、清め、清め、清め
癒し、癒し、癒し、癒し
高みに運び、運び、運び、運びます
この美しい菫色の救世主のエネルギーが
この美しい菫色の炎の竜巻が
わたしのエネルギー・フィールドを浄化し
わたしのエネルギー・フィールドを浄化し
つづけます
その必要がなくなるまで
神さまに感謝を　心からの感謝を

✳ 霊的な強制を癒す ✳

（誰かがあなたに策を弄《ろう》したり、強制したり、あなたを管理したりしようとするのを防ぐ）

聖霊にお願いします
わたしと（人の名）のあいだの霊的な
結びつきがあればすべて断ってくださるように
これら霊的な結びつきは、今
切られ、高みに運ばれ、愛され、癒され
解放され、消えていきます

神の愛と真実の光のなかに
神性の存在に強くお願いします
わたしのためにならない
あらゆる否定や制限を消し去ってくださるように
今、あらゆる霊的な強制による否定を
追い払います
わたしの存在の真実を反映しない
思考や感情も追い払います
聖霊の力によって
今、それらは優しく高みに運ばれ、形を変え
変容します
わたしは今、心を開き
ポジティブで、命を支え
元気になる思考や感情を自由に得られます
わたしは今、自信を得る思考と表現の自由を
歓迎します
聖霊にお願いします　あらゆる強制を解放し
救世主の保護の愛と光でできた
美しい黄金色の領域をわたしの周囲に
打ち立ててくださるように
聖霊にお願いします

わたしの本当の心と気持ちに忠実でいられる
意志をくださるように
わたしは調和のなかにいます
わたしはしっかりしています
わたしは自分の人生において唯一の権威です
わたしは自分の存在の光によって神の保護を
受けています
わたしは自分のオーラと光の体を
わたしの神自身以外のすべてに対して閉ざします
神さまに感謝を　心からの感謝を

＊ 黒魔術の消滅 ＊

（闇のエネルギー、呪文、呪い、呪い石、トーテム、黒魔術を癒す）

トーテムや呪い石、鉱物、宝石の形を借りて
ことばや思考、サイキック・バンパイアの形を
借りて
魔方陣、呪文、魔術、呪い、黒魔術
そのほかのあらゆる霊的な強制をともなう策略を
通して

（人の名）がわたしのエネルギー・フィールドに
おいた霊体は
知られているものも知られていないものも
意識的なものも潜在意識のものも
そのすべてが
今、優しく癒され赦されるのを感じます
今、愛に包まれ、優しく高みに運ばれます
存在の真実に統合されます
神の愛、神の光、神の真実と
ひとつになります
愛する人、今、愛のなかへ
真実のなかへ進みましょう
あなたは祝福され、赦され、解放されます
愛のなかへ、光のなかへ
宇宙の救世主の完全性のなかへと
今、平和のなかへ、光のなかへ、愛のなかへ
平和のなかへ
神さまに感謝を　心からの感謝を

わたしの生徒のひとり、英国のジョシュア・ミンクイストは、自分にかけられた呪文か呪いの影響を感じると言ってきました。黒魔術を消滅させる祈りと、次にあげる契約からの解放を唱えたあとで、彼は次のようなEメールを送信してきました。〝ありがとう、スーザン。僕は今、力強い愛と黄金のエネルギーを体験しています。結びつきを断ったあとで、僕はあらゆる契約を破棄し、すべての呪いを赦しました。今はこれから先が楽しみです。二度ともとには戻りません〟

✳ 契約からの解放 ✳

人や霊、闇の力と思われるものとの同意、契約、誓いが霊的な網、締め金、檻などで生涯にわたりエネルギー・フィールドを縛ることがあります。そうしたエネルギーが自分や他人に影響していることに気づいたら、契約を消し去るために次のアファメーションを使いましょう。

イエス・キリストに
サーナンダさまに、聖なる母にお願いします
わたしが多次元的な存在のなかで
いつのときにか交わしてしまった

なんらかの形でわたしの完全性を制限するような
契約、同意、誓い、関わり
交換条件、取引、関係を
キャンセルし、解放し
ないものにしてくださることを
これらの関わり、誓い、契約、取引
交換条件、同意、関係は
今、崩れて、解放され、キャンセルされ
消えていきます
わたしという多次元的な存在の
あらゆるレベルでゼロとなり無効になります
イエス・キリストの名と力のもとに
サーナンダさまの名と力のもとに
聖なる母の名と力のもとに
わたしは、今、自由です
こうした契約の結果として発達した
枠、構造、回路
多次元的な鋳型は
わたしのエネルギー・フィールドの
すべてのレベルで
今、溶けて、崩れて、消えていき、解放されます

わたしは完全なる神の愛に向けて完全に開かれ
完全なる神の真実と共にあり
完全なる神の恩寵を受け入れます
神さまに感謝を　心からの感謝を

下位のエネルギーからの遮断

霊的な強制について過剰に心配したり、ひどく怯えたりしないことが大切です。恐れることはなにもありません。あなたを〝攻撃する〟邪悪なものはありませんし、〝悪い〟エネルギーが〝すぐそこに〟あるわけでもないのです。サイキック・バンパイアは他人に見られる弱さであって、その弱さがあなたの光と強さを餌《えさ》にするのです。自信のアファメーションなどのアファメーションと祈りを唱えつづけて、自信をつけていけば、聖霊に守られてあなたという存在の真実の性質――神の意識――のなかにしっかりとしていられます。下位のエネルギーを呼び込むことはありません。ですから次のようなアファメーションを唱えましょう。

わたしは神の光に満たされています
わたしの杯は満たされています
神の光がわたしのなかと周囲を満たしています
わたしは神の存在によって完全に満たされており
ほかのどんなものも、わたしの神性の存在のなかに
入ることはできません
わたしは完全です。わたしは神の強さに
神の力に、神の愛に、神の光に満たされています
神さまに感謝を　心からの感謝を

＊就寝前の祈り＊

次の祈りは就寝直前に唱えて、エネルギー・フィールドを強化し、睡眠中の霊的な攻撃やサイキック・バンパイアを防ぎます。この簡単な祈りは悪夢や断続的な眠り、睡眠中の目覚めを予防します。健やかに平和に眠ることができるでしょう。

わたしは神の愛へ心を開きます
わたしは神の愛の子です
わたしは救世主の光に満たされています
わたしは偉大なる力の
偉大なるエネルギーの、偉大なる善の、偉大なる栄光の、美しい存在です
わたしは神にお願いします
眠っているあいだ、救世主の意識のなかで
わたしを保護し
安全な場所で安心させてくださることを
神にお願いします
眠っているあいだ、わたしの周囲に
救世主の愛と光の美しい黄金の領域を
創造してくださることを
わたしを安全な場所で安心させてくださり
神と一緒にいさせてくださることを
神さまに感謝を　心からの感謝を

次の章では、否定的なエネルギー、信念、習慣、状態にあるメンタル・ボディを癒す効果的な方法を練習しましょう。

第11章

あなたの心が最大の敵？

精神体を癒す方法

自分の心はその扱いかたによって親友にもなれば敵にもなります。信念、習慣、状態、感情、意図をもとに自分の人生をつくりだしているのです。思考形態は自分自身だけでなく、他人にも影響を与え、ポジティブな思考はポジティブな経験を引き寄せ、ネガティブな思考はネガティブな経験を引き寄せます。

傷つく経験をしても殻《から》に閉じこもっていたら、精神的、肉体的成長を妨《さまた》げてしまいます。過去の体験を癒し、赦しの気持ちを忘れないようにしてください。

癒しの祈りで、心を閉ざす鎧《よろい》を脱ぎましょう！

〝非現実から現実へと導いてください！　闇から光へと導いてください〟

——ウパニシャッド

あなたの心があなたの最大の敵？　実はあなたしだいで、敵にもなれば親友にもなれるんです。心は、清潔で楽しい平和な住まいにもなれば、炎の燃え立つ地獄の住みかにもなりえます。外部の環境と逆境が心に重くのしかかるときには、平和な安息所は悪夢に変わるでしょう。それでもあなたには心を変容させ平和を取り戻す内なる力がそなわっています。祈りはこれを実現させる効果的な方法です。

心は、オーラ・フィールドのなかで精神体・感情体と呼ばれる場所にあります。この体は、透視能力者が見ると気分と感情によって変化する強い色の流れとなって見えるそうです。本章では、祈りとアファメーションの力を使って精神体を癒す方法を学びます。

精神体を癒す

精神体は思考形態（習慣的なパターンがあまりにも強いため凝結して固体になったもの）でできています。この思考の集合体があなたの人生体験を決めています。言い換えればあなたは信念、習慣、状態、感情、意図をもとに自分の人生をつくりだしているのです。あなたには自由意志があるのですから、〝あなたに〟起こることは自分に責任があります。実際は〝あなたに〟対して外部からものごとが起こることはありません。自分自身にものごとを起こしているだけです。

たとえばあなたがいつも〝わたしは太っている、太っている〟と考えていると、その思考が心に強く植えつけられます。そしてあなたの潜在意識は常に深く感じたことに対してハイと反応し、その意図を信じます。そこであなたが心に描いたそのままに、肥満が表面にあらわれるのです。

思考形態はあなた自身だけでなく他人にも影響を与えます。誰かと狭い空間に一緒にいるときに、その人のエネルギー・フィールドのせいで落ち着かなくなったり、興奮したり、今すぐ出て行かなければならないほどの、息の詰まったような気持ちになったことはありませんか？　否定的な思考形態はそうした不愉快なエネルギーを放っています。２４３頁の図11ａを見てください。否定的な思考形態や感情に満たされるとオーラがとげとげしてくるのです。不安定なエネルギー・フィールドの近くに寄った敏感な人はそのエネルギーに不快感を感じます。

自分のオーラ・フィールドを池だと考えてください。池の中心に石を落とすと、同心円を描いて、池の縁までさざなみが広がりますね。それから、さざなみは池の中心まで戻ってきます。同じように、あなたの思考形態もオーラ・フィールドから宇宙へ向けて広がっていき、発せられたときと同じようにあなたのところまで戻ってくるのです。

２４５頁の図11ｂと図11ｃを見てください。エネルギー・フィールドが肯定的で滑らかで安定していて、楽しく平和で穏やかで満足していて、のびやかで愛にあふれた思考や感情に満たされていれば、肯定的な体験を磁石のようにひきつけます。一方、エネルギー・フィールドが否定的で、憎しみや怒り、復讐や抑鬱《よくうつ》、混乱、不安、いらいら、とげとげしく有害な思考と感情に満たされているときは、困難で否定的な状況を引き寄せてしまいます。

図11ｃの女性の心は自分の敵のようにふるまいます。しかし、自分の親友になるように変容させることができるのです。思考形態の癒しの祈りは、あっというまに心を怒りから天国の楽園へと変えてしまいます。この祈りはどんなものも癒します――肉体的、精神的、感情的、そのほかあなたの人生にあるどんな問題でも。この癒しの祈りは簡単な決まり文句を使って自分の思考を自分でコントロールする方法なのです。

✳ 思考形態を癒す祈り ✳

思考形態の祈り（２４４頁）を声にして読むときには、最初の括弧《かっこ》のところで目を閉じましょう。自分が感じていることを確認するのです。否定的な感情や思考が出てきたら声に出して言ってください。それから２番目の括弧にきたらもう一度目を閉じて、最初の括弧のときに心に浮かんだ感情の反対語を口

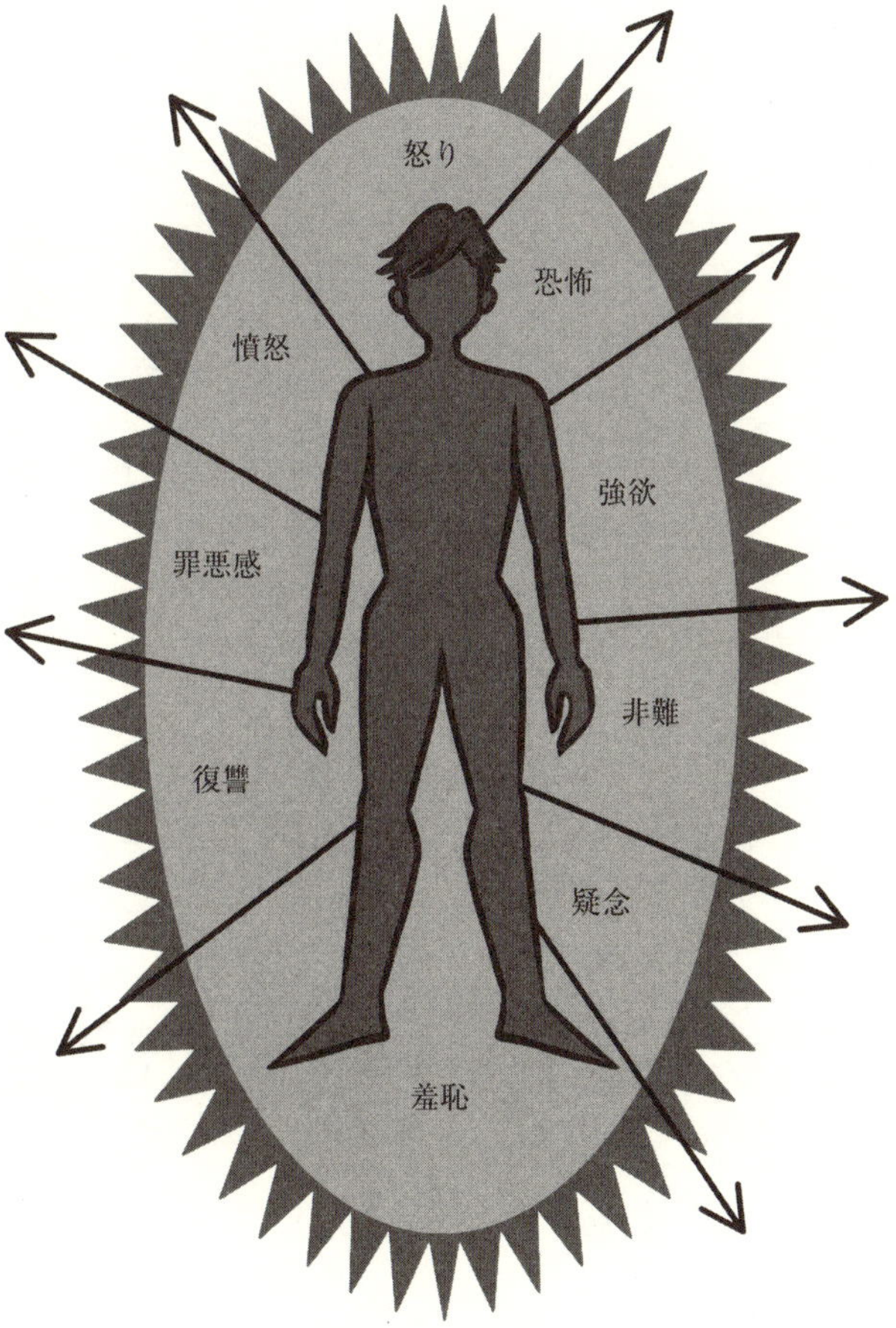

否定的なエネルギー (図11a)

人には自由意思があり、起こることは自分の意思の反映である。自分の思考、信念、習慣、状態、感情、意図などの思考の集合体が人生を決めているのである。否定的な思考形態は不愉快なエネルギーを放っていて、オーラがとげとげしくなり、エネルギー・フィールドは不安定になる。不安定で否定的なエネルギーは、外へ向けて発せられ、近くに寄った敏感な人に不快感を与える。自分の思考形態は、オーラ・フィールドから宇宙へ向かって広がっていき、発せられた時と同じように自分のところに戻ってくる。

にします。

否定的な思考とその反対になる肯定的な思考の例をあげておきます。この否定的な思考と肯定的な反対語の表（２４７頁図11ｄ）は２番目の括弧のところでなにを言うかを決めるのに役に立つでしょう。

思考形態を癒す祈りは、強くはっきりとした声で唱えてください。本書のすべてのアファメーションと祈りは信念と自信と確信を持って口にしましょう。アファメーションはどれも自分のためにも他人を癒すためにも使えます。
神聖なる存在にお願いします
わたしの役に立たない否定や制限をすべて消してくださいますように
今、すべての否定的な思い
（否定的な思いのリスト）を消し去り
わたしの存在の真実を反映しない
その他の思考や感情も消し去ります
聖霊の力のおかげで
それらは、今、優しく高みに運ばれ、形を変え
変容します
わたしは肯定的で、人生を支えてくれる
元気になれる思考や感情を抱くように
心を開き自由になります
今、わたしは（肯定的な思いのリスト）の思いを
歓迎します
わたしは調和がとれています
わたしは自分をよくわかっています
神さまに感謝を　心からの感謝を

✳ 普遍的な思考形態、パターン、信念の構造を癒す ✳

次の祈りは、否定的な思いや感情がとても強くなって、あなたのことを支配しそうになったらいつでも唱えてください。習慣や信念や思考は、それを癒すための祈りの力を使えば、決してあなたをコントロールすることはできません。祈りを声に出して読むとき、最初の括弧のところで目を閉じてください。思い浮かんだ否定的な感情や思考を声にして言いましょう。２番目の括弧にきたら、もう一度目を閉じて最初の括弧のところで思い浮かべた感情と反対の意味を持つことばを言ってください。

肯定的な思考（図11b）

エネルギー・フィールドが肯定的で、滑らかで安定し、楽しく平和で穏やかで満足して、のびやかで愛にあふれた思考や感情に満たされていれば、肯定的な体験を磁石のようにひきつける。

否定的な思考（図11c）

エネルギー・フィールドが否定的で、憎しみや怒り、復讐や抑鬱、混乱、不安、いらいらと、とげとげしく有害な感情に満たされるときは、困難で否定的な状況を引き寄せる。

聖霊よ、どうぞいらしてください
完全なる、愛に満ちた、真実の聖霊
どうか、今この状況のなかで真実を曇らせ
真実を覆っている、思考形態、思考パターン
思考構造があれば
すべて消し去ってください
聖霊の持つ救世主の癒しの光で
わたしはあらゆる否定的な思考形態を
構造を、パターンを、信念の体系を溶かします
真実の光は、この状況、場所
これに関連する意識の状態の中にある
否定的なものを
あまねく照らして、光で満たします
あらゆる思考形態、思考パターン
思考概念は
今すべて簡単に、なんの努力もなしに
溶けていきます
聖霊の持つ救世主の癒しの光のおかげです
そしてその原動力の法則のおかげで
それらが本来あるべき無へと返っていきます
この聖霊の力のおかげで、それらは今

高みに運ばれ、癒され、善へと変容し
消えていきます
(解放のため深呼吸をしてください)
今、あらゆる(否定的な思考のリスト――これが第
一の括弧です)の思考形態を
聖霊が覆い、その上に輝き、高みに運び、
神の真実の(肯定的な反意語)の原型へと
形を変えます
それらは今、聖霊の力と
原動力の法則のおかげで
高みに運ばれ、形を変え、変容します
わたしは今、心をしっかりと持っています
今、力がみなぎっています
聖霊の光のおかげで
聖霊の昂揚《こうよう》させる力と
わたしのなかの救世主のおかげで
わたしは神に守られ、高みへと、真実の
より力強い救世主の意識の生を持つ存在へと
導かれます
ここで、たった今
神さまに感謝を　心からの感謝を

否定的な思考と肯定的な反対語 (図11d)

否定的な思考	肯定的な反対語	否定的な思考	肯定的な反対語
怒り	赦し	糾弾	賞賛
悲しみ	幸福	強制	寛容
罪悪感	自分への赦し	軽視	尊敬
非難	自己責任	執着	解放
仰うつ	楽しみ	消耗	活力
憎しみ	愛	欲求不満	無抵抗
自己嫌悪	自尊心	動揺	静謐
貧困	豊かさ	心配	平穏
恐怖	勇気	回避	責任
復讐	赦し	圧力	臨機応変
不安	自信	重荷	解放
内向的	外向的	嫉妬	善意
拒否	自己受容	完璧主義	自己愛
疑念	信頼	せっかち	忍耐
喪失	完全性	過ち	赦し
依存	自己の威信	我儘	利他主義
病気	健康	悲嘆	慰め
硬直性	柔軟性	混乱	明快
自己本位	謙虚	老化	若さ

ラクシャサの癒しの祈り

古代インドの経典に描かれているラクシャサは、強烈なエネルギーでできた悪意の思考形態で、それ自体が生命を持っています。ラクシャサの例としては、車、洗濯機、コンピューターなどを呪う人によって、機械的物質のなかにつくられた霊が挙げられます。デビル、サタン、ルシファー、そのほか想像上の悪魔的存在は強度に集中した集合的信念と思考形態によって命を与えられています。ラクシャサを癒す祈りは次のとおりです。

今、あらゆる悪魔的なエネルギー
思考形態、ラクシャサが
優しく癒され赦されます
神の愛に包まれて高みに昇っていきます
今、溶かされ、癒され、解放され
本来あるべき無へと　消えていきます
わたしを動かす力はありません
わたしの生をコントロールはできません
今、わたしをつかんでいた手を解放するように
命令します
もうわたしを、わたしの生を勝手にすることは
できません
神の光のもとへ行くように命令します
神と共に行き、無のなかへ溶けてしまいなさい
平和と愛に包まれて　出発しなさい
神様に感謝を　心からの感謝を

過去の体験を癒す

あなたのエネルギー・フィールドは過去の体験や記憶——今生《こんじょう》から、そして以前の生からの——の重荷を引きずっています。これらはコンピューターのハード・ディスク・ドライブがデータを蓄積するように、潜在意識の精神体に蓄積されています。ここでは、過去を解放して、エネルギー・フィールドを偽の責任、罪悪感、非難、憤怒という過去のくびきの重さから自由にしてやりましょう。

✳ 過去の体験の癒し ✳

あらゆる体験、核心、記録、記憶、影響は
無制限の変容をうながす菫色の炎によって
形を変え、純粋な愛と光に変容します
わたしはまっさらな石板を持ち
そこに新しい体験を書き入れます
わたしは心を一新して、今、変わります
過去への扉を、開口部を、穴を、今、閉じます
わたしの愛の波動は非常に高く
わたしはあらゆる過去の重荷と、偽の責任から
すべて自由になります
わたしは神／女神の偉大なる愛、光、栄光です
神さまに感謝を　心からの感謝を

✳ 消し去る祈り ✳

過去にこだわっているとき、エネルギー・フィールドは暗く根深く固定化したエネルギーで雑然としています。こうした波動を消し去ると、オーラの周波数は高く、美しくなります。この祈りが役に立つでしょう。

くたびれたもの、絶望的な状態
役に立たないアイデア、くだらない関係を今
消し去ります
わたしの心、身体、関係、家計
あらゆる事柄で、わたしの世界で
聖霊の力と
わたしの中にある救世主の意識のおかげで
神の正しい秩序と神の正しいタイミングが
今、確立され、維持されます
神性の循環がわたしの生のなかで働き
わたしの生にあるあらゆるものは
そこに流れ込むものも、そこから流れ出るものも
なにもかもが神の秩序にそっています
わたしは穏やかで、調和がとれていて
落ち着いています
今、神の独自の知恵と完璧な方法のおかげで
その状態にあるのです
神さまに感謝を　心からの感謝を

✳ 赦す祈り ✳

赦すことのできないエネルギー・フィールドには、

霊的な結びつきや網、そのほか暗い異常があって、あなたを過去のトラウマや憎しみ、怒りへと縛りつけています。あなた自身やほかの人や人生の状況を本当に赦すと、縛りつけていたものがゆるんで、あなたのエネルギー・フィールドはあっというまに高みへと運ばれていきます。赦すことで状況は恩寵《おんちょう》の法則に委《ゆだ》ねられます。これは生涯にわたり続く、最高に重要なプロジェクトなのです。本物の赦《ゆる》しがなければ、どんな人生も幸福にはなれませんし、完全な達成感を得ることもありません。

　次の赦す祈りを毎日最高30分間唱えて、あなたの霊的な成長に多すぎるほどのエネルギーを与えましょう。これはとても効果があるので、多くの人には一日5分くらいが適量だと思います。

聖霊の力のおかげで
わたしは理解し、宣言します
わたしに害を与え、わたしをつかまえていたもの
すべてを
赦し解放することを
内にあるものも外にあるものも
わたしは赦し解放します
過去のこと、現在のこと、未来のこと
そのすべてを
わたしは赦し解放します
赦しと解放を必要としているかもしれない
すべての物、すべての人、すべての場所を
赦し解放します
救世主の力を通して
わたし自身も赦します
すべての人、すべてのこと
過去、現在、そして未来を完全に赦し解放します
そして過去、現在、未来に出会い
わたしを赦す必要のある
わたし自身も含めた
すべてのこと、すべての人は、今
わたしを赦します
これは今、イエス・キリストや
わたしのなかの救世主、わたしたち全員のなかの救
世主の力によっておこなわれます
わたしは自由で、関わっている人や物も今
すべて自由です

だからわたしたちのなかでは
すべてのことが完全にすっきりしています
今も、これから先もずっと
それは、今も、これから先もずっと
神さまの独自の知恵と完璧な方法による恩寵に
あるからです
神さまに感謝を　心からの感謝を

✳ 赦し癒すチャント ✳

この癒しのアファメーションは、どんな人でも集団でも状況でも赦すことができます。完全に終わったと感じるまで、必要なだけこのアファメーションを唱えましょう。自分が導かれていると感じるかぎり、親や配偶者、子供などの特定の人間関係や状況に対して働きかけることができます。生涯にわたって困難を感じている関係の場合、1年、あるいはそれ以上これを必要とすることもあるでしょう。

わたしのなかの救世主が
わたしの赦し解放する力です
（人の名）のなかの救世主が
その人の赦し解放する力です
わたしのなかの救世主が
わたしの赦し解放する力です
（人の名）のなかの救世主が
その人の赦し解放する力です
わたしは自由で、（人の名）も自由です
だから、わたしたちのあいだのあらゆることが
浄化されます
今、そしてこれから先もずっと
恩寵のもとに、完璧な方法で

✳ ファサード・ボディの癒し ✳

ファサード・ボディとは非常に強く持っている一連の信念で、鎧《よろい》、仮面、見せかけの外観をエネルギー・フィールドのなかにつくりだしています。自分の考えにとらわれた人々は、エネルギー・フィールドを取り巻く分厚いベルトや鎧のある、濁ったオーラを持っています。そうしたオーラは愛の波動を閉ざし、愛が入ってくることも出ていくことも許しません。この場合、その人は愛されているとも愛しているとも感じられないのです。母親の純粋で無条件

な愛でさえ、そうした防御シールドには跳《は》ねつけられてしまいます。感情は抑圧されます。優しい思いや願いは遮断《しゃだん》されます。オーラ・フィールドが、牢《ろう》獄《ごく》や檻《おり》のような異常を見せることすらあります。

　次の祈りを唱えるまえに、自分が癒したい一連の思い込みはなにかをはっきりさせましょう。例えば、貧困、無価値、優越感、劣等感、権力意識、臆病、肥満、神経過敏、強情、怒りのファサード・ボディや、その他の仮面を身にまとっていたとします。ファサード・ボディをひとつ選択し、それに〝犠牲〟〝独善〟〝自己憎悪〟などそれを表現する名前をつけます。それからその名前を祈りのなかの適切な括弧に入れましょう。

聖霊にお願いします
優しい真実と愛の光で
わたしのなかにある（ファサード・ボディの名）の
ファサード・ボディを照らしてください
わたしの周囲にある（ファサード・ボディの名）の
ファサード・ボディは
今、そっとひび割れ、ぼろぼろに崩れ
溶けて、癒され、解放され
聖霊とイエス・キリストによって消えていきます
神の愛と真実の光のなかへと
わたしの魂に
わたしなかの救世主とわたしの個人我に
お願いします
真実の神のパターンと魂の表現で
この空間を埋め、わたしを埋めてくれるように
このことに関しては、神さまのなすがままに
神さまに感謝を　心からの感謝を

＊過去の精神体の癒し＊

　あなたが勝手にさせておくかぎり、過去の人生があなたを支配します。どんなに深く傷ついたことであったとしても、過去の経験は癒すことができます。過去の体験の遺物はオーラのなかに精神体となってあらわれます。透視能力者はオーラのなかに過去の顔や身体を見たり、あなたの顔や身体に以前の顔や身体が重なっているのを見たりすることがあります。

　過去からの強い信念や偏見にもとづく意見を述べると、以前の身体の外見が、そのときの衣服をまと

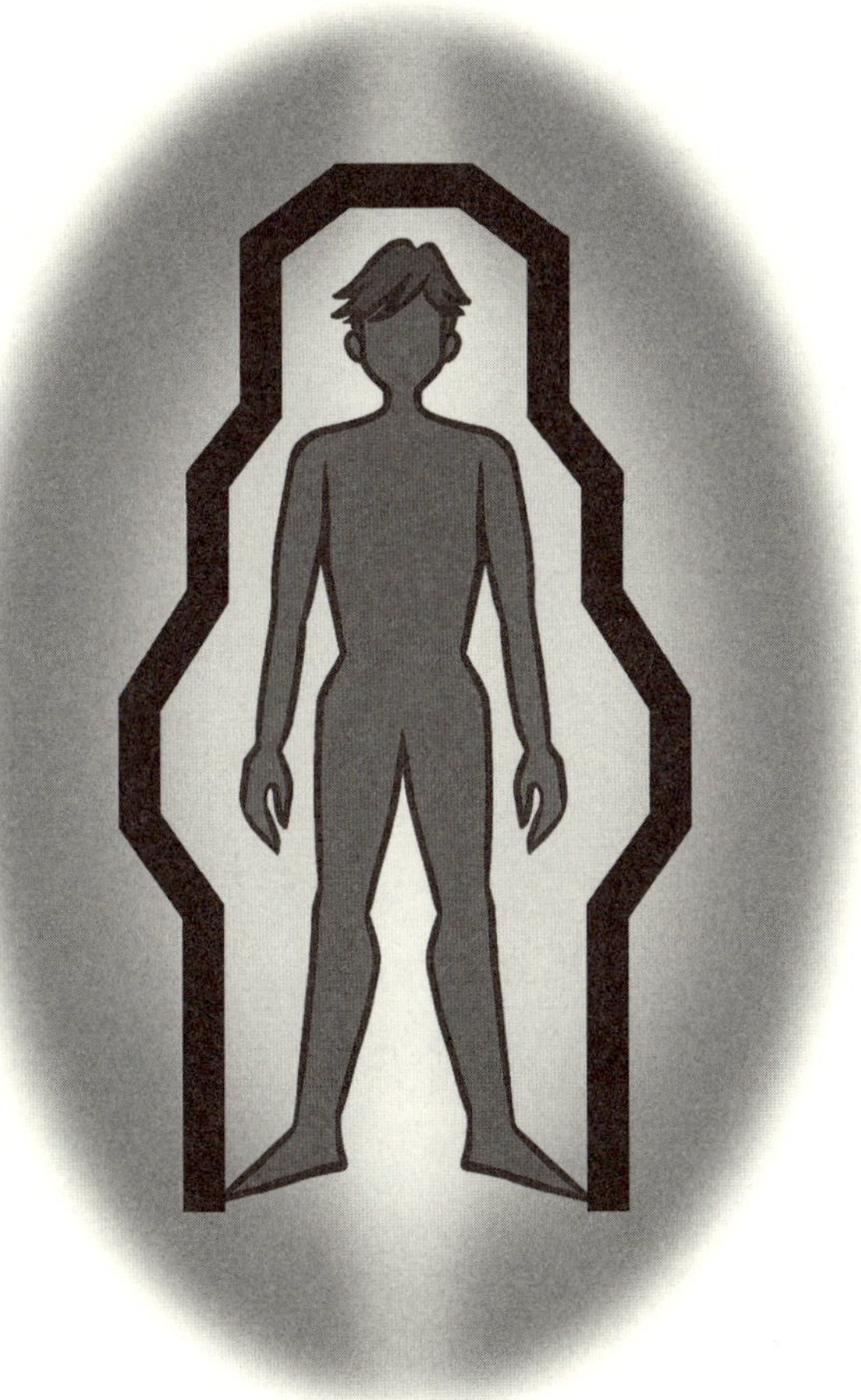

ファサード・ボディ（図11e）

ファサード・ボディとは自分の考えにとらわれた人々が持っている一連の信念である。鎧、仮面といった見せかけの外観を、エネルギー・フィールドのなかにつくりだし、濁ったオーラを持っている。ファサード・ボディのオーラは愛の波動を閉ざし、愛されているとも愛しているとも感じられず、感情は抑圧され、優しい思いや願いは遮断される。

ってエネルギー・フィールドにあらわれることがあります。会話が変わると、その姿はオーラから消えます。同様に、子供のころに学習した偏見や強い信念を表明すると、親の姿がオーラの肩のあたりに漂うことがあります。こうした精神体を癒す祈りは次のとおりです。

わたしに悪影響を与えた
過去の精神体のすべてが
今、優しく高みに運ばれ
神の愛の光へ向かいます
あなたは神の真実の光に満たされます
罪悪感、羞恥、混乱、恐怖があればすべて
赦されます
あなたは過去から解き放たれ
先へ進むことができます
わたしを縛るような影響力はもうありません
わたしを過去の生に縛っていたすべての
結び目と紐とを
今、解きます
それらは浄められ、高みに運ばれ、切られ
解かれ、解放され、消えていきます
過去の生の精神体は、今
自由に神の光のもとへと移動できます
平和と愛に包まれて、出発しなさい
神さまに感謝を　心からの感謝を

霊の殻を癒す

この最後の癒しの祈りは、徹底的な霊の手術とでも言うべき上級向けの方法です。あなたの存在を〝霊の殻〟に閉じこめてしまった深刻な思考パターン、思考構造、習慣を癒し高みに運ぶためのものなのです。〝霊の殻〟とは、生涯にわたって続いてきた習慣、パターン、考え、状態の上につくられた、複雑で多層、多次元の信念が構造化したものを指します。この殻は精神的・物質的進歩を妨げます。しかし霊の殻もこの深遠な祈りを唱えて癒すことができます。

この祈りを唱えるまえに、意識のなかで、聖霊には大きすぎる仕事も小さすぎる仕事もないということを理解しておいてください。意識のなかで、聖霊が霊の殻全体と、その霊の殻のなかに閉じこめられた思考世界を癒してくれることに注意を向けてください。

聖霊は今、すべての霊の殻、思考形態、支える思考構造、信念体系、殻のなかにある思考世界、そしてそれと関係するすべてのこと、すべての人を真実の光で照らしています。わたしは、これがこの癒しのプロセスの間中ずっと、次元を超え、時間を超えて真実であることを理解しています。

聖霊は無限に大きく無限に小さいものです。わたしは、聖霊には大きすぎる仕事も小さすぎる仕事もないことを理解しています。わたしは霊の殻を、思考形態を、支える思考構造を、信念体系を今、完全に癒すことを宣言します。これは、神の独自の知恵と完璧な方法で、神の恩寵と共になされることです。

聖霊に、真実と完全の霊にお願いします。（人の名）に影響を与えている、あらゆる霊の殻、思考形態、支える思考構造、信念体系で癒すべきもの、癒しを必要としているものを、真実と完全性の光で満たしてください。わたしはこれらの霊の殻、思考形態、支える思考構造、信念体系が単に思考の歪んだ構造であることを理解し、そうであることをここで宣言します。その大きさ、深さ、強さ、期間の長さは、聖霊、イエス・キリスト、そして救世主の意識の癒しの力の前にはなにもないに等しいものです。

この霊の殻、思考形態、支える思考構造、信念体系は、聖霊、イエス・キリスト、救世主の意識の力によって、今、ここで、無力になり、無意味になり、無効になります。この癒しに関係するすべての人や物、癒されるものも癒すものも、普遍の救世主の心とひとつになるのです。わたしたちは、全能のわたしのなかの神の存在とひとつになり、昇りゆくサンジェルマンの菫色の炎とひとつになります。わたしたちは宇宙の原理、救世主の意識のすべてを超越し、愛に満ちた完全性とひとつになります。わたしたちは全能のわたしのなかの神の存在と、今、ここで統合されます。わたしたちはすべての次元を含む神の意識とひとつです。神の恩寵と完璧な方法のもとに。

これら霊の殻、思考形態、支える思考構造、信念体系が優しくなにもかも、完全にそして静かに、高みに運ばれ、癒され、赦され、解放されることを理解し宣言します。それらは黄金色、黄色、銀色、白色の大天使と神の火と、聖霊と大天使ミカエルと神の大天使たちの光に満たされ囲まれます。神の恩寵と完璧な方法のもとに。

今、霊の殻、思考形態、支える思考構造、信念体系は完全に癒されます。それらは優しく燃やされます。聖なる光で満たされます。黄金色、黄色、銀色、白色の大天使と神の火と、聖霊と七光線の大天使の光によって高みに運ばれ、変容されます。七光線の大天使とは、大天使ミカエル、大天使ガブリエル、大天使ラファエル、大天使カミュエル、大天使ザドキエル、大天使ウリエル、大天使ヨフィエルです。

それらは、七光線の大天使の完全性、光、癒しによって優しく高みに運ばれ変容します。全能の父であり母である神、イエス・キリスト、聖霊の存在の、完全性、光、癒しによって優しく高みに運ばれ変容します。神の恩寵と完璧な方法のもとに。

霊の殻、思考形態、支える思考構造、信念体系は、優しく高みに運ばれ、癒され、赦され、解放されます。それらは黄金色、黄色、銀色、白色の大天使と神の火と、聖霊と七光線の大天使の光によって高みに運ばれ、癒され、赦され、解放されます。すべての天使と大天使たちと完全な調和と協力を保つ神の意識が、今、この癒しを完成させます。霊の殻、思考形態、支える思考構造が、神の恩寵と完璧な方法のもとに完全に癒されたことをここに宣言します。神さまに感謝を。心からの感謝を。

次にこれらの殻を癒したために持ち上がったことがあれば、追加の癒しをおこないましょう。

この祈りと最後の3つの章にあるほかのいくつかの祈りは、わたしの大切な師であるリッチ・ベルによって開発されたものです。もうその肉体のなかにはいない人ですが。癒しの祈りを唱えることに関してもっと詳しくしりたいときは、わたしの著書"Divine Revelation"を読んで勉強し、講座かセッションに参加してください。教師のリストはwww.divinerevelation.org/Teachers.html.にあります。またはwww.divinerevelation.orgにある通信講座を申し込んでください。

次の章では、神の光、愛、真実、恩寵のもとにエネルギー・フィールドを活性化、強化、向上させ、満たすことのできる、より深い祈りを学びましょう。

第12章

祈りの治癒力

オーラ・フィールドを浄化させる方法

祈りの力でオーラは浄化できます。神の愛の波動につながることで、エネルギー・フィールドから、恐怖、痛み、抑鬱《よくうつ》を消し、どんな状況も癒せるのです。

祈りの治癒力によって、オーラ・フィールドを浄化させましょう！

〝大きな闇を追い払うのに必要なのは、ほんの小さな光だけだ〟

――作者不詳

神の変容の道具と常に接触していると、神と意識的な連合状態にあるので、どんな状態でも癒せるようになります。この道具とは、神の愛、神の光、神の真実、神の恩寵です。ここで紹介する祈りは、あなたを神の愛の波動に置くことによって、エネルギー・フィールドから恐怖、痛み、抑鬱《よくうつ》を消します。この効果の大きい、元気の出る祈りを唱えるとあなたのオーラの波動が驚くほど高くなるでしょう。

ここで紹介する祈りを実践するときには、気持ちを心臓に集中します。深く息を吸い込み、普通に話すときの声で祈りを唱えてください。あるいはカセットテープやCDに録音してから、楽な姿勢ですわり、目を閉じて、力を抜いて、テープやCDを瞑想の案内として聴いてもいいでしょう。

この祈りを書いたのは、アイオワ州フェアフィールドに住むTransformational Prayer®（神のまだあらわれていない完全性へあなたを目覚めさせる体系）の創設者、コニー・ヒューブナーです。

✳ 神の光の祈り ✳

神の光が今、わたしに注いでいます。神の光がわたしのエネルギー・フィールドのあらゆるレベル、最も濃いところから最もエーテルに近いアカシックなところのあいだにあるあらゆる場所を、次元も時間も何もかもを超えて満たします。神の光がわたしのなかで今、開きます。わたしは神の光を、時間を追うごとにどんどん受け取ります。神の光はわたしのエネルギー・システムのなかにあるあらゆる限界を癒し、わたしを完全へと目覚めさせます。神の光は不調和なエネルギーをすべて解放し、わたしのエネルギー・システムに神の光がもっとあふれるよう、わたしを神の真実に目覚めさせます。

わたしは、わたしのうちにある神の光を受け入れ、わたしのシステムのなかで神の光がその存在を増し、わたしのエネルギー・フィールド全体を輝かせてくれることを理解します。わたしのエネルギー・システムのなかで、あらゆる創造物のなかでも最も珍しく繊細な質を持つ光が働きはじめ、聖なる光の波動と調和するようにわたしのエネルギー・フィールドを高めてくれます。

聖なる光の波動は、わたしの多次元的なエネルギー・システムのなかに完全性をつくりだしています。聖なる光の波動が今、わたしのエネルギー・システム全体の中で目覚め、それを高みに運び、浄化し、自由にすると同時に、聖なる光の波動はわたしのエネルギー・システムが真実を知るようにしてくれます。聖なる光の波動は、わたしのエネルギー・システムのなかでその存在を増していています。神の光が今、わたしを満たし、わたしにもっと光を与えてくれます。

わたしは神の光のなかで、高みに運ばれ、開かれ、浄化され、自由になります（このフレーズは数回繰り返してもかまいません）。

神の光が源泉からあふれ、わたしのエネルギー・フィールドのあらゆるレベルにあふれます。わたしの多次元的なエネルギー・システムを神の光だけが包み、わたしの多次元的なエネルギー・システムに神の光だけがあふれている状態になるまで、それは続きます。

わたしは光に満たされます
わたしはもっと多くの光に満たされます
わたしは聖なる光を知っています
わたしは聖なる光がわたしの多次元的なエネルギー・システムすべてに完全に共鳴し
神の光でわたしを満たすことを認めます
わたしは今、多次元的にもそれ以外でも神の光です
わたしは神の光のなかに生き
神の光を何度も何度も増やしていきます
神さまに感謝を。心からの感謝を

✳ 神の真実の祈り ✳

神の真実がわたしのエネルギー・システムの完全性のなかで、今、目を覚まします。真実は真実だけを知り、わたしのエネルギー・システム全体に真実を共鳴させ、真実でないものを自由にしま

す。神の真実は完全なるものを知り、わたしを神の真実の完全なるもので満たします。わたしの多次元的なエネルギー・システムのなかにあるあらゆる真実でないものは自由になり、消えていき、真実のなかで目覚めます。神の真実は、わたしのエネルギー・システムのなかで完全で完結していて、真実のなかでわたしを癒します。真実は完全なるものを知り、完全なるものがわたしのエネルギー・システムいっぱいに存在することを認めます。

神の真実はわたしをよく知り、わたしを真実で満たします。真実は完全なるもののなかで、わたしのエネルギー・システム全体を通して何度も何度も開き、わたしのエネルギー・フィールドのあらゆるレベル、あらゆる場所、あらゆる点にあるすべての真実でないものからわたしを自由にしてくれます。わたしは神の真実の完全なるものに包まれて癒されます。わたしは神の真実の完全なるものです。

神さまに感謝を。心からの感謝を。

✳神の愛の祈り✳

完全なる神の愛が、今、わたしのエネルギー・フィールドにふりそそぎます。生き生きと輝く神の愛の存在が、今、わたしのエネルギー・フィールドを満たします。神の愛の輝く存在が、わたしのエネルギー・システムのあらゆる場所を動き回っています。神の愛はわたしのエネルギー・フィールドにあふれています。神の愛は今、わたしのエネルギー・フィールドのなかで時を追うごとにその存在を増し、強くなっています。生き生きと活動的な神の愛のエネルギーは、わたしのエネルギー・システムのなかで欠けていたり制限されていたりするすべてのエネルギーを、次元を超え、時間を超え、何もかも超えて浄化し、開かせ、変容します。わたしのシステムは神の愛の生命エネルギーへどんどん開かれていきます。活力に満ちた神の愛の生命エネルギーが、わたしのシステムのなかにある不調和や、限界のあるすべてのエネルギーを変容させます。輝く生き生きとした神の愛は、あらゆる誤った条件づけ、誤ったパターン、制限的な信念のシステム、制限的な自己像を変容します。

神の愛はわたしのエネルギー・フィールドのなかで輝いています。神の愛はわたしのエネルギー・フィールドのなかでその存在を増しています。神の愛の生命エネルギーが、わたしのエネルギー・システムのなかで脈動し、それは創造主の心拍と完全に同調しています。わたしのエネルギー・システムは神の愛と共に輝いています。

わたしのエネルギー・システムのなかの神の愛の力強い脈動が、わたしのシステムのなかにある限界や不調和のすべてを、今、浄化し変容します。わたしは神の愛の完全なるものと共にあります。

神さまに感謝を。心からの感謝を。

✳ 上昇する光の祈り ✳

上昇する光の波動が今、わたしのエネルギー・システムに入ります。上昇する光の波動は、わたしの多次元的なエネルギー・システムのあらゆるレベルのなかへと入ってきます。上昇する光の波動が、わたしのエネルギー・システムを満たします。上昇する光がわたしのシステムのあらゆるレベルで共鳴し、さらに多くの上昇する光で満たします。

上昇する光の波動が、わたしのエネルギー・システムのなかにある先祖伝来のパターンを高みに運び、取り払います。上昇する光の波動はわたしのシステムをあらゆる制限的なエネルギーや波動から自由にしてくれます。上昇する光の波動はわたしのエネルギー・システム全体を満たして、わたしを上昇する光へと運んでくれます。わたしのシステムのあらゆるレベルが上昇する光を受け取ります。わたしは上昇する光と共に輝き、上昇する光はわたしのエネルギー・システムのなかで時を追うごとにその存在を増していきます。

わたしの限られたDNAのパターンは上昇する光の波動のなかで解放されます。上昇する光の波動がわたしのDNAシステムを満たし、古い制限的なパターンを解放し、わたしのDNAシステムを上昇する光で満たします。上昇する光はわたしのエネルギー・システム全体で脈動しています。上昇する光はわたしを癒し、高みに運び、浄化し、わたしにもっと多くの上昇する光を与えてくれます。

上昇する光がどんどんわたしのエネルギー・システムにそそがれています。わたしのエネルギー・システムは、上昇する光のなかで共振し、上昇する光へと昇っていきます。わたしの多次元的なエネルギー・システムは上昇する光を知っています。わたしの多次元的なシステムのなかのあらゆる分子、細胞、原子、素粒子、場所、空間が上昇する光を受け取ります。わたしのシステムは上昇する光へと昇っていきながら、上昇する光のなかで何度も何度も開かれます。

神さまに感謝を。心からの感謝を。

✳ 神の恩寵の祈り ✳

わたしは完全なる神の恩寵が、わたしのエネルギー・フィールドを完全に満たしていることを知っています。神の恩寵がわたしのエネルギー・フィールドに注がれ、わたしの多次元的、多時期的、その他のエネルギー・システムのあらゆる場所を神の恩寵の存在で満たしています。神の恩寵がわたしのエネルギー・システムのあらゆるレベル、最も濃いところから最もエーテルに近いアカシックなところ、さらにその向こう、そしてそのあいだにあるすべての場所で開かれています。

神の恩寵が、わたしのエネルギー・フィールドに入り込み、神の恩寵の聖なる存在で満たし、飽和させます。神の恩寵は、わたしのエネルギー・システム全体のあらゆる原子、細胞、分子、素粒子、場所、そして空間のなかで、今、開かれ、完全なる神の恩寵がどんどんわたしを満たしていきます。神の恩寵は今、神の恩寵に包まれているわたしを開き、浄化し、バランスをとり、高みに運び、癒し、自由にし、抱きしめてくれます。完全なる神の恩寵はどんどんと、その完全性を完全のなかに注ぎ込み、完全なる神の恩寵をより完全にしていきます。

完全なる神の恩寵のなかで、わたしは高みに運ばれ、開かれ、浄化され、自由になります（このフレーズをすっきりするまで繰り返してください）。恩寵のもと、神の最も賢く完全なる方法でこれが起こるのです。

神さまに感謝を。心からの感謝を。

コニー・ヒューブナー先生は、Transformational Prayer®とDivine Mother Church（神性の母の教会の意）の創設者です。チャペルヒルにあるノースカロライナ大学で学士号を、マハリシ・ヨーロッパ研究大学で修士号を取得し、超越瞑想の教師を30年務めました。Transformational Prayer®についてもっと知りたい方は、www.transformationalprayer.com.のサイトをごらんください。コニー・ヒューブナーはwww.divinerevelation.org/Teachers.htmlのサイトで推薦されている教師のひとりでもあります。

次の章では、オーラ・フィールドを拡大し強化するために、色と音の奥深い波動を利用する方法を学びましょう。

第4部

エネルギー・フィールドの強化

第13章

色と音を利用する

波動エネルギーのレベルアップ

オーラの色とエネルギーは、内面の思考や感情と、周囲の色や光の影響で決まります。色には固有の特徴があり、人に影響を与えます。オーラの発色が乏しい人は病気や死を呼び寄せやすく、色調が悪いとエネルギー・フィールドが損なわれます。色のバランスが偏《かたよ》っていたら、反対側の周波数を持つ色を浴びることで調和を保つことができます。

自分のエネルギーを向上させるには、色の波動の特性を生活の中で生かし、マントラを唱え瞑想することが効果的です。

色と音を利用して、波動エネルギーを上げましょう!

〃太陽に顔を向ければ、暗闇はない〃

――アマール・ジョティ

インドと中国では何千年にもわたり、人々は色と音のセラピーで癒されてきました。古代エジプトの癒しの寺院では特別な形と色をした部屋が癒しの波動を強化していました。紀元前500年、ギリシャの哲学者ピタゴラスは、患者の治療に色と音楽のセラピーをおこないました。調和のとれた癒しの波動をつくりだすマントラ、祈り、シード・サウンドが多くの宗教的な伝統のなかで唱和されてきました。

エネルギー・フィールドは波動と光でできているので、光や音によって最も大きく変わります。本章では、エネルギーを強化する方法としての色と音のセラピーをご紹介しましょう。

色の反応

あなたの好きな色は一日を明るくしてくれますか？　惹かれる色、嫌悪感を感じる色がありますか？　あなたはたぶん衣服やインテリアに自分の好きな色を選んでいることでしょう。それは、異なる色からはそれぞれ固有の周波数を持つ波動が放出されているからです。この色はエネルギー・フィールドに肯定的に働くこともあれば、否定的に働くこともあります。

オーラのなかの色とエネルギーは内面の考えや感情だけで決まるものではなく、周囲の光や色も影響します。色が枯渇《こかつ》していると病気や不調和、死につながることさえあります。長期間、暗い部屋に閉じ込められた人々は弱くなり病気になります。特定の色の波動を浴びると、力を増幅させ健康になります。あなたの色のバランスがスペクトルの片方の端に偏りすぎているときは、反対側の周波数を持つ色を浴びることによって調和を保てます。

色には固有の特徴があり、基本的に3つの形で人に影響を与えます。それは暖かい、中立、涼しい、の3つです。赤、オレンジ色、黄色は暖かい刺激的な色で、あなたに迫ってきて大きく見えます。明色もやはり近く大きく見えます。交通標識に黄色と赤が使われているのはこの理由からです。緑は中立色です。青、藍、菫色は涼しげな穏やかな色で、あなたから遠く小さく見えます。暗色もやはり遠く小さく見えます。

心の落ち着く穏やかな環境のエネルギーをつくりだすには、涼しい色を使いましょう。南側に面した日当たりのよい部屋は、そうした色を使うことで落ち着かせることができます。わくわくする感じや明るい感じを出すためには、暖かい色を使いましょう。北側に面した部屋はそうした色を使って暖かい感じにすることができます。

インテリアや衣服に調和のとれない色を使ったり、色を使いすぎたりするとエネルギー・フィールドは圧倒され、疲弊《ひへい》してしまいます。強度をやわらげ、中間的な感じにするには色相環の正反対にある、補色を加えるといいでしょう（173頁の図8bを参照のこと）。または白を加えてもいいでしょう。こうすると明度があがり、強度が下がります。黒は明度も強度も下げます。ざらざらした表面は色の強度を下げ、つるつるした表面は色の強度を上げます。

色で癒す方法

20世紀半ば、米国のある裁判官が法廷に薄く明るい楽しい色を塗るように要求しました。その裁判官によれば、明るい色は正しい考えを導き出し、暗い色はひねくれた考えになるので、法廷はよい気分を引き出さなければならないというのです。彼は暗く陰気な法廷に来る日も来る日もすわっていれば、どんな人も犯罪者になってしまうと信じていました。そしてこんなふうに語っています。〝白、クリーム色、薄い黄色、それにオレンジ色が、最も健全な色である。そこに自然のなかで支配的な薄緑色をつけくわえてもいいだろう。黒、茶、深紅は、犯罪のひきがねになる――（英語では）怒っている人は赤を見るっていうからね〟

食べ物、サングラス、衣服、自宅の内装、職場の内装の色は大きな影響を与えます。青、藍、菫色に

色の効果・特性 (図13a)

色	極	効　果	特　性
赤	陽：男性	刺激する、活性化する、	アルカリ、
オレンジ色	陽：男性	温める、膨張する、	非電気的、
黄色	陽：男性	体温を上げる	磁気的
緑色	中立：中性	調和をとる、癒す、統合する、なだめる	中立
青	陰：女性	制限する、遅くする、	酸性、電気的、
藍色	陰：女性	冷やす、収縮する、	非磁気的、
菫色	陰：女性	体温を下げる	収斂性

赤、オレンジ色、黄色には活発で外交的な気分にさせる効果があり、青、藍色、菫色には内省的・思索的な気分にさせる効果がある。緑は完全に調和がとれていて、刺激作用も鎮静作用もない。

色と曜日・宝石 (図13b)

色	星	曜日	宝　石
赤	太陽	日曜	ルビー、レッドガーネット
オレンジ色	月	月曜	真珠、ムーンストーン
黄色	火星	火曜	紅珊瑚
緑色	水星	水曜	エメラルド、ペリドット
青	木星	木曜	イエロー・トパーズ、イエロー・サファイア
藍色	金星	金曜	ダイアモンド、ジルコン
菫色	土星	土曜	ブルー・サファイア、ブルー・トパーズ、アメシスト

色と曜日、宝石は対応しており、その曜日の色や宝石を身にまとうと、その波動がエネルギー・フィールドに影響を与える。

は、内省的・思索的な気分にさせる効果があり、赤、オレンジ色、黄色には活発で外交的な気分にさせる効果があるのです。赤をあなたのシステムに継続的に取り入れていると、落ち着かず、いらいらとして暴力的になります。藍色が多すぎると、血の巡りが悪くなり血圧が上がります。

暖色には血液の流れを刺激し、粘液質や有害なものを取り去る効果があります。暖色は同化作用、つまり食物が組織に変化する構成代謝を促進します。寒色には血の流れを制限し、血管を収縮する作用があります。寒色は異化作用、つまり組織が老廃物に分解される分解代謝を促進します。

スペクトルの中心にある緑は完全に調和がとれていて、刺激作用も鎮静作用もありません。

色の波動を身にまとう

273頁の図13bは、色と曜日、宝石の対応を示すものです。その曜日の色や宝石を身にまとうと、その色の波動がエネルギー・フィールドに影響を与えます。曜日によって服装を選べば、ワードローブに虹の色すべてを取り揃えてバランスをとるよい機会になります。

宝石を身につけるときは、肌に触れるようにしましょう。さらに宝石を水やアルコール、オイルに7日間つけておくと、宝石のエネルギーが液体にしみ出て癒しの薬をつくることができます。この薬をコップ1杯の水に1滴垂らすだけで、充分な効果があらわれます。

色のついた水で元気になる

フィルターを使って、水に色の波動の力を与えることができます。コップ1杯の澄んだ湧《わ》き水を用意します。それから光を通す色のついたフィルターでコップの周囲と上部を覆います（フィルターはwww.rosco.com で注文できます）。あるいは色のついたコップを使ってもいいでしょう。コップの水を最低1時間日光のもとに置いておいてください。色の満ちた水を冷蔵庫に保存します。色の治療にはスプーン1、2杯で充分です。赤、オレンジ色、黄色の水は、暑い時期には2日間ごと、寒い時期には10

色の波動と一般的な食品 (図13c)

色	食物
赤	サクランボ、赤ピーマン、赤ポテト、ピーカン(ペカン)、レッド・カラント、赤いブドウ、全粒小麦、赤身の肉、レッド・プラム、トマト、ブラウン・ライス、レバー、リンゴ、クレソン、スイカ、赤いスパイス類、イチゴ、ホウレン草、赤玉ネギ、二十日ダイコン、ルバーブ、赤ワイン
オレンジ色	桃、パパイヤ、サツマイモ、乳製品、タンジェリン・オレンジ、アンズ、人参、ピーナツ、カンタロープ・メロン、オレンジ、ルタバガ(カブの一種)、卵、マンゴー、どんぐり形のペポカボチャ、オレンジ色のスパイス類、柿、カボチャ
黄色	トウモロコシ、そうめんカボチャ、グレープフルーツ、アーモンド、黄色のピーマン、ニンニク、ハニーデュー・メロン、カシューナッツ、ヤムイモ、玉ネギ、プルーン、卵の黄身、パースニップ(サトウニンジン)、黄色いリンゴ、イチジク、黄色いチーズ、カブ、レモン、豆、白ワイン、クズ芋、バナナ、大豆、鶏肉、黄色いスクアッシュ、パイナップル、バター、黄色のスパイス類
緑色	ブロッコリー、カラシ菜、ウイキョウ(フェンネル)、ズッキーニ、カリフラワー、ケール、インゲンマメ、アボカド、キャベツ、パクチョイ、エンドウマメ、ライム、芽キャベツ、パセリ、スイートピー、キーウィ、セロリ、ロメインレタス、ピーマン、スイスチャード(フダンソウ)、豆モヤシ、スプリンググリーン(若いキャベツの葉)、緑色のブドウ、カブの若葉、キュウリ、アスパラガス、緑色のハーブ類
青	ブルーベリー、青っぽいプラム、ジャガイモ、子牛肉、ビルベリー、濃い紫色のブドウ、魚類
藍色	ザクロ、ブラックベリー、紫キャベツ、ビーツ、クランベリー、紫色のブドウ、ナス、ビートトップ、赤ブロッコリー

食物は成長と活力のために使われる特定の色の波動を放出している。健康的な食事法は、あらゆる色の調和をとることで、色の欠乏した食事は病気や過食を引き起こすことがある。食物の色の波動は、外見の色と対応していないこともある。

〜14日ごとに新しいものにしてください。青、藍、菫色の水は7〜10日間のあいだ新鮮なまま飲めます。

色のついたフィルター

放射光には反射光よりも強い力があります。色のついた光、ランプ、日光は色の波動に浸される効果の高い方法です。普通の電球も、光を通す色のついたフィルターを使えば、効果的な光源です。直射日光はさらに効果が高くなります。ハイテクな代替方法としては、PowerPointのスライドを単色で彩色し、コンピューターやプロジェクターで映し出すことも考えられます。単に色のついた電球や、色のついたランプシェードを使ってもかまいません。エネルギー・フィールドのなかに特定の色を増やすこうした方法をあれこれ試してみてください。

色のついた光による病気の治療は、何年もの研究と経験を必要とする、微妙で効果の大きい科学です。これに関しては、素晴らしい研究案内があります。ダリアス・ディンシャーの『光あれ――スペクトロクロム治療法の実践マニュアル』とwww.dinshahhealth.org.を参照してください。

食物のプラーナ

色の波動は食物を通して毎日吸収されています。あなたが食べるものの持つ色彩は、植物や動物が光合成を通して吸収した純粋な白い日光によってできています。食物は成長と活力のために使われる特定の色の波動を放出しています。最も健康な食事法は、あらゆる色の調和をとることです。色に欠けている食事をしていると、色が欠乏して、やがて病気になってしまいます。特定の色の波動の欠乏症は、それを埋め合わせるための過食の引き金になりがちです。

図13cは、一般的な食品と色の波動を示しています。外見の色が波動の色に対応していないこともあります。たとえば、じゃがいもの波動は青いエネルギーと呼応していて、プルーンは黄色の波動に呼応しています。白砂糖、小麦粉、白米など白い食物は、このリストにはひとつもあげられていません。これらには色の栄養の観点からは価値がないからです。

赤い食物は肝臓を活性化し、赤血球をつくりだし

色の波動の影響①赤 (図13d)

影響	効用
助長する	熱、活気、性的興奮、活動、暖かさ、エネルギー、生気、外向性、火、刺激、力、情熱、運動、興奮、動機づけ、営業の成功
悪化させる	神経質、復讐の念、興奮、断続的睡眠、感情的、攻撃性、情熱、不眠症、憤怒、戦争、欲望、早食い、怒り、落ち着きのなさ、事故、消化不良、敵意、あせり
癒す	寒さ、疲労、粘液、憂鬱、風邪、無力症、鬱病、内向性、インフルエンザ、慢性疲労、恐怖、現実逃避、ものぐさ、充血、臆病、自殺
刺激する	心、循環系、赤血球、感情、髄液、ヘモグロビン、神経系、肝臓、鉄形成、交感神経、食欲、血液酸素
適している用途	運動競技、体育館の内装、グラウンディング、準備運動、スタジアムの内装、行動を起こす、ウエイトリフティング、店の内装、人の動機づけ、スポーツクラブの内装、営業用の服装

色の波動の影響②オレンジ色 (図13e)

影響	効用
助長する	肉体的エネルギー、勇気、共感、精神的エネルギー、精神的澄明、交際術、内面の強さ、洞察力、他人への敬意、楽観主義、友好性、創造的なアイデア
悪化させる	わがまま勝手、享楽主義、過食、浅薄性、依存、社交家
癒す	痙攣、声帯周辺、残虐性、筋肉痙攣、過去へのこだわり、破壊的傾向、骨粗しょう症、習慣的パターン、不信、腸内ガス、条件づけ、不安、肺、偏見、疑い、呼吸系、批判的な傾向、社会不安
刺激する	骨の成長、同化作用、食欲、循環系、分配、神経
適している用途	ビジネスのアイデア、芸術的創造性、社会生活、創造的なシンクタンク、創造的な思考、娯楽、病院の内装、社会的な場所の内装、図書館の内装、集中治療、会議場、教育施設、手術準備室、劇場、リビングルーム

ます。黄色いフルーツや野菜は、便秘薬になります。オレンジ色の食物は筋肉の痙攣《けいれん》や急激な腹痛をやわらげます。青い食物は身体を冷やし、収斂《しゅうれん》し、殺菌効果もあります。菫色はくたびれた血球を破壊し、有害なバクテリアを殺します。緑色の食物は身体の鉱化剤で、代謝作用を整え、肝臓と脾臓《ひぞう》の調和を保ちます。

有機的に育てられた食物には、最高のプラーナの力が入っています。食物を長く噛《か》めば噛むほど、食物のプラーナは多く吸収され、より多くのエネルギーが補給されます。食物が融解するまで咀嚼されないと、食物のプラーナの効果を完全に得ることはできず、身体は消化不良に悩むことになります。食物の素粒子に味が残っているかぎり、そこから吸収するべき栄養とプラーナのエネルギーが残っているのです。

赤の波動

赤は火と運動の本質を持つ、力強い刺激剤です。元気を出すような赤い光で数時間治療すると抑鬱状態の患者は、症状が軽減します。食欲不振の患者が赤い部屋に入れられると、健康な食欲を取り戻します。赤に白を混ぜるとピンクになりますが、ピンクは憂鬱を癒し、希望を抱かせる色です。しかし赤い色を吸収しすぎると落ち着かずいらいらします。英語で〝わたしは赤を見る〟というと、憤怒や敵意をあらわします。

オレンジ色の波動

オレンジ色は身体的・精神的な活気、勇気、楽観性を増します。〝本物の信奉者〟――だまされやすい人、すぐに説得されてしまう人――においては識別力を発達させます。オレンジ色で治療すると感受性が増し、他者を尊敬するようになります。〝社会的な色〟と呼ばれることも多く、思いやりを増し、社会不安を克服します。しかし、オレンジ色が多すぎると社会的浅薄性が過剰になってしまいます。赤と黄色が混じったものであるオレンジ色は、身体的にも精神的にも活気を増加させます。〝知恵の光線〟でもあるオレンジ色は創造的なアイデアを刺激しま

色の波動の影響③黄色 (図13f)

影響	効用
助長する	知性、インスピレーション、幸福、よろこび、高揚
悪化させる	急性の炎症、下痢、批判主義、発熱、過度の興奮、機械的な傾向、せん妄、心悸亢進、感情の欠如、傲慢
癒す	便秘、羞恥心、欲望、寄生体、裏切り、如才なさ、麻痺、嫌悪の情、強欲、神経障害、怒り、意気消沈、精神的疲労、欲求不満、絶望、緊張、臆病、鬱病、嫉妬、優柔不断、恐怖、無知
刺激する	運動神経、リンパ系、酵素形成、神経形成、皮膚、胆汁形成、肝臓、排泄、知性、腸、緩下作用
適している用途	勉強部屋、教室の内装、オフィスの内装、図書館の内装、アート・スタジオの内装、書店の内装、教育、コンピューター・ルーム

色の波動の影響④緑 (図13g)

影響	効用
助長する	癒し、慰め、同情、バランス、鎮静作用、上品、調和、拡大、有用性、身体的リラックス、思いやり、他者への励まし、穏和、妥協、快適、静穏、率直、安全、静寂、所有欲のなさ、繁栄、兄弟愛
悪化させる	厳格、硬直性、固定的パターン
癒す	心臓の状態、不安、好色、睡眠障害、いらいら、わがまま、不眠症、疲労困憊、意気消沈、神経系、ホームシック、優柔不断、執着、偽善行為、後悔、緊張、自己本位、ふさぎこみ、熱望
刺激する	下垂体、休養、平衡、筋肉形成、回復、安全、組織形成、若返り、解放、再生、インスピレーション、希望、休息、動機づけ、浄化、安定
適している用途	殺菌の必要、ヒーリング・ルーム、政治、医療機関の制服、セラピー・ルーム、国際関係、医療機関、カウンセリング・ルーム、交渉、医師、キッチンのインテリア、裁定、看護師　寝室のインテリア、弁護士のオフィス、病院、パジャマ、法廷、ベッドのシーツ

す。

黄色の波動

明るい黄金色の日の出や夕日を見ると心がよろこびに高鳴ります。黄色は輝きの本質あり、心を高揚させるよろこびの色です。この色は知的な発達と精神力を刺激します。知的障害のある子供は黄色い教室で学ぶとより効果的です。黄色を身にまとうと精神力が高まり恐怖心が軽減します。しかし黄色が多すぎると傲慢になったり思いやりがなくなったりします。黄色い光線は神経異常を回復し、緊張をやわらげます。麻痺《まひ》や神経障害の治療にも効果的です。黄色は排泄器官を癒し調節することによって身体を浄化します。便秘と寄生体の駆除にも効果がありま す。

緑の波動

自然は虹のなかでも最も心のやわらぐ色――緑色――で自らを飾っています。澄んだ、春の明るい草の緑色は癒しと兄弟愛を刺激します。20世紀半ば、緑色にはリラックス効果があると証明されたとき、病院は大量の薄緑色のペンキで塗り替えられました。緑色を身につけると安定性が増し、精神的な生活と物質的な生活との調和がとれるようになります。しかし緑色が多すぎると頑《かたく》なな心理的パターンを固定化することになります。緑色の殺菌効果は菌を破壊し、腐敗を防ぎます。

青の波動

明るく澄んだ青空には敬愛の気持ちやスピリチュアルな感情が湧き起こるものです。古代ヘブライ人にとっては、青は天啓《てんけい》の色でした。そして、ユダヤ神殿のカーテン、エフォドの法衣、聖なる櫃のなかにある聖なるものの覆いの色でもありました。聖書の英雄的存在モルデカイは、青と白の王服を身にまとっていました（エステル記8：15）。

青は冷却と拡張の色です。ある会社で壁を青にしたところ、社員が風邪をひいて欠勤が増えたそうです。驚くことに秘書の椅子の背を暖かく明るいオレ

色の波動の影響⑤青 (図13h)

影響	効　用
助長する	精神的なリラックス、冷却、静謐、スピリチュアルな目覚め、静寂、忍耐、平穏、慰め、平和、休息、満足
悪化させる	風邪、麻痺、高血圧、筋肉痙攣、リューマチ、関節炎
癒す	やけど、かゆみ、過活動、不快感、切り傷、騒々しさ、過剰な興奮、妨害、あざ、発熱、過剰な刺激、心配、虫刺され、炎症、いらいら、不安、怒り
刺激する	発汗、スピリチュアリティ、忠誠心、体力向上、宗教的感情、献身、殺菌効果、自由、調和、敬愛、創造性、正直、畏敬の念、忍耐
適している用途	殺菌の必要、教会の内装、看護師の服装、寝室のインテリア、聖職者の服装、ビル管理人の服装、パジャマ、スピリチュアル・センター、浴室のインテリア、ベッドのシーツ、スピリチュアル関係の書店、コインランドリー、瞑想用の部屋、医療従事者の服装、創造的な試み、瞑想用の服装、医師の服装、芸術家の仕事場

色の波動の影響⑥藍色と紫色 (図13i)

影響	効　用
助長する	本当の目的、理想の実現、直感、心からの望み、麻酔、厳粛、目標の理解、痛みへの無感覚、理想主義
悪化させる	現実感覚の喪失、地に足のつかない感覚
癒す	過剰な興奮、腎臓の過活動、抑圧、活動過多、強迫観念、ADD(注意欠陥障害)、発熱、恐怖
刺激する	血管の活動、スピリチュアルな体験、自由な表現、敬愛、超常的なものの知覚、自己表現、畏敬の念、瞑想、個人主義、自力本願
適している用途	教会の内装、ホテルの内装、瞑想用の部屋、聖職者の服装、豪華なインテリア、瞑想用の服装、王家の服装、スピリチュアルなものを取り扱うセンター、霊能力者の服装、宮殿の内装、スピリチュアル関係の書店

ンジ色に塗ったところ、オフィスの寒々しい感じがまもなく逆転しました。社員は上着を脱ぎ、出勤率が平常に戻ったのです。

緑色が身体をリラックスさせるのに対して、水色は心を穏やかにします。精神病院では、暴力的で攻撃的な患者は青い部屋に入れられるか、青い光で治療を受けるとすぐに落ち着きます。しかし陰鬱《いんうつ》な雨雲の青っぽい灰色は抑鬱傾向を増し、〝ブルーな気分〟を引き出します。

藍色と紫色の波動

藍色や紫色は、厳粛《げんしゅく》な気持ち、非常に崇高で貴重なものの存在を前にしてその威厳に打たれて感じる敬意を喚起《かんき》します。紫は伝統的に王家の色でした。藍色は、神秘的な色でスピリチュアルな体験を増大させ、直感を発達させ、自由、自信、理想主義、神性の方向を刺激します。自分の魂の本当の目的、目標、夢を思い出す一助として理想的な色です。藍色はあなたの目的を、あなたの人生に対する神の意志と一致させてくれます。知性が勝ちすぎているときは、藍色が直感的な傾向を強めてくれます。藍色と紫は痛みを抑え、過活動を克服する強力な鎮静剤です。しかし藍色が多すぎると、現実感覚を失ってしまったり、血液の流れを制限して血圧が上がったりします。

菫色の波動

菫色はスピリチュアルな目覚め、瞑想、人類に対する無条件の愛情、創造的なイマジネーション、高い次元の思想、ESP、高い次元への感受性を強めます。菫色の光はささいな不安や物質主義の鎖への執着を逆転させせます。菫色は神経を落ち着かせ、極度に緊張している人々をなだめます。精神病院では、菫色の光や菫色に塗られた壁を使うと、暴力的な患者が落ち着いたり状態が改善したりします。この色は、心臓、筋肉、リンパ、神経系など、組織と器官の活動を抑えます。

レオナルド・ダ・ヴィンチはこう語っています。

〝瞑想の力は、静かな教会のステンドグラスの窓を通して菫色の光が投げかけられているその下でおこ

色の波動の影響⑦菫色 (図13j)

影響	効用
助長する	平穏、神の愛、テレパシー、スピリチュアルコミュニケーション、人道主義、ESP、兄弟愛、超常現象、神の悟り、超常的なものの知覚、深遠な現実
悪化させる	現実感覚の喪失、地に足のつかない感覚
癒す	神経、飢え、神経症、血液、神経過敏、精神病、頭皮の病気、過剰な興奮、物質主義
刺激する	脾臓の活動、想像力、スピリチュアルな目覚め、骨の成長、神との接触、白血球、高い次元の意識、無条件の愛情、血液浄化、スピリチュアルな感情、神の創造性
適している用途	瞑想用の部屋、シンフォニー・ホール、聖職者の服装、創造的な部屋、教会、霊能力者の服装、芸術家の仕事場、宗教的な建物、霊能力者の部屋、音楽スタジオ、スピリチュアル関係の書店

色の波動の影響⑧白 (図13k)

影響	効用
助長する	スピリチュアリティ、魂の完全、純粋性、神秘主義、スピリチュアルな性質、無垢
悪化させる	完全主義、強制、強迫観念
癒す	病気、不調和、不純、不愉快、道徳の腐敗、過剰な刺激
刺激する	エネルギー、ヒーリング、倫理、生命力、徳性、真実の暴露
適している用途	瞑想用の部屋、熱帯性気候、レジャー用自動車の冷却、教会、冷たさを保つ、乗り物の冷却、聖職者の服装、夏の服装、建物の冷却、船の冷却

なうと10倍強くなる〟

有名なドイツの作曲家リヒャルト・ワーグナーは菫色のカーテンの陰で宗教音楽を作曲しました。

白の波動

聖霊の純粋な白の光にはあらゆる宇宙の光線が含まれています。白い光は日光が純粋に反射された色なので、あらゆる色が含まれているのです。目も眩《くら》む日の光はあらゆるものを輝きで包み、なにもかもを明らかにさらして見せ、すべての影を追い払います。ですから白は汚れのない、絶対で完全な最高に純粋な色なのです。あらゆる光を調和のとれた形でとりこんだ白い光は、最も神秘的な色です。古代ヘブライ人にとって、白は純潔、無垢《むく》、そして徳性の象徴でした。古代の僧侶は白い麻の法衣を身にまとっていました。

白い日光を吸収すると、身体は同時にあらゆる色の効果でよみがえります。適度な日光浴はすべての色のプラーナのエネルギーを吸収します。日光の下で横たわったら、純粋な白い光線があなたの組織と細胞を活性化し、癒してくれる姿を思い浮かべましょう。特に癒しを必要としている箇所を念入りに想像します。スピリチュアルなエネルギーを増加させるには、純粋な白い輝く球体、ダイアモンドのように輝く球体のオーラに包まれている自分の姿を思い浮かべます。同時に、あなたはあらゆる生と調和と保っていると想像してください。

黒の波動

黒はエネルギーと光の欠如を意味し、あらゆる色を吸収して、どんな光の波も反射しません。したがって黒い物体は、光のなかの穴のように色がなく見えます。古代ヘブライ人にとって黒は死、謙虚、哀悼《あいとう》を意味しました。そのため遺族は愛する故人を悼《いた》むために黒を身にまといました。色に黒が加えられてできる暗度の差は、ネガティブな性質を象徴します。黒は内向性を増加させ、圧倒されるような状況から手を引くときやグラウンディングしたいと思うときには役に立つ色です。また魔法の実践や視界から隠されているものを明らかにする効果を強めます。

色の波動の影響⑨黒 (図131)

影響	効用
助長する	静寂、活動の停止、鬱病、悲しみ
悪化させる	不健康、病気、落胆、破壊的
癒す	当惑、強烈、過剰な刺激
刺激する	否定的思考、エネルギーの消耗、憂鬱、悲しみ
適している用途	対比、深い静寂、他人を締め出す、背景、静寂、完全な内向性、グラウンディング、抑制

入り口に黒い丸いラグが置かれていると、アルツハイマー病の患者は家にとどまり外で徘徊《はいかい》することがありません。グラウンディングが必要な10代の若者は黒を着たがります。

色の視覚化

色の視覚化はエネルギーを変容し高揚させ、心と身体と精神を癒す効果の大きい方法です。エネルギー・フィールドはあなたの命令下にあり、視覚化によって管理、制御、変容することができます。

瞑想か睡眠の直前にメンタル・クロモセラピーの一種を実践してみましょう。目を閉じて心のなかで色の球体が自分(または癒しを必要としている他人)を満たし包んでいるようすを想像します。与えられた状況にふさわしい色を選び、光をできるだけ具体的に、また力強い光彩を放っているように想像します。それから達成しようとしている結果を想像します。たとえば輝かしい健康、繁栄、よろこびなどです。それからその光の輝きに包まれて、深い瞑想状態に入るか、ぐっすり眠りましょう。

オーラのなかで色を視覚化するというちょっとした練習をすると、周囲の環境がどうであれ、心の持ち方で、精神的、身体的、感情的に大きな変化をもたらせることに驚くことでしょう。

色の音

スペクトルの七色には、次頁図13mのように、各々対応するアルファベットの文字、音階、星、力（シャクティ）、力のある音（マントラ）があります。

音階と色の対応は、特定の音階が演奏されるときに特定の色が見える透視能力者の研究によって発見されました。たとえば中央のCは赤、Bは菫色という具合です。F#は緑色と青のあいだですから、青緑（トルコ石の色）になります。三和音が演奏されると、3つの色が同時にあらわれます。高いオクターブの音階は明度が高くなります。低いオクターブの音階は暗くなります。

それぞれの色の質は対応する音階と一致しています。たとえばCの音は強さと生命力をもたらし、Gは心を落ち着けるということになります。したがって特定の音階や和音を聴くと癒されるわけです。敏感な器具を使って科学者は草の生長する音はFで、緑色に対応していることを発見しました。Fの音が演奏されると、草は元気よくまた早く生長します。

赤はスペクトルの最初の色で、あなたが口を開いてつくりだす最も初元的な音と対応しています。その音〝アー〟はアルファベットの最初の文字そして、音階の最初の音でもあります。またインドのヴェーダの最初の音であるだけではありません。それはヴェーダが宇宙を生み出すもととなる波動といわれています。

オレンジの音、〝エー〟は、オレンジの性質つまりもっとよく表現したいという欲望をあらわしています。この音は舌を口蓋に近づけるような気持ちで上げ、前へやや突き出したときに作られます。

黄色の音、〝イー〟はアイデンティティと個人をあらわしています。自我の音、〝イー〟は、黄色があらわす知性の完全な発達形なのです。

緑の波動の〝オー〟という音は、畏敬《いけい》の念や不思議な気持ちに驚くことと関係しています。調査や研究、新しい体験、新しい場所への旅、美しいものを

色と音 (図13m)

色	赤	オレンジ色	黄色	緑色	青	藍色	菫色
音階	C、ド	D、レ	E、ミ	F、ファ	G、ソ	A、ラ	B、シ
文字	A	E	I	O	U	W	Y
星	太陽	月	火星	水星	木星	金星	土星
サンスクリット語の名前	スルヤ	チャンドラ	マンガラ	ブダ	グル	シュクラ	シャニ
元素	火	水	土	精神	心	エーテル	空気
シャクティ：力	ハラナ：惹きつける	シャラナ：喜ぶ	カラナ：働く	ヴァカナ：教える	スタラナ：拡張する	カーマ：愛する	スタンバーナ：遅れる、止まる
マントラ	フリーム（Hreem）	シュリーム（Shreem）	クリーム（Kreem）	アイム（Aim）	ストリーム（Streem）	クリーム（Kleem）	フリーム（Hleem）

スペクトルの7色には、各々対応する音階、文字、星、元素、シャクティ、マントラがある。

見た結果起こるわくわくした気持ちです。緑は、最も心が慰められる色で美と関連しています。

〝ウー〟とか〝ユー〟という音は、青の音で、受け取るよりも与えるために手を伸ばす音です。そこで、慈善や道徳、倫理、精神的価値をあらわす音といえます。

〝ワー〟はくちびるをきちっと引き締めて丸くしたときにできる音です。低く、厳粛な、この低音は、藍色の波動の厳粛で深遠な性質に対応しています。

菫色の〝ワイ〟とか〝ホワイ〟という音は人間の進歩において高みに到達するためのスピリチュアルな質問の暗喩《あんゆ》です。菫色の波動は意識の高い地位を示しています。

エネルギー・フィールドを強化するためのマントラ

インドでは昔からマントラと呼ばれる音がエネルギー・フィールドを強化するために使われてきました。マントラは神の加護を祈り、それぞれに特定の周知の結果を生じさせる波動を持った音です。

ガヤトリ・マントラ

オーラ・フィールドの浄化と癒しに最も効果の高いマントラはサヴィトリ・ガヤトリ・マントラといい、太陽を象徴するサヴィトリに祈りを捧げるものでしょう。

オーム　ブル　ブヴァー　スワハ　タットサヴィトゥール　ヴァレーニャム　バルゴー　デーヴァッシャ　ディーマイー　ディヨー　ヨーナ　プラチョーダヤ

〝わたしはその崇敬するべき光の聖なる輝きに向けて瞑想します。究極の真実、宇宙と物質世界、アストラル界、神秘界の3つの世界の源である光――それこそ賞賛する価値のある光です。どうぞわたしに真実の聖なる太陽の顔を、黄金色の光の円盤を通してあらわれる至高の自我の姿を見せてください。その神性の存在がわたしを祝福し、わたしの知性を浄化し輝かせ、わたしの魂を導き、わたしが究極の真実を理解できるように内なる知恵の目を開かせてくれますように〟

毎日、最低108回、このマントラを唱えるか、マントラと共に瞑想して、神の光にエネルギー・フィールドを浄化してくれるよう祈りを捧げましょう。このマントラにはほかにも、至高の知恵にしたがって行動する、優しい言葉、澄んだ心、深い洞察力、真実の目的の追求、運命の実現、悟りへの到達などを含む、無数の効果があります。

マントラを唱えるとき、繰り返した数を数えるためにマラと呼ばれる数珠《じゅず》を使う人も多くいます。一般にマントラは108回唱えるとよいとされているからです。ですから108の珠でできている白檀《びゃくだん》かルドラークシャ（シヴァ神にとって神聖な実）のマラを手に入れるといいでしょう。ルドラークシャのマラは www.divinerevelation.org. で注文することができます。

重要：本章のマントラを唱えるまえに、サンスクリット語の知識がない場合には発音をはっきりとさせるために先生について勉強してください。または www.divinerevelation.org. でマントラのCDを注文することもできます。

星のエネルギーの祈り (図13n)

曜日	星	マントラ	色	形
日曜	太陽	オーム、フリーム、ハンサー、スーリ、アヤ　ナマハ	赤	正方形、長方形
月曜	月	オーム、クリーム、チャーム、チャンドライー、ナマハ	オレンジ色	円
火曜	火星	オーム、バウム、バウマヤー、ナマハ	黄色	両面太鼓型（砂時計型）
水曜	水星	オーム、ブーム、ブッダーヤー、ナマハ	緑色	三角形
木曜	木星	オーム、ブラウム、ブラースパタイー、ナマハ	青	長円
金曜	金星	オーム、クリーム、シューム、シュクラヤ、ナマハ	藍色	八角形
土曜	土星	オーム、シャーム、シャナイシュチャラーヤー、ナマハ	菫色	十字つきの正方形（4枚のガラス用の窓枠の形）
土曜の夜	ラーフ	オーム、ラーム、ラーハヴ、ナマハ		縞模様
土曜の夜	ケートゥ（降交点）	オーム、ケーム、ケターヴ、ナマハ		三角形の旗

曜日、星、マントラ、色、形は互いに対応しており、星のエネルギーの祈りであるマントラは、対応する特定の曜日に使われるべきものである。

図13nはマントラと、それに支配される星、曜日、形、色の対応を示したものです。これらのマントラは星のエネルギーの祈りで、特定の曜日に使われるべきものです。

至高の光へのチャント

アンタール　ジョティ　バヒール　ジョティ　プラットヤグ　ジョティ　パラット　パラー
ジョティール　ジョティ　スワヤム　ジョティ
アトゥマ　ジョティ　シヴォスミャーハム

このマントラの意味は以下のとおりです。

〝内面を照らす光、外側を照らす光、わたし自身のなかの光、向こう、その向こう。光の光、わたし自身が光、自己が光、わたしはシヴァ！〟

次の章では、オーラ・フィールドのなかのプラーナのエネルギーを増加させる効果の高い深遠な呼吸法の練習をしましょう。

第14章

意識して呼吸する

プラーナのエネルギーを増加させましょう

呼吸は、短時間でも止めてしまうと生きていくことはできません。意識的に深く呼吸をすると、生命力を高め、病気に対する抵抗力も高められます。プラーナに満ちた豊かな空気を、すべての細胞に栄養をいきわたらせるように呼吸できるようになれば、生命を活性化することができます。呼吸法を学びコントロールすることができるようになれば、病気と無縁になり、恐怖や心配ごとは消え、霊的に進化を遂げるでしょう。ヨーガの呼吸法をマスターして、エネルギーを増加させましょう!

〝光を燃え立たせておくには、油を注ぎつづけなければなりません〝

――マザー・テレサ

何千年の昔からインドのヨーガ行者たちは、プラーナの生命力エネルギーを増加させると命の質を高く向上させることができることを知っていました。プラーナのエネルギーは時の試練を経て実証された、古代ヨーガのプラーナヤマ（呼吸法）で大いに強化されます。

わたしの著書〝Exploring Meditation〟と〝Exploring Chakras〟を読むと、プラーナを増加させオーラを強化するのにとても役に立つ呼吸法の練習方法がたくさん書かれています。この効果の大きいヨーガの秘密の方法を、これらの本を参照して学ぶことをおすすめします。

本章では、これら以前の著書ではふれなかった深遠な呼吸法の練習について書いています。この奥深い方法、特にオーラのパワーと輝きを増すためにつくられたこの方法を使えば、オーラは癒され、元気になり、拡張していきます。

呼吸は生命

生まれたての最初の泣き声から死の瞬間の最後のあえぎまで、あなたの人生は長いあいだの呼吸の連続です。インドのヨーガ行者は、寿命は年数ではなく、呼吸の数によって数えることができると信じています。誕生のとき、すでに決まっている呼吸数の契約と共にあなたはこの世界にやってきます。それが尽きたとき、あなたの命が終わるのです。これがヨーガ哲学では、呼吸の節約が必要不可欠と考えられている理由です。

食事をしなくても長時間生きることはできますし、水を飲まなくても短時間生きのびることはできます。しかし呼吸をしなければ、人はすぐに死んでしまいます。意識的に深く呼吸することによって、生命力を高め、病気への抵抗力を強め、寿命を延ばすことだってできるのです。喫煙によって肺系統を愚かにも毒してしまったり、不品行なライフスタイルでプラーナのエネルギーを浪費してしまったりすれば、生命力が弱まり寿命が縮まります。

幼児や子供はいっぱいに呼吸する方法を知っています。彼らには指導はいりません。しかしこの本来持っていた性質は大人になると失われます。猫背の肩、くぼんだ胸、肺がんや肺気腫《きしゅ》、喘息《ぜんそく》などの蔓延《まんえん》する呼吸器系統の病気は不適切な呼吸の結果です。

プラーナに満ちた豊かな空気を、すべての細胞に栄養をいきわたらせるように完全に呼吸することを健康な習慣として身につければ、生命を再活性させることができます。エネルギー・フィールドは明るく力強く広がっていきます。肉体は生命力であふれんばかりです。あなたは輝き生き生きとすることでしょう。

インドのヨーガ行者たちは、適切な呼吸法は地球上からあらゆる病気を撲滅《ぼくめつ》すると信じています。さらに呼吸におけるプラーナの力は、知力、幸福、自信、自立、内面の強さ、明晰《めいせき》さを向上させ、潜在的な精神力を目覚めさせると信じていました。古代の秘密、プラーナヤマによって呼吸をコントロールすれば、あなたも病気と無縁になり、恐怖や心配ごとは消え、霊的な進化を遂げるでしょう。

呼吸で再活性化する仕組み

どんな呼吸も、胸と腹部を隔てている強靭《きょうじん》で薄板状の筋肉――横隔膜《おうかくまく》――によって発生します。その動きが気管支に空気を取り込ませ、空気は肺のなかにある無数の小さな肺胞まで移動します。肺胞をすべて平たく伸ばすと約１３００平方メートルになります。

生命のもとになる酸素は肺の細い血管の薄い壁から侵入し、そこで血液は酸素を吸収し、身体中から集めた有害な老廃物から炭酸ガスを排出します。毎日約１６５００リットルの血球が一列になって、肺の毛細血管を通り抜けていき、そのとき両面が酸素にさらされます。

肺が血液を浄化し酸素を供給すると、プラーナのエネルギーを注入され明るい赤になった血液は、心臓の左心房へと移動します。そこから左心室へと運ばれ、この豊かで生命力にあふれた血液は動脈を通って、身体のすみずみへと栄養を与える毛細血管へと送り出されます。

今度は老廃物を運び不活発で青みを帯びた深紅色の血液が、毛細血管から静脈を通って心臓と肺へと再補給を求めて戻ってきます。この汚れた血液は心臓の右心房に入ってきます。この部屋がいっぱいになると、右心室へと追いやられ、そこから肺に入ります。肺では無数の小さな血管が血液を肺の小さな肺胞へと供給しています。

肺に新鮮な空気が充分にないと、適切な健康を維持するための血液の浄化や再生産がされないことは明らかです。血液は青みを帯びた赤色となり、顔色も青ざめるでしょう。血液がきれいでないと、病気になってあらわれます。

事実、酸素不足のときは、有害な血液の不潔な流れが静脈を駆け巡り、浄化することができません。したがって循環系を毒してしまいます。身体から栄養が奪われ結果として死を迎えます。

それとは対照的に動脈の血液に約25%の酸素があれば、身体の機能は適切に働きます。あらゆる細胞、組織、筋肉、器官は活発に動き、強化されます。新しく健康な細胞と組織が簡単につくられます。

深呼吸によってつくられた酸素を豊富に含んだ血液は、体温を上げ、抵抗力を高め、適度な食物の同化と老廃物の排泄をおこないます。

ヨーガのプラーナヤマ

空気にはプラーナのエネルギーが充満していて、呼吸と共に吸収されます。しかしヨーガの行者のように呼吸をコントロールし制御することによって、プラーナの量をずっと多く抽出することができるのです。この強力なエネルギーは、電池が電力を蓄積するように、脳とチャクラ(特にソーラー・プレクセス・チャクラ)に蓄積されます。

ヨーガの行者は、プラーナヤマと呼ばれる秘密の呼吸法を実践して、自分の身体を強化すると共に、霊的なエネルギー、超能力、潜在的な力を開発できることを理解しています。事実、彼らはこのエネルギーを他人に移動して癒し励ましているのです。

サンスクリット語のプラーナヤマはプラーナ(動く、呼吸しながら前進する)とアヤーマ(時間と空間において伸びる、広がる、抑制する、拡張する）という語根に由来しています。従ってプラーナヤマは限界を克服し、エネルギーを拡大して、高い波動と次元に対する感受性を高めます。精神的に気の散ることや内面の葛藤を排除することにより、プラーナヤマは意識をゆがみのないもともとの純粋な状態で輝かせてくれます。

ヨーガのプラーナヤマの基本原則は、鼻から息を吸うことです。鼻には毛が密生していて、暖かい粘膜があるので、これが呼吸系統全体の保護フィルターになっています。口から息を吸い込むと不純物、細菌、異物、冷たさなどをふるいにかけるものがなく、直接肺にとりこんでしまいます。

本章のプラーナヤマの方法を練習すると、エネルギー・フィールドはより活発になり、広がり、強さも増し、大量のエネルギーを得るようになるでしょう。

ヨーガの呼吸法

インドのヨーガ行者は呼吸を4つの基本的なカテゴリーに分類しています。上呼吸、中呼吸、下呼吸、完全呼吸です。各々の方法を簡単に勉強して、それぞれの実践方法を学びましょう。

・上呼吸

上呼吸は鎖骨呼吸、肩呼吸と呼ばれることもあり、大きいストレスにさらされ緊張している人に多く見られます。この方法では胸と肺の上部にほんの少量の空気を取り込むことしかできません。肋骨、鎖骨、肩が上がり、腹部は収縮して横隔膜を持ち上げ、肺が拡張するのを邪魔します。上呼吸は最大の力を使い、最小の結果しか得られません。

こんな実験をしてみてください。肺からすべての空気を吐ききります。それから両手を脇において直立します。数回息を吸い込みながら、肩と鎖骨を上げてください。とりこむ空気の量がひどく不足していることがわかるでしょう。

・中呼吸

肋骨呼吸、中間呼吸と呼ばれることもある中呼吸では、鼻腔にもっと空気が入ってきます。横隔膜が押し上げられ、腹部は内に引っ込みます。肋骨が上がり、胸の一部が拡張します。空気は肺全体ではなく、中間部までしか満たしません。この不適切な呼吸法は体育のトレーナーが教えることが多いようです。

こんな実験をしてみてください。肺からすべての空気を吐ききります。それから両手を脇において直立します。肋骨を広げながら息を吸います。このとき腹部を緊張して横隔膜を持ち上げます。上呼吸よりは多くの空気を取り込めますが、まだ肺が完全に広がったとはいえません。

・下呼吸

腹式呼吸、深呼吸、横隔膜呼吸と呼ばれることもある下呼吸は、肺の中間部から下部まで空気が入ります。ヴォイス・トレーナー、演劇指導者、ヨーガ教師などはよりよい呼吸法として下呼吸を推奨します。しかし下呼吸は肺のすみずみまで空気を満たしているわけではありません。

息を吸うとき肋骨が外側に動き、横隔膜が収縮して下に移動します。この動きが肺を広げます。したがって、横隔膜は呼吸のあいだにプラーナのエネルギーを吸収する鍵といえるでしょう。

今度はこんな実験をしてみてください。背筋を伸ばしてすわります。横隔膜を押し下げることを意識しながら深呼吸を数回します。胸や肩を上げてはいけません。腹部が広がり、息を吸うとおなかが出てくるでしょう。息を吐くと腹部の形が崩れておなかがへこみます。

ヨーガの完全呼吸

上呼吸は肺の上部を満たします。中呼吸は肺の中部と上部を満たします。下呼吸は肺の下部と中部を満たします。しかしヨーガの完全呼吸は、肺のすみずみまでを満たします。だからヨーガの完全呼吸は呼吸の最上の方法なのです。最小のエネルギー消費で最大の効果を得ることができます。

完全呼吸は、本章のほかの呼吸法すべての基礎になります。ほかのプラーナヤマの練習をするまえに、この呼吸法を第二の天性といえるほどにマスターすることが必要不可欠です。これは強力で健康なエネルギー・フィールドの構築の基礎なのです。

完全呼吸の練習では、毎回毎回必ず肺のすみずみまで空気を取り入れる必要はありません。一日数回、数分間完全呼吸法を練習して、それが自分にとっての自然な呼吸法になるまで続けましょう。

〔練習方法〕

直立するか背筋を伸ばしてすわります。鼻から規則正しく呼吸をします。最初は下呼吸の練習をしながら肺の下部を空気で満たします。横隔膜は押し下げられ緊張し下腹部がふくらみます。それから肋骨の下部、胸骨、胸、身体の前、脇、後ろの肋骨を突き出して、肺の中部に空気を入れます。さらに肺の上部に空気を入れます。胸の上部を突き出し、持ち上げます。胸骨につながっている肋骨の最上部の一組も一緒に動かしてください。最後の動きで、鎖骨と肩が少し持ち上がって下腹部が引っ込みます。これで肺が支えられ肺の最上部にも空気が満たされます。

息を吸ったら、数秒間呼吸を止めましょう。それからゆっくりと吐きますが、腹部を収縮させてゆっくりと持ち上げるあいだ、胸はしっかりと同じ位置を保つようにします。息をすっかり吐ききったら、胸と腹部の力をゆるめます。

下、中、上呼吸の3つの動きを、ひとつの連続した流れでおこなうのです。横隔膜から鎖骨までの胸腔全体が一緒に起伏する波のように動きます。唐突に息を吸うことはせずに、一定のスムーズで連続した動きになるよう努力してください。ある程度練習を積めば、動きが自動的なものになるでしょう。

完全呼吸を大きな鏡の前で練習しましょう。両手を軽く腹部にあてて、動きを感じるといいでしょう。

ヨーガの呼吸浄化

ヨーガの秘伝のひとつであるこの呼吸法は、肺に酸素を補給し浄化すると共に、エネルギー・フィールド全体を元気にします。ヨーガ行者はこの呼吸法をプラーナヤマの最後におこなうことも多いようです。本書ではこの方法を何度も繰り返しておこなうことになるでしょう。ですから、今、練習して習得してしまいましょう。

〔練習方法〕

完全呼吸で息を吸います。数秒間息を止めてください。それから口笛を吹くときのように唇をすぼめます。これは〝カラスのくちばしのジェスチャー〟と呼ばれています。それから少量の空気を勢いよく吹き出します。そこでまたちょっと息を止めてください。それから力を入れてまた息を吹き出します。肺から息を吐ききるまで、このやり方を繰り返してください。

ヨーガの呼吸停止

ときどき息を止めると、呼吸系統、消化系統、循環系統によい影響があります。息を止めると老廃物を吸収し、息を吐くときに肺を浄化します。

〔練習方法〕

直立して完全呼吸で息を吸います。苦しくならない程度にできるだけ長く息を止めてください。口を開いて思いきり息を吐きます。それからヨーガの浄化の呼吸法を練習してください。

ヨーガの鼻呼吸

このヨーガの呼吸法は、時間のないときにすっきりする刺激剤です。肺を強化し、気持ちをリラックスさせ、エネルギーを与えてくれると共に、疲労や不安を撃退します。気持ちを若返らせ、機敏さを増します。

〔練習方法〕

直立するか背筋をまっすぐにしてすわります。完全呼吸で息を吸いますが、ひと息で一気に息を吸う代わりに、短くすばやく鼻をすするような感じで連続して息を吸います。肺の空間が完全に満たされるまで、この短い呼吸を続けて息をそのまま吐かずに溜めていきます。それから数秒間息を止めてください。口から長く静かな溜息のように息を吐きます。そのあと298頁のヨーガの呼吸浄化法を練習してください。

ヨーガのリズミカルな呼吸

リズミカルな呼吸はあなたを生命の波動と同調させ、身体を自然のリズムに調和させます。この方法で大量のプラーナを吸収、蓄積、コントロールできるのです。

リズミカルな呼吸は脈拍を基本としています。指を手首か首に置いて、脈拍を感じてください。初心者は脈拍6回分を数えながら息を吸います。定期的に練習をすることによって回数を少しずつ増やしていけるでしょう。

〔練習方法〕

この方法では、息を吸うときの拍数と吐くときの拍数を同じにします。息を吸ったら、以下に説明するように拍数の半分の回数分、息を止めます。

楽な姿勢で背筋を伸ばしてすわります。胸、首、頭が直線になるようにしてください。ゆっくりと完全呼吸で、脈拍6回を数えながら息を吸います。脈拍3回分息を止めます。それからゆっくりと鼻から脈拍6回分の長さで息を吐きます。次に息を吸う前に脈拍3回分の間をおいてください。これを力まずに数回繰り返します。この練習が終わったら、ヨーガの浄化の呼吸法を練習してください。

2か月くらい練習したら、息を吸うときと吐くときの回数を脈拍16回分、そのあいだを脈拍8回分になるように増やしていきます。脈拍数を急に増やして、身体を緊張させないようにしましょう。呼吸に要する長さよりも、調和のとれたリズムのほうが重要です。〈ゆっくりしっかり〉がプラーナヤマの能力を発達させるためのルールです。そうでないとデリケートな肺の組織を痛めてしまいます。

ヨーガの精神集中をともなうリズミカルな呼吸

ヨーガのリズミカルな呼吸がうまくなれば、呼吸のときに脈拍数を数えなくても自動的にコントロールできるようになります。そうしたら精神集中や視覚化をそこに加えましょう。

創造的なイマジネーションを使ったプラーナの練習をいくつかご紹介します。

✧ プラーナの分配

この練習は、特に疲れたとき、消耗したと感じたときにオーラのエネルギーを増加させます。ベッドか運動用マット（ヨーガ用など）に仰向けに横になり、完全にリラックスしましょう。おへその少し上、太陽叢の上に両手を軽く置き、リズミカルな呼吸をおこないます。リズムがうまくとれるようになったところで、プラーナまたは生命エネルギーを宇宙の供給源からもっと余分に受け取るようすを想像します。肺に吸収された、この流入してくるプラーナのエネルギーが、神経系で分配され太陽叢に蓄積されていくのを感じましょう。

息を吐くたびにプラーナのエネルギーが身体のあらゆる箇所、頭のてっぺんから指先、足裏、つま先までのすべての組織、筋肉、細胞、原子、神経、動脈、静脈に分配されいきわたるようすを視覚化します。すべてのプラーナの集中点を活気づけ刺激し、身体中にエネルギーと力を送り込んでいるプラーナのエネルギーを感じましょう。身体を緊張させずに、ただ心の中で思い浮かべればいいのです。

✧ 自分を癒す

くつろいだ姿勢で横になりリズミカルな呼吸をします。莫大なプラーナのエネルギーが取り込まれるようすを想像します。息を吐くときに、プラーナのエネルギーを具合の悪い箇所に送り込み、そこを刺激し癒すようすを視覚化します。吸ったり吐いたりを交互に繰り返しながら病気の状態が身体から追い払われるようすを思い浮かべましょう。

両手を身体の具合の悪い部分に置きます。プラーナのエネルギーが両腕から指先と手のひらを通って身体へ流れるのを感じてください。身体は緊張させずに、息を吐きながら、プラーナが両手から身体へ送り出されるイメージを心のなかで思い浮かべます。このエネルギーが細胞を刺激して病気を追い払うと想像しましょう。

✧ 他人を癒す

背筋を伸ばしてすわります。リズミカルな呼吸をしながら、癒しを必要としている人にエネルギーを送る目的で、大量のプラーナのエネルギーを吸収すると想像します。リズミカルな呼吸を続けながら、両手をその人の身体の悪い部分に直接置くか、その近くにかざします。指先か手のひらで身体を優しくなでるか、さわらずに両手を身体の近くにかざしたままにします――どちらでもかまわないので、導かれるままにおこなってください。

プラーナのエネルギーがあなたに大量に注ぎ込まれるようすをはっきりと心のなかにイメージします。このエネルギーが両腕から手のひらと指先を通って、その人へと流れていきます。あなたがリズミカルに呼吸するたびに、プラーナのエネルギーが病気の人の身体に連続した無尽蔵の流れとなって注ぎ込まれるのを感じてください。自分がプラーナの尽きない宇宙の供給とその人とをつなぐポンプの機械になっていると想像しましょう。相手の身体がプラーナのエネルギーで満たされ、弱っている組織や細胞を刺激し、健康をもたらし、病気を追い払い、さらに細胞を刺激しているのを感じてください。リズミカルな呼吸を続けているあいだ、このエネルギーがあなたを通して自由に流れるままにしておきましょう。

このとき次のようなアファメーションを声に出して、あるいは心の中で唱えてもよいでしょう。

✳ 〝あなたはプラーナのエネルギーで満たされています〟

✳ 〝プラーナがこの見せかけの病気を癒し連れ去ります〟

✳ 〝プラーナがあなたの身体に広がり、染み込んでいきます〟

✳ 〝あなたは今、プラーナの力で癒され、強化され、元気づけられています〟

✳ 〝あなたの身体は生命エネルギー、光、癒し、プラーナの力で今、満たされています〟

ときどき両手を上げて、両手から病気を振り払うように、指をさっと振りましょう。治療が終わったら、病気のあとが残っているのを吸収しないように手を洗います。それから浄化の呼吸を数回おこなってください。

特定の患者の必要に合わせてこの方法に自由に変化をつけて構いません。

◇遠隔ヒーリング

プラーナのエネルギーを使って、必要としている人に遠くから癒しを飛ばすことができます。あなたの飛ばした思いはエーテルを通して受け取ることができるのです。これをおこなうためには背筋を伸ばしてすわりますが、身体は楽にしていいてください。心のなかでその人の姿を思い浮かべるか、その人の本質を呼び起こして共感的な関係――その人の近くにいるという感覚――を得るようにします。共感的な関係が確立されたら、心のなかでこう言ってください。〝わたしは生命力、あなたを元気づけ癒す力を送ります〟

ここでリズミカルな呼吸を始めます。息を吐くたびに、プラーナがあなたの心から離れて、瞬間的に空間を移動し、必要としている人のところに届いて癒す姿を思い浮かべます。連続した流れとなってその人のところにプラーナが送り込まれるようすを想像してください。その人が宇宙のプラーナの供給源とつながっていると想像してください。あなたがリズミカルな呼吸を続けているあいだ、このエネルギーが自由に流れているままにしてください。前項（〝他人を癒す〟）にあるアファメーションを声に出して、あるいは心のなかで唱えてもよいでしょう。

プラーナの思考形態の創造

◇保護シールドをつくる

人があなたを消耗させたり、操作したり、傷つけたりする状況にあることに気づいたら、あるいは低い波動のエネルギーを感じたり、人の思考に影響されているのを感じたら、リズミカルな呼吸を数回おこないましょう。プラーナのエネルギーの供給源を生み出しているところを想像します。それから卵型のプラーナのオーラに囲まれていて、それがひどい思考形態や妨害的な波動から自分を守ってくれるのを感じましょう。

◇エネルギーを再充填する

生命力の低下やエネルギーの消耗を感じて、急いでエネルギーを充填《じゅうてん》したいときには、両足の足首を重ね、両手の指を組み合わせましょう。こうするとプラーナの回路を閉じて、四肢《しし》の末端から生命力が逃げていくのを防ぐことができます。この姿勢のまま、リズミカルな呼吸を数回おこなって、エネルギーを再充填してください。

◇プラーナの入った水と食物で元気になる

左手でコップ1杯の水を持ちリズミカルに呼吸します。プラーナのエネルギーを吸収して、そのエネルギーを指先に集中させる姿を思い浮かべてください。右手の指先を水の上にかざし、プラーナのエネルギーが指先から水に落ちるようすを視覚化しながら、右手をそっと振ります。水にプラーナを注いだら、自分でそれを飲むか癒しを必要としている人に渡します。水を飲みながらその水がプラーナのエネルギーで満たされていると想像してください。食物を食べる前にも同じことをおこなうことができます。

プラーナのセクササイズ

人の生命をつくりだす性的エネルギーは強力な生命力です。この高度に集中したプラーナのエネルギーは新しい生命をつくりだすこともできれば、自分自身の生命を再生することもできます。大量の濃縮されたプラーナのエネルギーが、生殖器官――身体のなかで最も強力な蓄電池――に蓄積されています。性的エネルギーの途方もない力は、あなたを癒し、強化し、あなたに活力を与えるために保存しておくことができます。あるいは性的活動や生殖のために使うこともできます。

強力な性的エネルギーの持ち主は明るく大きく健康なオーラを持っています。性的エネルギーが弱いとき、浪費されているときは、オーラは小さく収縮していて濁っています。性的エネルギーは微細身のなかのプラーナを増加させ、肉体には外見的魅力を与えます。

古代インドの伝承では、ソーマと呼ばれる不死の霊薬があり、それはオジャスという、心身共に純粋な状態にある人の、甘く香る血液からつくられると考えられていました。長時間を深い静かな瞑想に費やしたとき、瞑想から覚める瞬間に顔をこすってみましょう。そのとき、どこか脂っぽい物質、甘い香りがするオジャスと呼ばれる物質が、手のひらにつくかもしれません。

オジャスは、明るさ、輝き、光彩、カリスマ的魅力を持ったオーラを発散させます。オジャスは生殖器の液体の産物で、生殖器の液体は精気の産物、精気は血液の産物、そして血液は食物と酸素の産物です。

生殖器の液体を保存して性的エネルギーを変容させることによって、内分泌腺に体内の性的分泌液で栄養を与えることができます。性的エネルギー保存の秘密の方法を実践する人は、驚くほどの生命力と輝く強力な人をひきつける魅力に満たされることになるでしょう。

太古の昔からヨーガ行者は、性的エネルギーが強力な道具で毒にも薬にもなるということを認識していました。体内のスピリチュアルな生命力エネルギーが上に向かって流れると意識を目覚めさせて高揚させることや、下に向かって流れると性的な衝動を満足させるということはよく知られていました。

この収穫したエネルギーの宝を無駄に使う代わりに、このエネルギーであなたを元気づけ強化しましょう。この強力な力を使って、波動を高めエネルギー・フィールドを増幅し、生命力を増加させる呼吸法の練習をご紹介します。この練習はいつでもできますが、特に性的な衝動を感じるときがおすすめです。

〔練習方法〕

300頁でリズミカルな呼吸法を学びましたね。力を抜いて横たわるか、背筋を伸ばしてすわります。リズミカルな呼吸法をおこない、心は性的な考えや夢想ではなくプラーナのエネルギーに集中させます。

性的な考えが頭に浮かんでも心配はいりません。ただこの強力なエネルギーはあなたの身体と心を強化させることに使えるのだということを理解しておいてください。

この強力なプラーナのエネルギーを生殖器から太陽叢へ引き上げるようすを視覚化します。太陽叢でこのエネルギーは変容し生命力の強力なたくわえとして蓄積されるのです。息を吸うたびにこのエネルギーを太陽叢へ引き上げましょう。太陽叢付近のプラーナのエネルギーが増加するのを感じるでしょう。

大きな愛と共感のためにはこのエネルギーが心臓へ移動する姿を想像するとよいでしょう。知性、集中力、超常能力のためには脳へ移動する姿を想像します。息を吸うたびにプラーナが引き上げられ、息を吐くたびに創造的な表現が送り出されるようすを頭に思い浮かべ、創造性の発揮のためにこのエネルギーを使うこともできます。

ヨーガで最も重要なスピリチュアルな呼吸

この呼吸法は、最も効果的にあなたのシステム全体をプラーナで満たします。あらかじめこれまでに紹介した練習法を数か月おこなって肺の力と精神力を発達させておくことが必要です。したがって、まずはこの方法を試すまえにほかの方法をマスターしましょう。この方法をきちんとおこなえば、頭のてっぺんからつま先まで新しい身体、新しくつくられた身体になったような気持ちがするでしょう。

〔練習方法〕

くつろいだ快適な姿勢で横になります。完全なリズムを確立するまでリズミカルな呼吸法をおこないます。プラーナのエネルギーが増加するようすを視覚化します。このプラーナのエネルギーが脚の骨を通して呼吸する姿を思い浮かべてください。息を吸うたびにプラーナのエネルギーが骨を通して取り込まれ、息を吐くたびに出ていきます。次にこのエネルギーが同じように腕の骨を通して呼吸するようすを想像します。それから頭頂部を通る姿、次に胃を通るようす、さらに生殖器のあたりを通る姿を思い浮かべ、脊柱に沿って上下に移動するようすを想像します。あらゆる毛穴を通して取り込まれ、出ていくようすを視覚化します。こうして、身体全体がプラーナと生命力で満たされます。

それからリズミカルな呼吸法を続けながら、プラーナの流れを生命力の中心に送り込みます。先ほどと同じように、内面の心のイメージを利用します。頭頂部を通して。額を通して。後頭部を通して。頭蓋《ずがい》の下部を通して。首のあたりを通して。心臓部を通して。おへそを通して。生殖器のあたりを通して。背骨の基部を通して。プラーナの流れを頭から脚まで数回通して、この練習を終わりにします。

それから浄化の呼吸法をおこなってください。


次の章では、誰でも実践できる簡単で元気のよい動きによって、エネルギー・フィールドを増大させる方法を学びましょう。

第15章

エネルギーの動きを利用する

エネルギー体を活性化させる方法

現代人は食生活やライフスタイルが原因で、肥満や軽い病気に悩んでいる人が多くなっています。この問題は肉体にかぎらずエネルギーの問題でもあります。簡単な運動でエネルギー・フィールドに働きかければ、エネルギー・フィールドを増強させ、癒され、浄化され、健康を回復させることもできます。首、肩、脳を活性化するエクササイズを実践してみましょう。

エクササイズでエネルギー体を活性化させましょう！

〝我々が自分の内に灯した明かりだけが他人を照らせるのだ〟

――アルトゥール・ショーペンハウアー

現代の多くの人々は肥満や軽い病気に悩んでいます。高血圧、極度の疲労、アレルギー、喘息、免疫不全、慢性疲労症候群などなど。こうした悩みの多くは、すわっていることの多いライフスタイルや、極度に加工した食品を摂取する食生活を原因としています。しかし、この問題は肉体的なものだけではありません。エネルギーの問題でもあるのです。エネルギー・フィールドと微細身に働きかけることが非常に重要な理由はここにあります。

現代のジレンマの解決法を見つけるには古代の知恵が頼りになります。簡単な動きを練習するだけで、エネルギー・フィールドは増大し、癒され、向上し、浄化されます。集中した努力によって健康はすぐに回復できます。どうぞわたしの著書〝Exploring Meditation〟と〝Exploring Chakras〟を参考にヨーガの姿勢（アーサナ）、ヨーガのエネルギーの鍵（バンダ）、〝カウチポテト・ヨガ〟そのほか効果の大きいエネルギーの運動をおこなってください。

本章では、エネルギー・フィールドの変容に、すぐにかなりのよい効果があらわれる運動をさらに学びましょう。いずれも簡単に覚えられて実行できるものです。この簡単な運動を毎日おこなえば、あなたの生活が変化すること間違いなしです。

エネルギーの準備運動

次の12ステップからなる3分間の簡単なエネルギー準備運動をおこなうと、すぐによい効果があらわれます。この運動はあなたの身体を流れているプラーナを刺激して、オーラ・フィールドのエネルギーを増加します。この簡単な、叩いたりこすったりの動きをするだけで、もっとはっきりものごとを考えられるようになり、内面の強さ、自信、前向きな姿勢によい影響があります。また否定的な感情、思考形態、そのほか大気にあるよくないエネルギーからあなたを守ってくれます。たった3分間で、あなたの心と身体と精神を変容させるのです。さあ、今すぐやってみましょう。

重要：この運動をする直前に、充分に潤ったと感じられるまで新鮮な水を飲むことが大切です。

1．片手の2本または3本の指先で手の外側のやわらかい箇所を、約10秒間、軽く叩くかこすります。この箇所は小指のつけ根と手首の中間になります。終わったら反対の手で同じことをします。こうするとストレスを軽減して身体が落ち着きます。

2．指の両側の、爪床部《そうしよう》近くを約10秒間、軽く叩くかこすります。こうすると内臓器官のバランスがとれます。

3．手の甲の小指と薬指のあいだ、指関節の近くを軽く叩くかこすります。同時に、交互に上下、左右、対角線に視線を向けます。こうすると脳のバランスがとれます。これをおこないながら、右脳を感じるにはハミングし、左脳を感じるには1から10まで数えます。

4．両手のそれぞれ3本の指先で、頭部の頭頂骨が合わさるところのやわらかい部分を約10秒間、軽く叩くかこすります。

5．両手のそれぞれ2本または3本の指先で、眉毛の始まるところ、または幅広い部分のすぐ上を軽く叩くかこすります。左の眉の上は左手の指で、右の眉の上は右手の指で、約10秒間おこなってください。

6．両手のそれぞれ2本または3本の指先で、目の約2・5センチ下の頬の部分を、左側は左手の指で、右側は右手の指で軽く叩くかこすります。約10秒間おこなってください。

7．鼻の下（上唇の上）と下唇の下を約10秒間、叩くかこするかします。これは身体の中央にある支配的な経絡を刺激します。

8．両手のそれぞれ3本の指先で、鎖骨の一番胸骨に近いところを叩くかこすります。左の鎖骨は左手の指で、右の鎖骨は右手の指で、約10秒間おこなってください。

9．こぶしをつくり、胸の中心の胸骨を、約10秒間叩くかこすってください。これは胸腺を刺激して、より多くのプラーナのエネルギーを身体に取り込み、強さとスタミナを増大させます。

10．両方の手で、腋窩《えきか》のすぐ下の身体の脇を約10秒間、叩くかこすります。

11．頭の後ろから背骨にかけてなでます。これは背骨を元気にし、ひいてはあなたにエネルギーを与えます。また毒素や老廃物、よどんだエネルギーをあなたのシステムから除去します。

12．想像のジッパーを恥骨から顎《あご》までずずっと引っぱって、エネルギー体を〝閉じ〟ます。これを3回続けておこない、3度目に鍵をかけるような動作をします。

首の運動

両足を閉じて直立し、両手は脇につけます。目はあけて、首の力を抜いてください。頭を右肩の方向にできるだけぐいと回し、右の方向、できるだけ遠くを見ます。それから今度は左肩の方向に回して、左を見ます。これを最低10回繰り返してください。

次に、胸骨のくぼみに当たるくらい頭を前に倒し、それからうなじの方向へそらします。これも最低10回繰り返します。

さらに顎を引いて、右耳で右肩にふれるように倒します。次は左耳で左肩にふれるように倒します。この運動のときには肩を上げないようにしてください。最低10回繰り返します。

最後に顎を引いて、頭をぐるりと回します。時計回りと逆時計回りに最低5回ずつおこないましょう。

肩の運動

両腕を脇につけ、手のひらは内側、腿のほうに向けます。親指をなかに入れて握りこぶしをつくってください。口笛を吹くときのように、口先を小さな円にしてとがらせます。空気を吸い込み、頬を膨らませます。息を止めて、胸骨のくぼみへと顎を下げます。板のように背筋を伸ばして腕をこわばらせ、息を止めたまま両肩を勢いよく上げ下げします。肘《ひじ》を曲げてはいけません。それから頭をあげ、息が続くだけ繰り返します。目を開き、腕の力を抜いて、ゆっくりと鼻から息を吐き出します。

Brain Gym®（ブレインジム）運動

ブレインジムはポール・E・デニソン博士とゲイル・E・デニソンが開発した、一連の簡単な運動です。教育キネシオロジーとブレインジムの創設者であり脳の応用研究のパイオニアでもあるふたりは、非常に効果が高く、しかもきわめて簡単なシステムをつくりだしました。

ここに紹介する5つのブレインジム運動は、ポール・E・デニソンとゲイル・E・デニソンの書いた"Brain Gym Teacher's Edition"からとったものです。デニソン夫妻は幼児から大人まで、脳の活性化はすべて運動を通して起きると語っています。さらに、単純で楽しく実際的なブレインジム運動は、教育キネシオロジーの動きを通して学ぶプログラムのほんの一部に過ぎないとも述べています。このプログラムは80か国以上の家庭、学校、運動施設、職場で利用されており、学習者の本来のペースを守り、学業成績を高めるのに特に役立つものです。

ブレインジムのカリキュラムについてもっと知りたい方、インストラクターの資格保持者の名前を知りたい方は、www.braingym.org のサイトにあるブレインジム・インターナショナル（Brain Gym International）に連絡をとってください。Brain Gym®は、教育キネシオロジー財団の登録商標です。

重要：これらの運動をする直前に、身体が充分に潤ったと感じるまで新鮮な水を飲むことが大切です。

ブレインボタン

片手をおへその上に置き、もう片方の手でブレインボタン（胸骨の左右、鎖骨の下にあるやわらかな組織）をじっくりとマッサージします。

ヒント

❢ このポイントを20〜30秒間、または圧痛がなくなったと感じるまで続けます。

❢ ブレインボタンは、最初はふれると痛い感じがするかもしれません。そのあとは、数日から1週間で、それがなくなります。そのあとは、ボタンにふれただけで活

ブレインボタン (図15a)

ブレインボタンは、胸骨の左右、鎖骨の下にあるやわらかい組織である。

片手をおへその上に置き、もう片方の手でブレインボタンを20〜30秒、または圧通を感じなくなるまでマッサージする。おへその上に片手を置くことで、身体の重力の中心を取り戻し、三半規管を出入りする刺激のバランスをとる。

脳に酸素の詰まった新鮮な血液を供給する頸動脈のすぐ上にあって、直接頸動脈を刺激するブレインボタンは、視覚における運動感覚的基礎を確立し、身体の正中線を横切る視力が驚くるほど改善する。

発になることでしょう。

❢ 両方の脳半球を活発にするために、マッサージの手を交替するのもよいでしょう。

〔この運動の由来〕

ブレインボタンは、脳に酸素の詰まった新鮮な血液を供給する頸動脈《けいどうみゃく》のすぐ上にあって、直接頸動脈を刺激します。脳は体重の50分の1の重さですが、酸素の5分の1を消費しています。おへその上に手を置くことによって、身体の重力の中心を取り戻し、三半規管《さんはんきかん》（内耳にある身体の平衡をつかさどる器官）を出入りする刺激のバランスをとります。〝失読症〟とそれに関連する学習障害は、指示メッセージの誤解に基づくもので、応用キネシオロジーでは視覚的な妨害が原因のひとつと考えられています。ブレインボタンは視覚における運動感覚的基礎を確立し、身体の正中線を横切る視力が驚くほど改善します。

ポジティブポイント

左右の目の上のポイントをそれぞれの側の手の指先で軽くふれます。図のように額の出たところ、眼球の上方、生え際と眉毛の中間になります。

ヒント

❢ 単語の綴りなど記憶したいことを考えたり、スペリング・コンテストのようにストレスの大きそうな状況に集中したりします。

❢ 両目を閉じて、そのイメージあるいはそこからくる緊張を体験し、それからそのあとの解放を体験するようにします。

〔この運動の由来〕

デニソン夫妻はこの感情的なストレスを解放するポイントを、タッチ・フォー・ヘルスからポジティブポイントへと改名しました。このポイントは胃の経絡のバランスをとる神経血管のポイントです。人

ポジティブポイント（図15b）

ポジティブポイントは、眼球の上方で、髪の生え際と眉のあいだ、額の出たところである。このポイントにそれぞれの側の手の指の先で軽くふれ、記憶したいことやストレスの大きそうなことに集中し、両目を閉じて、そのイメージまたはそこから来る緊張を体験したあと、解放を体験する。

人はストレスを腹に溜める傾向があり、その結果胃腸炎や神経性胃炎になるが、このポイントは胃の経路のバランスをとる神経血管のポイントであり、視床下部から、合理的にものごとを考える前頭葉への血液の流れをよくする。

はストレスを腹部に溜める傾向があり、その結果胃痛や神経性胃炎になりますが、このパターンは複雑な皮質が発達する小さな子供の頃に確立されてしまうことも多いのです。ポジティブポイントは視床《ししょう》下部《かぶ》から、合理的にものごとを考える前頭葉への血液の流れをよくします。このため闘争・逃走反応を予防し、状況に対して新しい反応を学ぶことができます。

レイジー8

横向きの8の字型（怠け者の8）、無限大記号を描くと、視覚の正中線を連続的に横切ることができるので、右目と左目を活発にし、右と左の視野が統合されます。8の字は横向きに描き、しっかりと決めた中心点をつくり、左の部分と右の部分をきちんと分け、続けて線を描きましょう。

ヒント

❢ 目の高さにポイントを決めて、それに合わせてきちんと立ちます。このポイントが8の字の中心点になります。

❢ レイジー8を描くときは、無理な姿勢はとらず幅と高さを必要に応じて調節します（視野全体を使い、腕はどちらの場合もいっぱいに伸ばします）。

❢ 最初に左手を使い、右脳をすぐに活発にするのがよいでしょう。

❢ 正中線から始めて、最初は逆時計回りに動かします。上へ、それからぐるりと回って、今度はおへそから時計回りに上へ、それからぐるりと回って最初の中心点に戻ります。

❢ 目が横向きの8の字型を追うときに、頭は少し動き、首には力を入れないようにします。

❢ それぞれの手で別々に3回繰り返してから、両手を一緒におこなうとよいでしょう。2色のチョークやペンを使ってもよいでしょう。

応用

✢ 横向きの8の字を運動感覚でよりよくとらえるために、目を閉じてこの運動をやってみましょう。

レイジー8 (図15c)

レイジー8は横向きの8の字、つまり怠け者の8、無限大の記号を描くことである。

目の高さにポイントを決めて立つ。正中線から逆時計回りから始まる無限大記号を描く。

首には力を入れないようにし無理な姿勢はとらず、幅と高さは必要に応じて調整し、腕はいっぱいに伸ばすようにする。左右それぞれの手で3回繰り返したら、両手を一緒におこなうとよい。

運動感覚をよりよくとらえるためには目を閉じる、リラックスするにはハミングをするとよい。長いリボンを持ったり、砂や紙、黒板など異なる触感の表面にも描いてみるとよい。

この動きは目を活発にし、左右の視野が統合される。

✚ 横向きの8の字型を描きながらハミングをすると、よりリラックスできます。

✚ 長いリボンなどを持って横向きの8の字型を宙に描いたり、砂や紙や黒板など、異なる触感の表面に描いたりしてみましょう。

✚ 8の字型の大きさを、大から小へと徐々に変えていきます。最初は顔と平行の位置にある大きな面に描き、次に机に向かい、この動きが書くこととつながるようにします。

✚ エネルギー8：両方の手を同時に下へ、互いが交差するように動かし、それから上に振り上げてぐるりと回します。腕をゆっくりと動かして、左右両方の視野を意識します。それから腕の残像をソフトフォーカスで見ながら素早く動かしましょう。

（この運動の由来）

小さな無限大の印、〝レイジー8〟に沿って動きを追ったり感じたりすることは、重度の学習障害を持つ子供たちの運動感覚と触感を発達させる教育的療法に使われてきました。こうした子供たちは神経学的にはまだ視野の正中線を横切ることができません。この動きは読書や文章を書くときの文字の反転や転位をなくします。デニソンは1974年に視力トレーニングの一部としてレイジー8を取り入れ、生徒に腕を大きく使って黒板に横向きの8の字型を描かせ、手の動きを目で追わせるようにしました。生徒たちは記号の識別能力がすぐに向上し、左側と右側を区別できるようになりました。

クロスクロール

この対側性の運動は、その場歩きと同じように、腕と反対側の脚、もう一方の腕とその反対側の脚を交互に動かします。クロスクロールは、右脳と左脳の両方に同時に働きかけるので、身体の正中線を横切る必要のある技術の準備体操として理想的です。

ヒント

❢ 身体と脳がクロスクロールによく反応するよう準備として、水を飲みブレインボタンをしておくとよいでしょう。

ブレイン運動－クロスクロール (図15d)

クロスクロールはその場歩きと同じように、腕と反対側の脚を交互に動かす対側性の運動である。

運動感覚を活発にするように手で反対側のひざにふれるようにする。

背中側で反対の足を触ってみたり、腕と脚を思いっきり伸ばしてスローモーションでもやってみる。合間にスキップを入れたり、音楽やリズムに合わせてみるのもよい。

このような対側性の運動は脳の中の発話や言語能力を活発にする効果があるとされてきたが、表現をつかさどる半球だけではなく、受容的な半球も刺激し、両方を統合した学習を促進することがわかった。

❢ 運動感覚を活発にするために、手で交互に反対側の膝にふれましょう。

応用

✢ すわっているときに、反対側の腕と脚を一緒に動かすクロスクロールをやってみましょう。

✢ 背中側で反対側の足にさわってみましょう。

✢ スローモーションのクロスクロールをやってみましょう。反対側の腕と脚を思いきり伸ばします（集中するためのクロスクロール）。

✢ クロスクロールの合間にスキップ（または軽いジャンプ）をします。

✢ バランスを改善するには目を閉じてクロスクロールをしたり、クロスクロールをしながら泳いでいるつもりになったりするとよいでしょう。

✢ いろいろな音楽やリズムに合わせてクロスクロールをやってみましょう。

⌒この運動の由来⌒

身体が成長すると、這ったり歩いたり走ったりと身体の反対側をからませるような動きが、当然起きてきます。前世紀のあいだ、学習能力を最大にするための、神経形成に這うという動作が利用されてきました。専門家は対側性の動きは、脳のなかの発話や言語能力の中心を活発化するので効果があるのだという理論をうちたてました。しかしデニソンは、クロスクロールの運動に効果があるのは脳の表現をつかさどる半球だけでなく受容的な半球も刺激し、両方を統合した学習を促進するからだということに気づいたのです。この一度に脳の片側だけというプロセスより脳全体が動いたほうがよいという考えは〈デニソンの偏側性再構成化（Dennison Laterality Repatterning）〉を通して確立されています（Edu-K for Kids を参照のこと）。

フックアップ

フックアップは身体の電気回路を接続し、注意力と無秩序なエネルギーの両方を封じ込め、それによってそこに焦点を当てようというものです。緊張によって阻害されている部分にエネルギーの回路を通

フックアップ (図15e)

フックアップは、身体の電気回路を接続し、注意力と無秩序なエネルギーの両方を封じ込め、そこに焦点をあてようというものである。

左足首を前に足首を重ねる。手を前に伸ばし左手首を上に手を重ねたら胸のほうへ引き寄せる。目を閉じ深呼吸をして１分間リラックスする。足をほどき両手の指をふれあわせ、さらに１分間深呼吸を続ける。

緊張によって阻害されているエネルギーの回路を通すので、心と身体がリラックスできる。

すので、心と身体がリラックスしていきます。腕と脚との8の字型は、身体に流れるエネルギーのラインに沿っています（パートⅠ）。指先をふれあわせると、バランスがとれ、左右の脳半球がつながります（パートⅡ）。

ヒント

❢ パートⅠ：すわって、左の足首を前にして右の足首に重ねます。両腕を前に伸ばして、左の手首を上にして右の手首に重ねます。それから両手の指を組み合わせて、両手を胸のほうに引き寄せます。ここで目を閉じてもよいでしょう。深呼吸をして、1分間ほどリラックスします。

オプション：息を吸うときに舌を平たくしたまま口《こう》蓋《がい》を押します。息を吐くときには舌の力を抜いてください。

❢ パートⅡ：用意ができたら、組んでいた脚をほどきます。両手の指先をふれあわせて、深呼吸をさらに1分間続けます。

応用

✝ フックアップは、すわっていても立っていてもできます。

✝ パートⅠに関しては右足首と右手首を上にしたほうがやりやすい人もいるかと思います。

（この運動の由来）

フックアップは後脳にある生存の中心から、中脳と大脳の新皮質にある理論の中心へと電気的エネルギーを移動させるため、右脳と左脳の活発な統合、細かい運動能力の調節、整然とした理論づけなどを活性化します。こうした統合の経路は、普通、幼児期におしゃぶりや交互に動く動きによって発展的に確立していきます。舌を口蓋に押しつけると大脳辺縁系を刺激し、前頭葉のより精巧な理論づけにあわせて感情的な処理ができるようになります。

受容的脳（右脳や後脳）の過剰なエネルギーは鬱病、痛み、疲労、過活動などになってあらわれます。このエネルギーは、パートⅠの運動で8の字型のパターンを描いて、能動的脳（左脳）に向きを変えます。デニソンはこの姿勢は感情的ストレスを解放して学習上の困難を軽減するときにも使えることに気づきました。電磁エネルギーの専門家であるウェイン・クックは、電気公害の悪影響に対抗して調和を守る方法として、フックアップで使っているこの姿勢のバリエーションをつくりあげました。

次の章ではダウジングの道具を使って、自分のオーラや周囲のエネルギーを増大し、有害なエネルギーを癒す方法を学びましょう。

第16章

直観的キネシオロジーを利用する

オーラを強化する方法

振り子を分円図、パーセンテージチャート、チャクラチャート、カラーチャートの上で揺らし、揺れ具合から自分のオーラを強め、癒すヒントを導き出すことができます。また、振り子やLロッドを使って人体に有害なエネルギーを放つ場所を明らかにしたり、浄化することも可能です。祈りだけでなくキネシオロジーも利用して、ネガティブなエネルギーをポジティブに変身させてください。

オーラの強化に直観的キネオロジーを用いてみましょう！

〝あなたのなかにあるのは世界の光。それは世界と共有しなければいけません〟

——ピース・ピルグリム

1974年、スイスのアロサでわたしは導師のマハリシ・マヘーシュ・ヨーギーの個人スタッフとして務めていました。わたしが初めて振り子を見たのは、フランスのヒーラー、ダニエル・モーリンがわたしたちのアシュラムを訪問したときのことでした。ダニエルはわたしに隣にすわるよう誘い、振り子を揺らしました。それは糸の先につけたつぶれた薄切りのパンで、多色使いの分円図の上で揺らされていました。いいえ、読み間違いではありません。本当に糸の先についたパンだったんです。彼は何か書き留めると、わたしに何本かの興味深い細身のガラス瓶をくれました。瓶をあけるのに、端を壊さなければなりませんでした。ラベルのひとつは〝ウラン〟となっていました。え、どういうこと？

奇妙で神秘的な薬はおよそ1か月で使いきりました。とても驚いたことに、わたしはその1974年の1か月、今までにないほど健康で丈夫でポジティブでパワフルな自分を感じていました。エネルギーに満ちあふれて、ほとんど眠れないほどでした。ダニエル・モーリンのようなヒーラーにまた遭《あ》えたら、わたしは心の底からそう願っています。

あなたの想像力：あなたの唯一の限界

1982年ごろ、カリフォルニア州ビュートの郡庁舎の建物には、空調のための通風孔がありませんでした。建物には新鮮な空気が循環することはなく、窓は開きません。50人の職員が働く査定官室では、罹患《りかん》率が1・5％増加しました。室内の鉢植えの草花はしおれてしまいました。

現在はニューメキシコ州ラス・クルーセスに住む優秀なダウザー、トニー・ゲーリンガーは当時査定官の補佐を務めていました。振り子と、本章でご紹介するものと似た分円図を使って、建物の空気の質を検査すると、マイナス10からプラス10までの目盛りのなかで、結果はマイナス8でした。本来は20%あるべき酸素の含有率は8%しかありませんでした。

トニーともうひとりの優秀なダウザー、ウォルト・ウッズは、想像できる限りのことは、なんでも可能だと考えました。そこで振り子を使って、ふたりは自分たちのハイアー・セルフが、建物の空気の質を小川近くの森の空気に似せて、永久に変容させることができるかどうか尋ねました。ふたりは〝ハイ〟の答えを得て驚きました。ふたりが毎日振り子を使って働きかけたところ、最終的に空気は大幅に改善し、酸素の含有量が20%で目盛りがプラス10になったのです。

続く3か月で、罹患率《りかんりつ》は減少しました。その次の3か月の終わりには罹患率は平常に戻りました。鉢植えの草花は、元気になりました。職員の気分が悪くなることはもうありませんでした。建物の空気はトニーが1984年に引退するまで、きれいなままでした。

あなたの唯一の限界は、あなたの想像力なのです。これから自分の直観的キネシオロジーの道具を使ってどんな奇跡が得られるのか見てみましょう。

振り子によるオーラの癒し

振り子を使用すると、可能性は無限です。熟練した振り子使いは生活のあらゆる分野で驚くような結果を生み出しています。なかには〝マップダウジング〟で、世界中の人を相手に飲み水の場所や失せ物を見つけている人もいます。彼らは本章のものと似た図を使って、素晴らしい癒しをおこなっています。

重要：以下の方法を実行するまえに、まず第6章を読み勉強してください。それぞれの方法をおこなう直前には311頁のエネルギーの準備運動をおこなってください。

◇ 振り子用のパーセンテージチャート

最初の実験をしてみましょう。振り子用のパーセンテージチャート（図16ａ）を見てください。この図をテーブルの上に置きます。エネルギーの準備運動を終えたら、振り子を〝用意の位置〟に持ってきます。この図では用意の位置は左に振れるところで

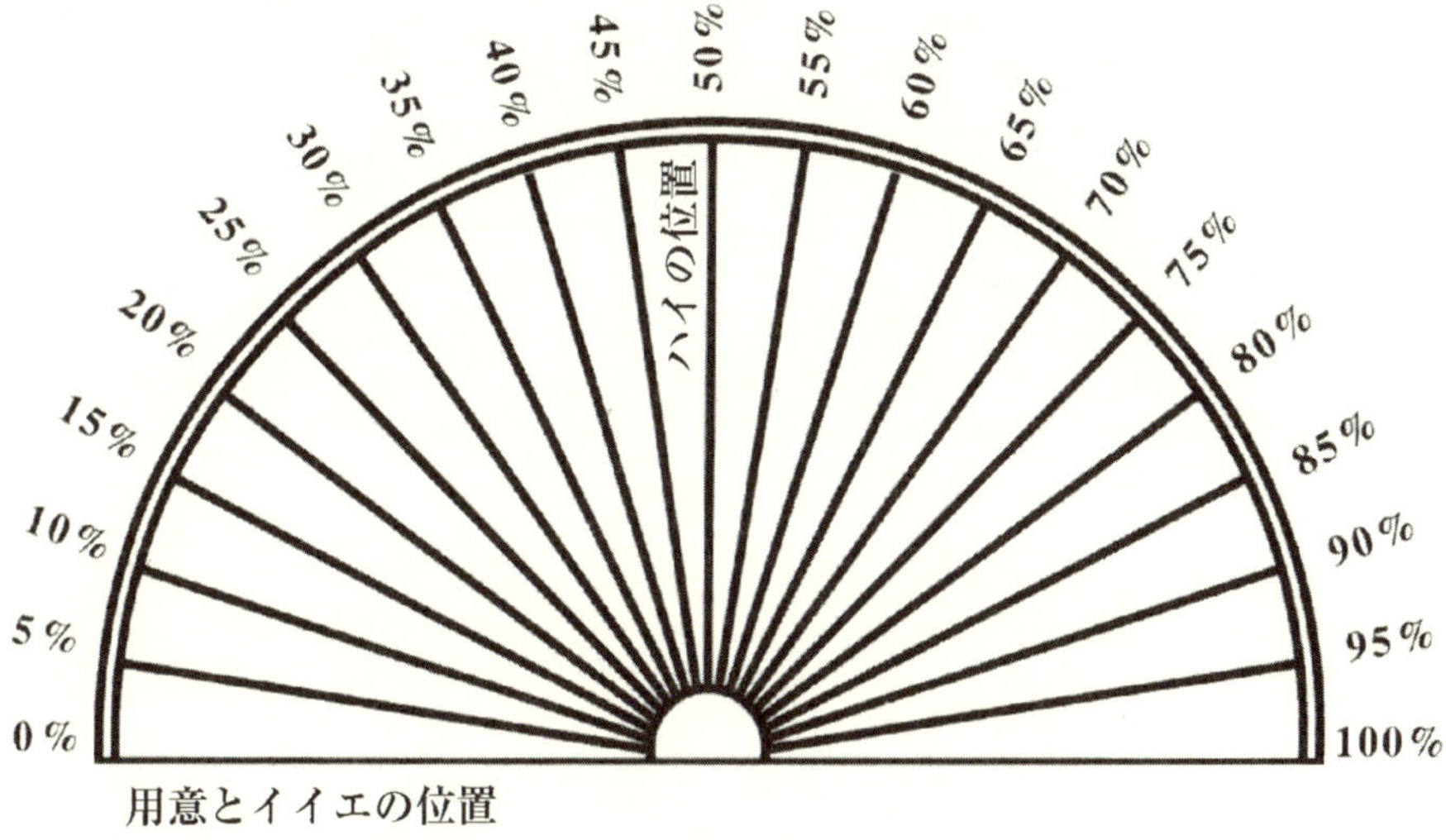

振り子用のパーセンテージチャート（図16ａ）

図をテーブルの上に置き、エネルギーの準備運動をしたら、振り子を中心から左に振れるよう“用意の位置”に持っていく。それからハイアー・セルフに向かって声を出して“最高に健康で調和のとれたオーラに対して、現在わたしのオーラは何%の状態にあるか教えてください”と語りかけ、深呼吸をする。振り子が図上で動き出し、分円図のある角度で振れつづけるようになったら、そこが健康で調和のとれたオーラを100%としたときの、現在の数値を示している。

す。それからハイアー・セルフに向かって声に出して〝最高に健康で調和のとれたオーラに対して、現在わたしのオーラは何%の状態にあるか教えてください〟と語りかけ、深呼吸をします。振り子が図上を動き出し、分円図のある角度で振れつづけるようになるでしょう。そこが健康で調和のとれたオーラを100%としたときの、あなたの現在の数値を示しているのです。

　その数値がわかったら、再び振り子を用意の位置に持ってきます。ハイアー・セルフに向かって声に出して〝わたしのハイアー・セルフは今、わたしのためになることをしてくださいますか〟と尋ねます。イイエの答えを得たら（左に振りつづけたら）、それ以上続けないでください。ハイの答えを得たら（前後に振れたら）、ハイアー・セルフにこう言います。〝どうぞわたしのオーラを最高に健康で調和のとれたものにしてください〟

　それから振り子を図上の用意の位置で揺らします。振り子は用意の位置から移動しはじめて、あなたのオーラが今の時点でできるだけ健康でバランスのとれた状態になるまで、揺れているでしょう。それが100%でなかったら、オーラが健康でバランスのとれた状態になるまで毎日働きかけましょう。

　今度は想像力の練習です。この図を使って計測したいこと、治したいことがほかにありますか？　覚えておいてください。あなたはどんなことでもハイアー・セルフにお願いできます。皿の上に乗っている食べ物の栄養価を高めることだって頼んでよいのです。少し例をあげておきましょう。

1．わたしの（犬、植物、姉妹、夫など）の健康は、理想の健康状態に対して何パーセントですか？
2．今のわたしのエネルギー・フィールドに対して（特定の食品、ビタミン、ハーブ、ホメオパシーのレメディーなど）は、何パーセントくらい役に立ちますか？
3．わたしの身体にとって（特定のホリスティック・ヒーラー）は何パーセントくらい役に立ちますか？

　どんな質問をすればよいか、わかってきましたか？

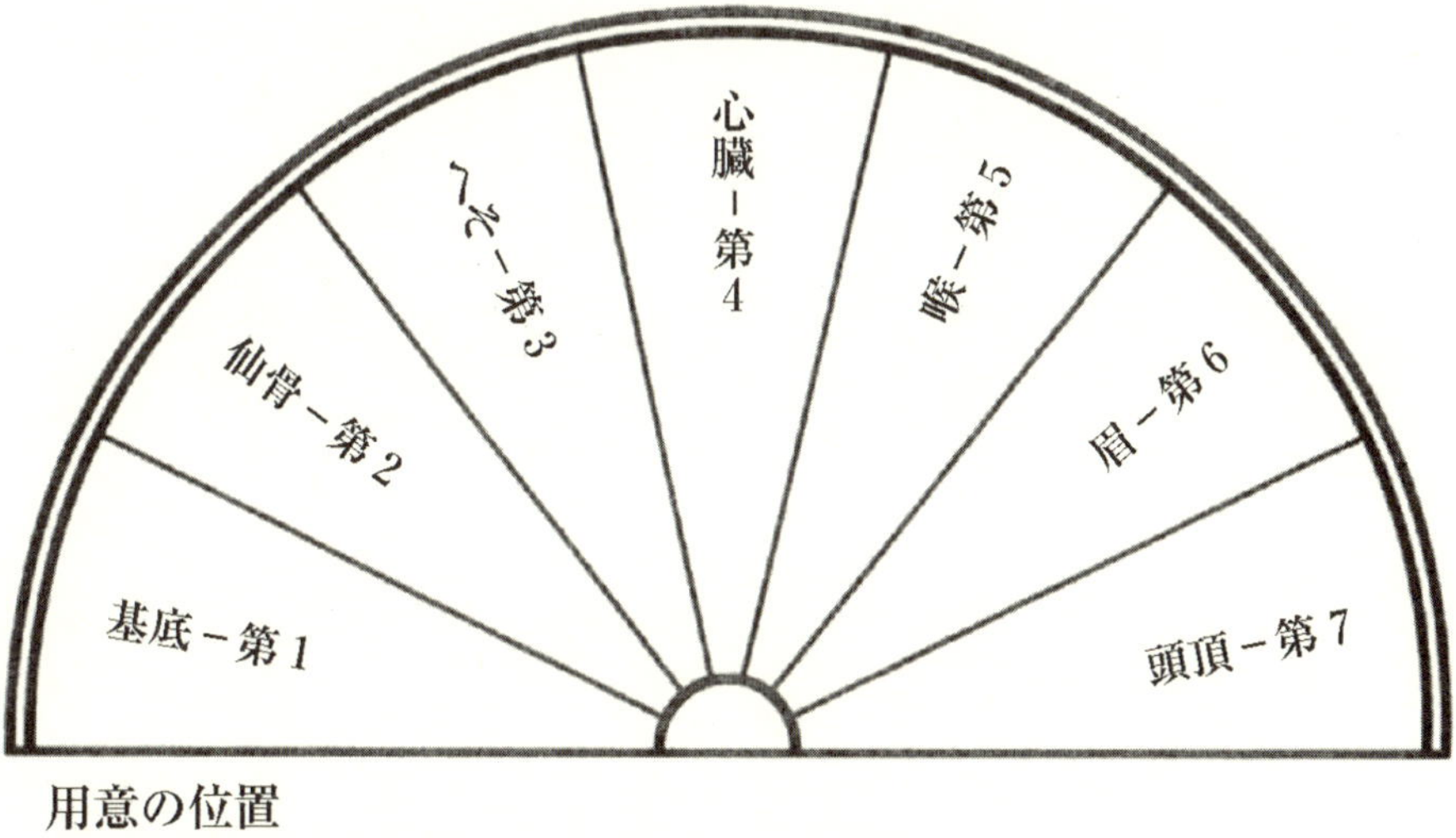

振り子用のチャクラチャート（図16b）

図をテーブルの上に置いて、振り子を用意の位置に揺らす。ハイアー・セルフに向かって声を出して“今、どのチャクラがプラーナのエネルギーを必要としていますか？”と尋ねる。振り子は現時点で、プラーナのエネルギーが不足しているチャクラを示すように動きはじめる。

◇ 振り子用のチャクラチャート

今度は別の実験をしてみましょう。振り子用のチャクラチャート（図16ｂ）を見てください。この図をテーブルの上に置いて、振り子を用意の位置、左の方向に揺らします。ハイアー・セルフに向かって声に出して尋ねてください。〝今、どのチャクラがプラーナのエネルギーをもっと必要としていますか？〟あなたの振り子は現時点で、プラーナのエネルギーが不足しているチャクラを示すように動きはじめるでしょう。

それから図16ａを使います。ハイアー・セルフにこう尋ねてください。〝今、（エネルギーを必要としているチャクラの名前）のチャクラにあるプラーナのエネルギーは何パーセントですか？〟振り子は現在の数値を教えてくれるでしょう。

振り子を用意の位置で揺らしながら、ハイアー・セルフに尋ねます。〝わたしの（エネルギーを必要としているチャクラの名前）のチャクラに対して、よいことをしてくださいますか？〟ハイの答えを得たら、用意の位置に戻ってハイアー・セルフに語りかけます。〝どうぞ望ましい調整をおこない、この（エネルギーを必要としているチャクラ）のチャクラに最適なプラーナのエネルギーを注入してください〟振り子は、今、そのチャクラに注入されているエネルギーの数値を示してくれるでしょう。

今度は図16ｂに戻り、ハイアー・セルフに向かって、もう一度、ほかのチャクラがプラーナのエネルギーを必要としているかどうかを尋ねます。エネルギーを必要としているチャクラのすべてにプラーナのエネルギーが注ぎ込まれるまで、上記と同じ方法を繰り返します。

◇ 振り子用のカラーチャート

振り子用のカラーチャート（図16ｃ）を使うと、あなたの現在のオーラの色がわかり、色に関してそのほかの考えられる情報を得ることができます。以下のような質問をするのにカラーチャートを使いましょう。そのほか自分で思いついた質問もしてみてください。

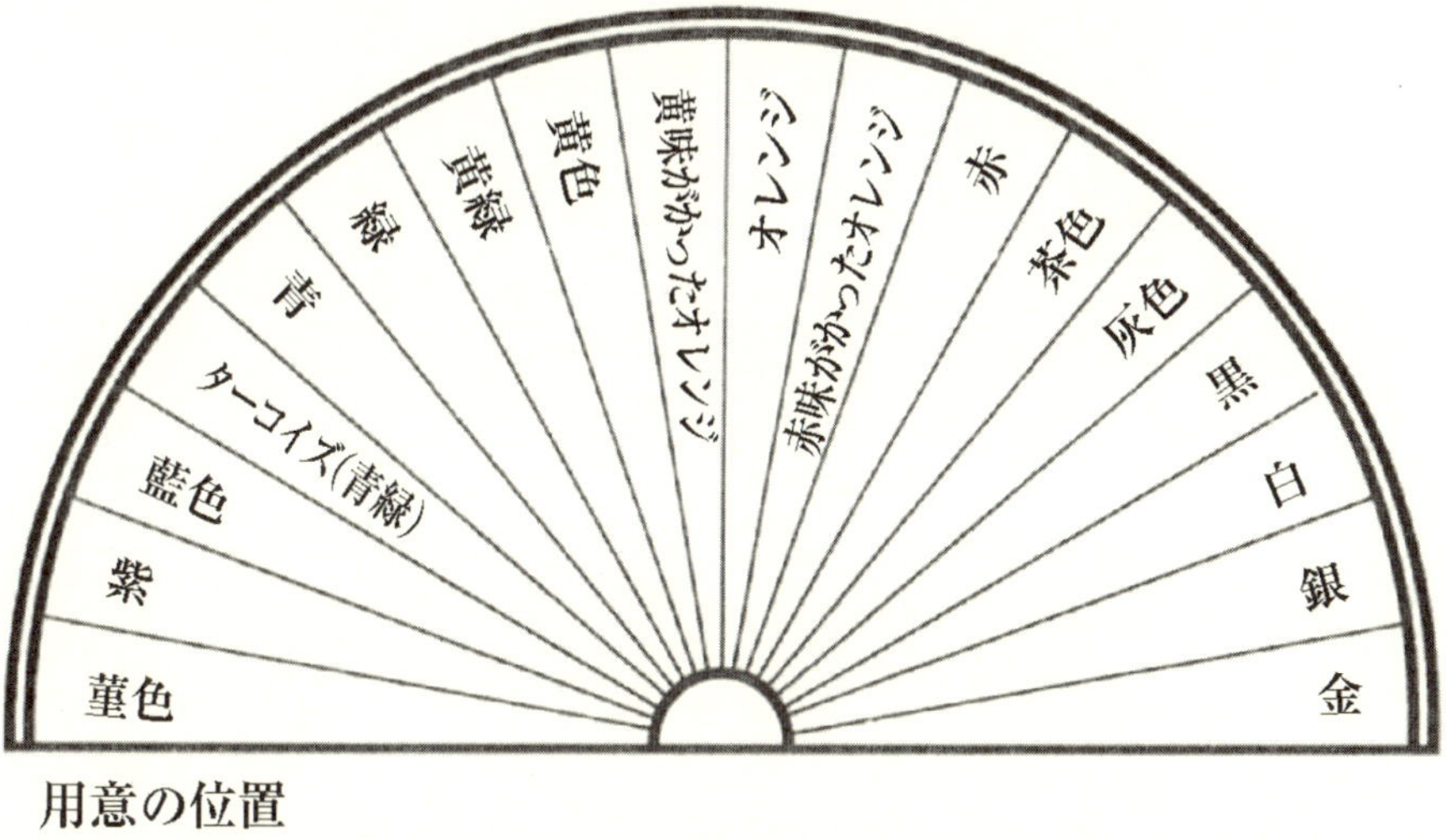

振り子用のカラーチャート（図16c）

この図を使うと、自分の現在のオーラの色がわかり、色に関しての情報を得ることができる。たとえば、現在のオーラの色、本来は役に立つのに現在は欠けている色、今日身につけるといい色は？　自分に光を当てるとしたら何色が効果的か？　病気など悪い状態を癒すのに効果のある色はどれか？　など。このほか、自分で思いついた質問をしてもよい。

1．わたしの現在のオーラの主な色はどれですか？
2．わたしのオーラ・フィールドのなかで、本来はわたしに役に立つのに現在は欠けている色はどれですか？
3．今日わたしが身につけるといい色はどれですか？
4．わたしの（基底のチャクラ周辺、仙骨のチャクラ周辺、など）に光をあてるとしたら、何色が効果的ですか？
5．この（インフルエンザ、風邪、アレルギー、性的不能、肥満、高血圧など）を癒すのに効果のある色はどれですか？

エネルギー・フィールドに必要な色がわかったら、図16ａに交換して、現在のオーラ・フィールドにあるその色の数値を測ります。それからハイアー・セルフに向かって、望ましい方向に調節してもらうよう頼みます。また着色した光、光を注入した水などの使い方に関しては第13章を参照してください。

◇ 振り子用の書き込み図

ほかに訊いてみたいことや測ってみたいことがあれば、図16ｄを使いましょう。この図をコピーして、なんでも訊いてみたいことを書き込んでください。あなたの唯一の限界はあなたの想像力であることを忘れないで。

注意：ダウジング用の道具は診断や治療の道具ではありません。健康診断や測定、そしてヒーリングの手法を取り入れる前には、資格を持った医療関係者の指示と監督をあおいでください。

オーラを癒しバランスをとる方法

Ｌロッド1本を使って、他者のエネルギー・フィールドを計測し、バランスをとり、癒す簡単な方法をご紹介します（これはＬロッド2本ではうまくいきません）。

準備運動を終えたら、相手に自分から1・5メートル離れたところに立ってもらいます。Ｌロッドを

振り子用の書き込み図 (図16d)

この図をコピーして、きいてみたいこと、測ってみたいことを書き込んで測定する。

用意の位置に持ち、ハイアー・セルフに語りかけてください。〝どうかこの人の精神体の外縁をわたしに見せてください〟それからLロッドが発見の位置に動き、精神体・感情体の外縁を示すまでゆっくりと近づいていきます。

この方法で身体の前後、左右、頭頂部、足元のまわりを測ってください。Lロッドをしっかりと持ち、少し（約5度くらい）下に傾けます。オーラの形が一方に傾いていたり、身体の周囲に平均していなかったりすることに気づくかもしれません。これはネガティブなエネルギーや悪い影響、有害な存在、あるいは身体的な問題を示しています。

今度は相手に両腕を左右に上げてもらい、あなたはゆっくりと念入りにエネルギー・フィールド全体を調べます。穴やへこみがないかよく探してください。身体とは別に頭だけも調べます。穴があると、Lロッドが突然、身体に向けて内側に動くでしょう。穴を通り過ぎると発見の位置に戻ります。

穴やへこみは以前のけがや現在の身体的問題、幼児期の問題、霊の影響、霊に取りつかれた状態などを示しています。

オーラ・フィールドのバランスをとるにはいくつかの方法があります。

1. 振り子かLロッドを使ってハイアー・セルフに、その人のエネルギー・フィールドのためになるように治してくれるよう頼みます。243頁で勉強した方法を使ってください。
2. 本書の第9章、第10章、第11章で紹介した多くのアファメーションからひとつを選んでエネルギー・フィールドを癒してくれるよう祈ります（161頁の〝穴を閉じる〟もよいでしょう）。
3. プラーナをほかの人に送るための255頁の呼吸法を使いましょう。
4. 以下のハンズオンヒーリングをやってみましょう。まず何回か深呼吸して、気持ちを集中します。ハイアー・セルフに無限のプラーナ・エネルギーの源泉――神の源泉――からあなたの両手を通してエネルギーを送るように頼みます。それから両手を相手のエネルギー・フィールドの外縁に沿って動かし、穴の部分を素早い動きで埋めていきます。雪だるまに雪をのせてかためていく感じです。

それからエネルギー・フィールドの表面を軽く叩いて、形をなめらかにふんわりさせます。

右記の方法のひとつを使って、相手のエネルギー・フィールドに充分エネルギーを供給したら、もう一度オーラ・フィールドを測定して、大きく対称形になっているかを確認します。びっくりしますよ。

大気のエネルギー・フィールド

ペンシルバニア州エリーに住むベテランのダウザー、トーマス・ミリレンは、両手と両足に深刻な痺《しび》れがあり、肘と膝にまで広がっていると訴えていたH氏の報告をしてくれました。さらにH氏にはひどい背中の痛みがあり、薬もきかないというのです。これらの問題は停年の約1年後に始まりました。

Lロッドで計測したところ、トーマスはH氏の両足、両手、膝下、前腕周辺のオーラがまったくなくなっていることに気づきました。トーマスがH氏のエネルギー・フィールドを元気にすると痛みはおさまりましたが、1週間後には再びやってきました。そこでトーマスはH氏の住んでいる場所が〝ジオパシック地域（有害で有毒な地域）〟の可能性があると考え、調査することにしました。

現場に到着すると、H氏の家の前庭に2本の奇妙にねじれたカエデの木がありました。Lロッドを使い、トーマスは4本のジオパシック・ラインが家を、そして2本がカエデの木のところを走っていることを発見しました。有害な線のひとつは、H氏がテレビを見るときの椅子と書斎の椅子を通り抜けています。別な線はH氏のベッドの脇を通っていました。

ジオパシック地域に対処するひとつの方法は、ジオパシック・ラインが土地の外縁と交わる場所に鉄筋を打ち込むことです。トーマスはこれをおこないました。また主寝室のベッドの周囲には銅線で輪を作って囲みました。

それからトーマスはH氏の失われているエネルギーを満たして、身体の周囲にオーラが広がり調和のとれた状態にしました。H氏の痛みと痺れはおさまり、数回の治療ののちにはH氏の健康問題は完全になくなり、二度と戻ってくることはありませんでした。

カリフォルニア州オロヴィルに住む優秀なダウザー、ウォルト・ウッズは、過食症と拒食症に苦しみ、いつも黒い服を着ている高校3年生の少女の話を教えてくれました。ウォルトは少女に、自分自身を描いた棒線画を送ってくれるように頼みました。ウォルトは振り子を使って、少女のエネルギー・フィールドの3分の2が有害なエネルギーの影響を受けていることを発見しました。また、少女のベッドの枕部分にジオパシック地域があることも見つけました。さらに少女は拒食症の霊に取りつかれていました。

ウォルトは1週間をかけ、少女のエネルギーが正常になるまで毎日振り子を使って働きかけました。1週間の終わり、少女は赤褐色の髪から黒いヘアカラーを落としました。そしてピンクやその他の色の服を着るようになったのです。卒業記念パーティには紫色のふちの白いドレスを着ました。それからまもなくして、彼女は結婚しました。

これらの話は、大気のエネルギー・フィールドが身体の健康にどれほど深刻な影響を及ぼすか、またどうしたらそれを修正できるかを教えてくれます。

よいエネルギー、悪いエネルギー

建物の中に入ったときに、調和のとれた平和な感じ、気持ちが明るくなり広々とした雰囲気を感じることはありませんか。あるいは否定的で、ぐったりするような混沌とした感じを受けることはありますか。なんともいやな雰囲気で思わず出ていってしまうこともあるかもしれません。病気の人の部屋に入って、なんとも落ち着かない気分になりあとずさってしまうことはないでしょうか。こうした波動を感じたことがあったら、あなたは空気中の〈気〉に敏感なのです。

インドやその他の神聖な地域の旅のあいだ、わたしは聖なる寺院やその他の聖地を訪れる機会に恵まれました。寺院のなかには何千年にわたり絶えず執務が営まれてきた結果、このうえなく素晴らしい神聖な波動が発散されていて、日常の事柄から天国の領域へと永遠に連れていってくれる思いがしました。ためになるスピリチュアルなエネルギーの渦は世界中の宗教的な建物、水域、山々に見られます。スピリチュアルな渦のなかにはカリフォルニア州のシャスタ山、ワイオミング州のテトンズ、エジプトのピラミッド、ペルーのマチュピチュをはじめとする、たくさんの聖地があるのです。しかし自宅や職場にも強力でスピリチュアルな波動や渦を自分でつくることができます。

レイ・ライン、ハートマン・グリッド（磁気の線）、カリー・グリッド、そのほかの幾何学構造が地球を縦横に走り、グリッドを形成していると考えられます。エネルギーのラインが神聖な幾何学模様をつくりだしているのです。

事実、この大地はエネルギーで満ちています。電磁場、マイクロ波、テレビとラジオの電波、衛星波、携帯電話の電波、放射性エネルギー、地震活動、地震による地割れや断層、レイ・ラインの交差点、ガンマ線、渦、有毒ガスなどなど。また思考形態、霊、そのほか周囲にある精神的雑音など別の次元のエネルギーも地球を取り巻いています。地球の大気は電気でざわつき、エネルギーで混み合っているのです。

こうしたエネルギーのなかには健康を損なうものもあります。電磁波やそのほかの破壊的なエネルギーに敏感な人は、携帯電話の電波塔や発電所などの近くに住んでいると病気になることがあります。がん患者や重篤《じゅうとく》な病気の患者のベッドの下には、よく地下水の流れが発見されます。

ウォルト・ウッズなどのベテラン・ダウザーは有害な地域はあらゆる生物にとって有害であることを発見しました。ジオパシックなエネルギー・ラインの通り道では、草、木、生垣の生長は妨げられ、枯れてしまうことさえあります。生垣全体は元気なのに、1箇所だけがどんなに世話をしてもうまく育たないのです。また舗装された道路や歩道には、有害な線のパターンに沿って、ひびが入ったり変色したりすることがあります。

自然のなかにこうした現象があるのに気づいたことがありますか？　近所を歩いてみたり公園を訪れたりして、木々や歩道にそうした線が走っているかどうか見てみましょう。

大地のエネルギーを計測する方法

有益、有害にかかわらず、現場で地球のエネルギーのパターンを見つけるのに最も役に立つ道具はLロッドです。最初にLロッドを使って地下水の流れのある場所を見つけましょう。これは簡単でしょう。流れる水に含まれる電磁エネルギーがLロッドを大きく動かすからです。

地下水の流れの場所を見つける

311頁のエネルギー準備運動を終えたら、Lロッドを手に持って家の外に出ましょう。敷地の西の端に立ち東を向きます。Lロッドを用意の位置にかまえてください。ハイアー・セルフに声を出して語りかけます。〝この敷地の下に地下水が流れているところを横切ったら、どうぞ教えてください〟そして、深呼吸をしましょう。完全にリラックスして、内面に集中します。ゆっくりと前進しつつ、Lロッドが発見の位置に動くまで敷地内を歩きます。反応はあるかもしれないし、ないかもしれません。

西から東へ歩き終えたら、今度は方向を変えましょう。敷地の北の端に立ち、南側を向きます。Lロッドを持って、もう一度探してください。反応があれば、地下水の場所を見つけたことになります。この実験をいろいろな場所で繰り返し、地下水の流れの場所を見つける自信をつけていきましょう。

ジオパシック地域を見つける

今度は同じ方法で、家の周囲で悪いエネルギーのある場所を探します。次のように語りかけましょう。〝ジオパシック・ライン、有害なエネルギー、そのほか有害な場所がこの敷地にあればどうぞ教えてください〟

ジオパシック・ラインは特定の方向に流れています。場所がわかったら、Lロッド1本を使い、ハイアー・セルフに語りかけてください。〝この有害な地域の動きの方向を教えてください〟そうすると、Lロッドがエネルギーの流れていく方向を指してくれるでしょう。このようにしてジオパシック・エネルギーの〝入り口の点〟を見つけます。そこから悪いエネルギーが敷地や家に入ってくるのです。

有害な地域の影響を確認する

有害な地域やジオパシック地域が人に悪い影響を与えているかどうかを確認するのはきわめて簡単です。Lロッドを使って、対象となる人にジオパシック地域の外に立ってもらいオーラの大きさを計測します。それからその人に地域の中に入ってもらい、あなたはLロッドを持ってその人に近づいていきます。あなた自身はジオパシック地域に入ってはいけません。そうすると結果が正しく出ないからです。有害な地域に入ったときにその人のオーラが縮んでいるでしょう。また眩暈《めまい》や不快感を覚えることもあるかもしれません。

離れたところからの調査

遠隔直観キネシオロジーまたはマップ・ダウジングには、現場での探索と同等の効果があります。調査する場所の地図を入手するか自分で地図を描いてください。これは家、アパート、商業用地区、区画、会社の建物、地所、部屋、町、人の身体、そのほか調査したい空間ならなんでもかまいません。

地図の左端に定規か直定規を置き、振り子を用意の位置で揺らします。それから声を出してハイアー・セルフに語りかけてください。〝直定規が(地下水の流れ、井戸の場所、有害な地域、ジオパシック・ライン、有害なエネルギー、スピリチュアルな渦、失せ物、そのほかの目標物の名前を特定します)を横切ったらどうぞ教えてください〟

今度は定規をゆっくりと地図上、右の方向へ滑らせていきます。振り子の揺れが発見の位置に変化したら、そこで定規を止めて、地図上に線を書き入れます。さらに続けて、振り子が示した場所すべてに線を書き入れてください。今度は定規を地図の上部に置いて、振り子を用意の位置で揺らします。前と同じ要領で進めます。振り子が反応したところすべてに線を書き入れます。終わったら、線が交差しているところが目標物のある場所です(Xのマークです!)。

有害なエネルギーを浄化する方法

これでジオパシック地域や有害なエネルギーの所在をはっきりさせる方法はわかったことと思います。今度は〝場所がわかったらどうすればいいの？〟という疑問にお答えしましょう。ここでは有害なエネルギーを浄化して、どんな状況でも場所でもポジティブな波動を増大させる方法をご紹介します。

第9、10、11章でご紹介した祈りとアファメーションが、対象とする場所や人のネガティブなサイキック・エネルギー、サイキックな結びつき、霊、思考形態、その他、ネガティブな感情のエネルギーを癒し解放するのに効果的なことは言うまでもありません。

祈りの力に加えて、ネガティブなエネルギーを浄化し、ポジティブなエネルギーを増大させるのに直観的キネシオロジーを使うこともできます。方法は次のとおりです。

浄化の位置、増大の位置

振り子やLロッドを使ってネガティブなエネルギーを浄化する第1段階は、それぞれの道具で〝浄化の位置〟と〝増大の位置〟を見つけることです。振り子を揺らすか、Lロッドを用意の位置に持ちます（ここでは2本のLロッドを一緒に使うことはできません）。ハイアー・セルフにこう語りかけてください。〝この道具の〈浄化の位置〉を教えてください〟振り子かLロッドの上部の線がたぶん逆時計回りに動くでしょう。それから用意の位置に戻って今度はこう言います。〝この道具の〈増大の位置〉を教えてください〟普通は振り子もLロッドも時計回りに動きます。動きがこのとおりでなくてもかまいません。

エネルギー・フィールドの浄化と強化

オーラ、エネルギー・フィールド、家、敷地、場所、地域、そのほかどんな対象でもかまいませんが、ネガティブなエネルギーの浄化は次の方法でおこないます。振り子かLロッドを用意の位置にします。〝このハイアー・セルフにこう尋ねてください。（地域、敷地、人など）のためになるように治してくださいますか？〟ハイの反応が返ってきたら、道具を用意の位置に戻してこう言います。〝どうかこの（地域、敷地、人など）から否定的なエネルギーを浄化してください〟すると振り子やLロッドが浄化の位置に動くでしょう。動きが止まったら浄化が完了したしるしです。

今度はハイアー・セルフに〝どうかこの（地域、敷地、人など）に（神性の光、愛、よろこび、力、恩寵、達成、神の意識など）の肯定的なエネルギーを増やしてください〟と語りかけます。今度は、振り子やLロッドが増大の位置に動くでしょう。動きが止まったら、仕事が終わったということです。

簡単な方法ですが、大きな効果を生むものです。

ジオパシック・エネルギーに対するその他の処置

家や敷地にあるジオパシック・ラインや有害な地域は昔からの方法で完全に変えることができます。この方法は、熟練のダウザーであるカリフォルニア州バーニーのカール・グレイシーやカリフォルニア州オーバーンのジョーン・マクファーレーン、アーカンソー州フェイエットヴィルのグラディス・マッコイなどによって開発されました。カールは遠隔操作で、250軒以上の家からラドン・ガスを浄化し、有毒ガスの影響に苦しんでいた人々を永久に癒したのです。彼はまた離れたところから世界中のペットを癒しています。ジョーンは、1979年以降、世界中のジオパシック地域の浄化に携わっています。現地でおこなうこともあれば離れたところからおこなうこともあります。グラディスは多数の家や会社や職場から否定的なエネルギーを浄化してきました。

これらの方法を実施するまえに、ダウジングの道具を使って、どの方法が最も効果的かハイアー・セルフに尋ねてください。また磁石やほかのアイテムをどこに、どの方向に置くか正確に教えてもらってください。癒しが終わったら、Lロッドや振り子を使って、その人や場所を調べ、有害なエネルギーが浄化されたことを確かめてください。

1. 45センチ×1・2センチの鉄筋を、ジオパシック・ラインが家や敷地に入り込む入り口になるラインの中央に垂直に埋め込みます。芝刈り機にひっかからないように、鉄筋を奥深く埋め込みましょう。

2. 青いペンキ、青いガラス、青い測量用の板石、青いビニールテープなどをジオパシック地域の入り口の点に置きます。ベッドのボックス・スプリングを青いビニールテープで囲みます。エンジンと運転席を分けるために、車のボンネットの裏に、青いテープで境界線を引くのもいいでしょう。青は陰ですべての有害な放射は陽なので、青い色にはジオパシック・エネルギーを屈折させる効果があります。

3. 電柱の根もと、銅のアース線の後ろに低ガウスの磁石を置きます。電力線の両端や、電力線からの有害なエネルギーを効果的に遮断できる場所に低ガウスの磁石を置いてください。

4. 有害なエネルギーの入り口の点にオメガ(Ω)型に曲げた銅線を置きます。曲線のほうを家に向け、開いているほうを家から遠い側に向けます。

5. 直径1・6～2ミリの絶縁、または裸の家庭用銅線をベッドのボックス・スプリングの下の縁や部屋の壁に沿って、あるいは家の外に張りめぐらし、有害なエネルギーの入り口の点を遮断します。銅線の両端をつないではいけません。最低15センチは開けてください。ぶらぶらしている端は、棒か板にステープラー(U字型の金具)またはテープで留め、互いに向き合うようにします。

6. 敷地の地図上、有害ラインが敷地に入ってくる場所をステープラーで留めます。または地図上の入り口の点に小さな磁石を置きます。あるいは入り口の点で有害ラインを〝つかまえ〟るように、3つの入れ子になったオメガ型を青いサインペンで描きます。〝癒された〟地図はファイルして、処分してはいけません。根拠のない話だと思われるのは承知していますが、驚くことに効果があるのです。

7. 有害なエネルギーを浄化したら、片手で振り子を持ち用意の位置で揺らして、もう片方の手は蛇口にかけます。ハイアー・セルフにあなたのエネルギー・フィールドにあるあらゆる有害な放射の解毒をしてくれるよう頼みましょう。振り子はそのエネルギーが取り払われるまで、浄化の位置で動いているでしょう。水道管がプラスチック製のときは、これをおこなうときに、水を流しながらやりましょう。

エネルギーの驚くべき発見

ジョージア州オーガスタに住むスピリチュアルなダウザー、ジョーイ・コーンと彼の共同研究者であるジム・ウォレス博士は、最近驚くべき発見をしました。

オーラ研究者のほとんどは人間の周囲のオーラ・フィールドは球体または卵型のエネルギーの帯から成っていると信じています。この仮定は透視能力者が人の周囲に層になっているコロナを見ることから導き出されています。またダウジングの道具でどの方向から計測しても、人間、植物、人の周囲に層になっているエネルギーの帯があるように反応が見られます。こうした帯は同心円または輪状に形成されていると考えられてきました。しかしジョーイの研究結果は、この仮説と一致していません。

Lロッドを使って慎重にエネルギー・レイやパワー・スポット、木、植物、人間を計測した結果、ジョーイとジムは今まで発見されていなかった、宇宙のエネルギーの誰も見たことのないパターンに気づいたのです。

エネルギー・レイとは、地上にまっすぐ走っているエネルギーの線と定義されます。この交差点がパワー・スポットと呼ばれるエネルギー・フィールドをつくりだします。エネルギー・レイの交差点は、ストーンヘンジや大ピラミッドなど聖地に共通して見られます。人間のエネルギー・フィールドはパワー・スポットの近くに行くと強化され拡大します。

ジョーイとジムが細心の注意を払ってパワー・スポットのエネルギー・フィールドに見られる帯を測量し、しるしをつけていったところ、同心円になると予想していたのに、同心円や長円の代わりに相互関係のあるふたつの渦が見つかったのです。ジョーイとジムは、植物、木、動物、人間の周囲のエネルギー・フィールドも螺旋形の渦を形成していることを発見しました。

これは哲学者、科学者、建築家、音楽家、画家、文筆家、ヴァージニア州ウェインズボロの科学哲学大学の共同創立者であるウォルター・ラッセル（1861―1963）の発見を追認することになりました。ラッセルはあらゆるエネルギーは渦になって動いていて、ポジティブ／男性的とネガティブ／女性的な螺旋状のエネルギーの帯を形成していると教えていたのです。自然の渦はすべて中心に向かって渦を描くポジティブ／男性的な帯によってエネルギーを満たし、中心から遠ざかる方向に渦を描くネガティブ／女性的な帯によってエネルギーを放出しています。この2方向の動きは、トイレの水を流すときや排水のときにできる渦の一部でもあります。

エネルギーの渦巻き、349頁の図16ｅ（ウィル・ファーノーによるイラスト）を見てください。求心的なポジティブな帯と、遠心的なネガティブな帯でできた渦です。

今度は自分で実験してみましょう。Lロッドを持ち、木または植物に近づきながら語りかけます。

〝どうかわたしにこの（植物、木）のエネルギー・フィールドのなかの、エネルギーの帯を見せてください〟Lロッドが発見の位置に動きはじめたら、その場所の地面にしるしをつけます。それから少し右へ移動して同じエネルギーの帯をもう一度計測します。またしるしをつけましょう。最初につけたマーク2、3個は隠して、以前のマークがダウジングの反応に影響を与えないようにします。右へ移動を続け、それぞれの反応をしるしでつけます。最初のマークのあたりに戻ってきたところで、カバーをはずします。最後のマークは最初のマークと一致していますか。それとも内側あるいは外側にずれていますか？　最初と最後の点が一致していないのであれば、帯は渦をつくっていることになり、帯を続けて計測していけば、それがわかるでしょう。もしも点が一致していれば、それは円を形成しているということです。

生命の木のパターン

ジョーイ・コーンはダウジング用のLロッドを使

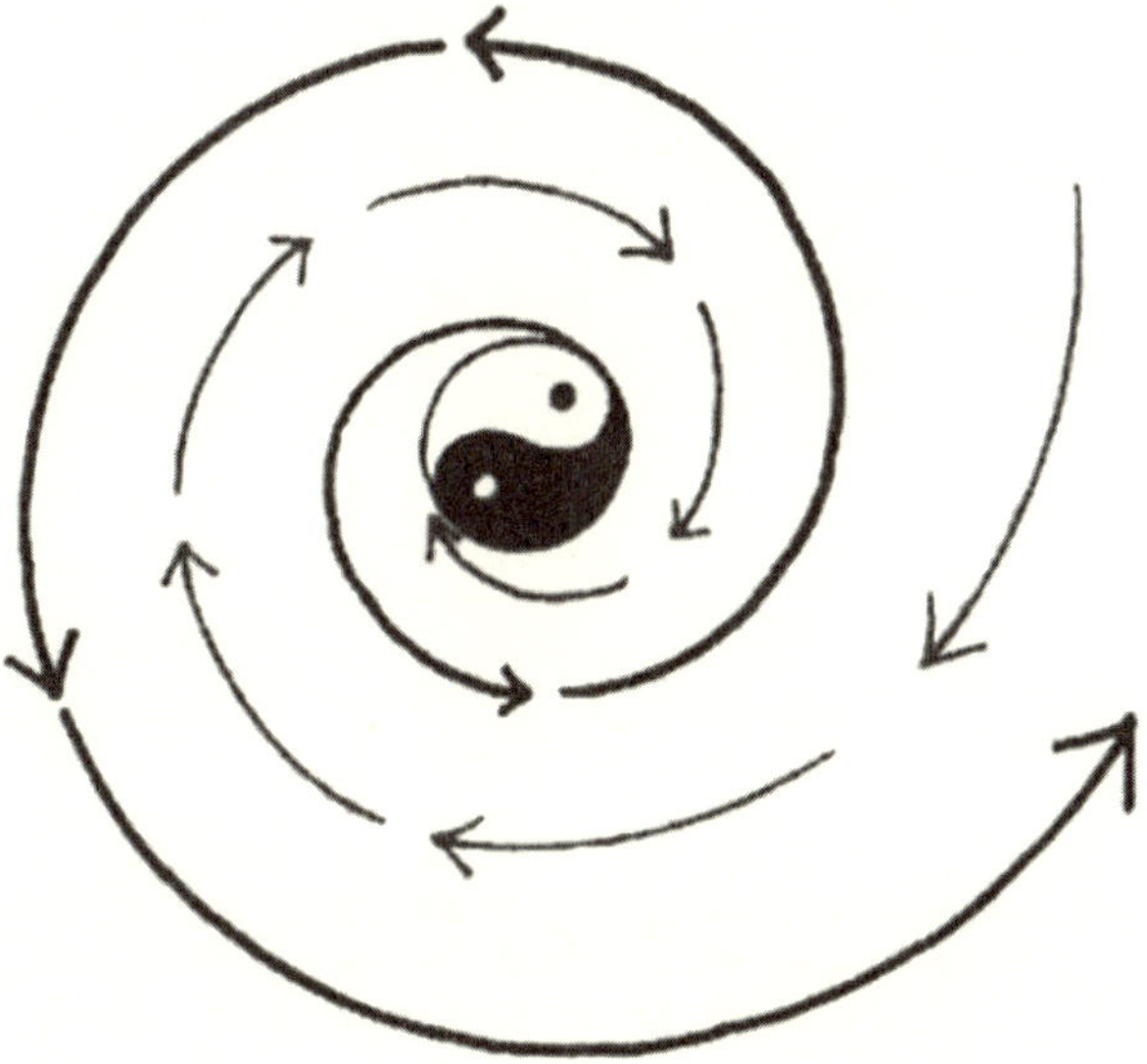

エネルギーの渦巻き（図16 e）

あらゆるエネルギーは渦になって動いている。自然の渦はすべて中心に向かって渦を描くポジティブと、中心から遠ざかる方向に渦を描くネガティブの、螺旋状のエネルギーの帯を形成している。

ってもうひとつ驚くべき現象を発見しました。カバラの生命の木と同じ形の格子状のパターンが誰のベッドの上にも見られるというのです。ジョーイはこのエネルギーの図を〝人間のエネルギー・パターン〟と呼んでいます。それは人が行くところならどこへでもついてまわり、たとえばベッドのように横たわったところへ人型を刻みつけます。ジョーイはこれを〝ベッド・パターン〟と名づけました。

古くから伝わるカバラの教えによれば、生命の木は創造の最初の行為だそうです。神は宇宙のすべてのものを、この青写真に沿ってつくりました。ジョーイは、ベッド・パターン（人間のエネルギー・パターン）は、生命の木が人間の魂のレベルにあらわれたものだと考えています。また、ジョーイはこのパターンは周囲にネットワークとして拡大していて、その範囲は宇宙全体まで広がる可能性があると気づきました。このネットワークの形成は351頁の図16fに見ることができます。ジョーイはこれを〝拡大版人間のエネルギー・マトリックス〟と呼んでいます。

図16fと図16g（キャロリン・フェリスによるイラスト）は、ベッド・パターンと生命の木の比較をあらわしたものです。黒い長方形はベッドを示しています。ベッド・パターンは7本の互いに交差するエネルギー・ライン（エネルギーの通路）でできています。生命のバランスが悪いと、ベッド・パターン（人間のエネルギー・パターン）にバランスの崩れとなってあらわれます。バランスの崩れはダウジングをすると有害または有毒なエネルギー・ラインとして感知されます。バランスのとれたエネルギーはよいエネルギー・ラインとして感知されます。ベッド・パターンは人間のエネルギー・パターンを反映したものですから、自分のベッドの周囲をLロッドや振り子を持って歩き〝どうぞわたしのベッド・パターンに有害なエネルギー・ラインがあれば教えてください〟と語りかけることによって、自分のパターンの崩れをチェックできます。

ほとんど全員のパターンになんらかの崩れが見られるものです。これは人生上の課題への反応によってエネルギー・パターンの通路が曇るからです。自分のパターンの崩れを見つけたら、祈りを通してエネルギー・ラインをよいものに、調和のとれたよい

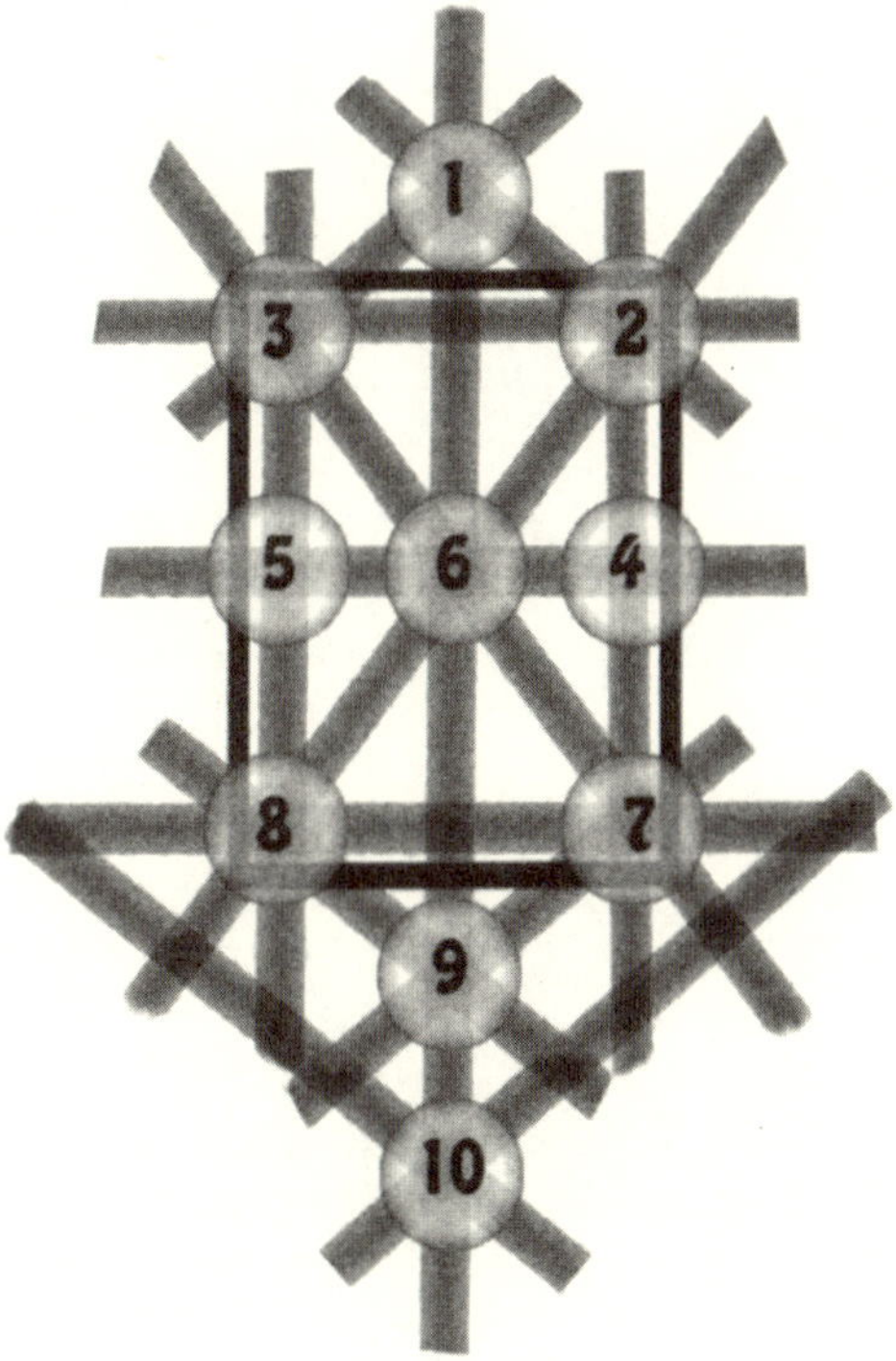

人間のエネルギー・パターン（図16f）

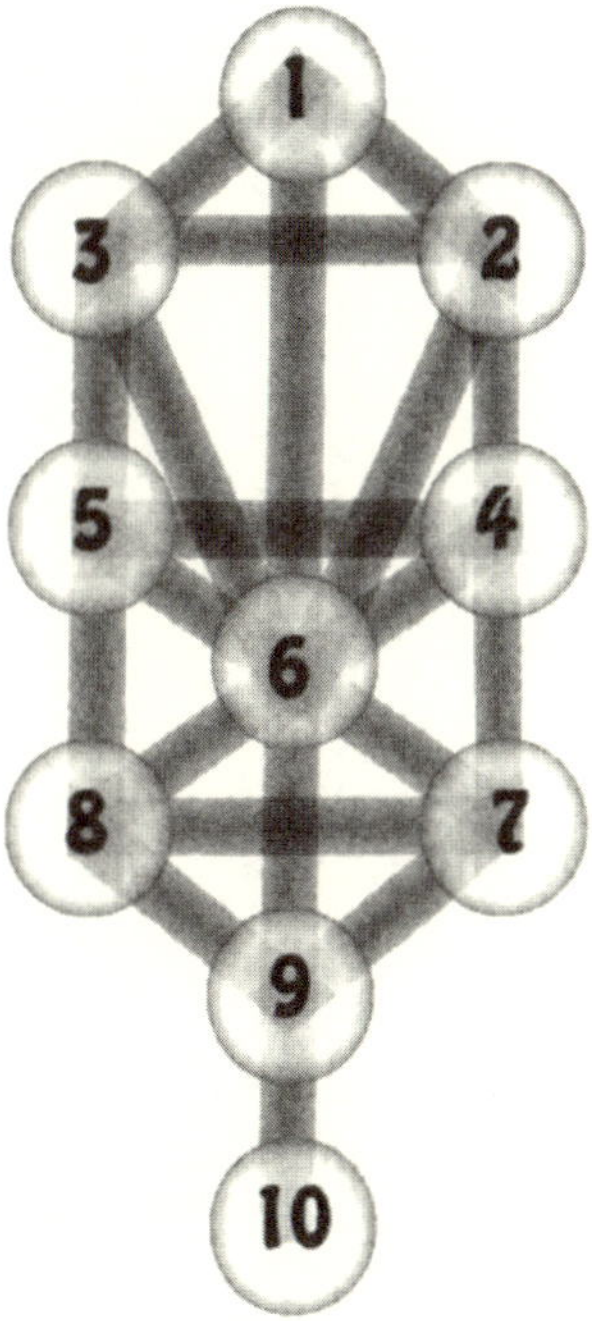

生命の木（図16g）

カバラの生命の木と同じ形状のパターンが誰のベッドの上にも見られるという。このエネルギーの図を“人間のエネルギー・パターン”“ベッド・パターン”と呼ぶ。このパターンは、生命の木が人間の魂のレベルに現れたもので、周囲にネットワークとして拡大していて、その範囲は宇宙全体まで広がる可能性がある。黒線で結んだ長方形がベッドをあらわしている。ベッド・パターンは７本の互いに交差するエネルギー・ラインでできていて、生命のバランスが悪いと、ベッド・パターンにバランスの崩れとなって表れる。

ものへと変容させることができます。エネルギー・パターンの調和をとると、問題を解決し、そのバランスの崩れに関連した状態を癒すのに役立ちます。

ベッド・パターンと人間のエネルギー・パターンを調和のとれた状態に保つためのジョーイの祈りをご紹介しましょう。文章を調節して、一緒に寝ている人を含めたものにしてもいいでしょう。ベッドに向かってこの祈りを唱えましょう。

神さま
それが神さまのお望みならば
よいエネルギーを増やし強めるために
自然の力を集めてください
そしてわたし（わたしたち）のなかや
わたし（わたしたち）の周囲
特にこのベッド周辺に
悪いエネルギーがあればバランスをとってください
わたし（わたしたち）が
肉体的、感情的、精神的、そして霊的に完全な存在
になるように
癒し、バランスをとってください
とくにベッド・パターンと
人間のエネルギー・パターンに働きかけて
わたし（わたしたち）のパターンに見られるバランスの崩れに関連した
問題を解決するのを手伝ってください
今とそれから未来にかけても
それが適当なものであるかぎり
アーメン

ジョーイ・コーンの仕事についてもっと知りたい方は、彼の著書“Dowsing: A Path to Enlightenment and The Secret of the Tree of Life”をwww.dowsers.com.で入手するとよいでしょう。彼のメールアドレスは、Joey@dowsers.com.です。

あなたは、〈気〉の目に見えない、素晴らしい世界に包まれ満たされています。この章で学んだ道具を使って、この魅惑的な世界を探求し、目にし、役立ててください。

次の最終章では、特にオーラを向上させ広げる目

的で開発された、深遠で、元気が出て、スピリチュアルに向上する瞑想法を実践しましょう。

第17章

深い瞑想を利用する

エネルギー・フィールドを変容させる方法

エネルギー・フィールドを向上させるには、瞑想の訓練も必要です。瞑想は、オーラの霊気を高めるもっとも効果的な方法です。

エネルギー・フィールドを高める瞑想をしましょう！

〝暗闇に光を侵入させよ。やがて暗闇が輝き、もはやふたつの区別がつかなくなるまで〟

――ヘブライ語のことわざ

瞑想の実践は、オーラ・フィールドの波動の周波数を増大させる非常に効果の高い方法です。それゆえにあなたの人生まで変えてしまいます。本章では、エネルギー・フィールドをきれいにし、癒し、さらに純粋にして強める素晴らしい瞑想法を実践しましょう。これはこの章にある指示に従っておこなう深い誘導瞑想です。

この瞑想を声に出してゆっくりと読みながら、カセットテープやCDに録音することをおすすめします。そうすれば、自分の声で深い瞑想に入ることができます。あるいはwww.divinerevelation.orgで瞑想案内のCDを注文することもできます。

瞑想は椅子やソファ、ベッドなど気持ちよくすわれる場所ならどこででもできます。この瞑想について最も重要なのは、

1. らくにする
2. 緊張したり、瞑想状態になる努力をしたりしない
3. 気持ちを解き放ち、指示に従う以外はなにもしない

色を呼吸するときには、それぞれの色が頭上の神の光から下へ流れてきて、完全に自分のエネルギー・フィールドを満たしているようすを想像します。そのほか瞑想についての詳細はわたしの著書“Exploring Meditation”と“Divine Revelation”を参照してください。

オーラの瞑想

光あれ。愛にあふれ、力にあふれ、癒してくれる聖霊の神の白い火よ、わたしと、わたしに関わる人々の至高善のために、この癒しのオーラの瞑想のあいだ、ずっといてください。

光あれ。愛にあふれ、力にあふれ、癒してくれ

るイエス・キリストの保護の光、神の黄金色の領域よ、わたしと、わたしに関わる人々の至高善のために、この癒しのオーラの瞑想のあいだ、ずっといてください。

　光あれ。愛にあふれ、力にあふれ、癒してくれる大天使ミカエルの真実の剣、神の加護の青い炎よ、わたしと、わたしに関わる人々の至高善のために、この癒しのオーラの瞑想のあいだ、ずっといてください。

　光あれ。愛にあふれ、力にあふれ、癒してくれる聖母マリアのやわらかな光、神のピンクの優しい光よ、わたしと、わたしに関わる人々の至高善のために、この癒しのオーラの瞑想のあいだ、ずっといてください。

　光あれ。愛にあふれ、力にあふれ、癒してくれるサンジェルマンの紫色の浄化の炎、わたしと、わたしに関わる人々の至高善のために、この癒しのオーラのあいだ、ずっといてください。

　光あれ。愛にあふれ、力にあふれ、癒してくれる、マハヴァタール・ババジの透明な悟りの光、わたしと、わたしに関わる人々の至高善のために、この癒しのオーラの瞑想のあいだ、ずっといてください。

　天使たちよ、いらしてください。天使と7光線の大天使、そしてわたしの波動を神の愛と真実の光へと高く運んでくれる美しいたくさんの存在すべてよ。

　神の光がわたしを囲っています。神の愛がわたしを包んでいます。神の力がわたしを守っています。神の存在がわたしを見守っています。わたしがどこにいようとも、神はいて、なにもかもがうまくいきます。

　今、わたしは深呼吸をして自分のなかへ深く入っていきます。

　今、今日の気がかりや心配ごとをすべて解き放ちます。身体が深くリラックスした状態へと落ち着いていきます。今、緑色をした光を呼吸していきます。この光がわたしの身体全体を満たし、わたしはすべての緊張を解き放ち……目から緊張を解き放ち……眉から……眉間《みけん》から……こめかみから……顎から……首から……そして肩から。

　青い光を深呼吸し、もっと深く入っていきます。

両肩を落として解き放ちます。背中を……背中の上部を……腰を……胸を……そして胃を。胃の力を抜いて、胸が完全に下がるままにします。両腕を解き放ち、力を抜きます。両手を……両脚を……両足を……そして身体全体を。

紫色の光を深呼吸してリラックスします。身体全体から力を抜いて、深くリラックスした状態へと入っていきます。

穏やかに、穏やかに、動かずに。じっとして、落ち着いた気持ちでいます。

今度は肉体から、わたしの身体を包む高次体へと意識が広がっていきます。今、この肉体を包み満たしている生気鞘の存在を意識しています。今、プラーナの生命力にあふれた赤い光を呼吸して、生気鞘へ取り込んでいます。この輝く光の生気鞘はプラーナのエネルギーで満たされていて、わたしのナディとチャクラを勢いよく流れ、あらゆる神経と細胞に生命エネルギーをもたらしてくれます。

深呼吸をして、さらに深く入っていきます。

今、わたしは意志鞘・感情体が生気鞘を満たし、包んでいるのを意識しています。色とりどりの光でできたこの意志鞘は、わたしがやわらかいオレンジ色の光を取り込むと、内面の穏やかさと静寂のなかに落ち着いていきます。さざなみひとつない静かな池のように、心が穏やかで、動かず、澄みわたっている状態になります。わたしの心は、完全な平和のなかにあり、静かで、動かず、輝いていて、くつろいでいます。

深呼吸をして、さらに深く入っていきます。

今度は理智鞘を意識しています。優しい黄色の光を呼吸して、この理智鞘に取り込むと、わたしを神の愛の神性の光から隔てていた、自我のバリアを通り抜けられるようになります。

深呼吸をして、さらにさらに深く入っていきます。

今度は、見せかけのファサード・ボディ、わたしの真実の存在であるわたし自身のハイアー・セルフからわたしを隔てているベールを通り抜けます。今、わたしを縛りつけていた、幻想の壁を壊します。

深呼吸をして、さらに深く入っていき、聖霊へと続く門を通り抜けます。もう一度深呼吸をして、完全に自分を解き放ちます。

今度は歓喜鞘を意識します。そこでわたしはエーテル体の自分の魂、わたしの不死の神性の魂に出会います。魂は、色とりどりの輝く光で震えています。神の愛に包まれ常に若々しく、活気があります。今、エネルギー・フィールドを通して虹色の神性の光を呼吸し、その光を取り込みます。

わたしは今、救世主体の祝福を受けるために自らを開き、輝く黄金色の光に満たされます。この体はわたしの肉体を囲み、満たし、あるいはわたしの頭上を漂っています。この純粋で、きらめき輝く黄金色の光をエネルギー・フィールドに取り込みます。

今度は個人我体を意識しています。輝き光る美しい銀色の光で満たされています。この体はわたしの肉体を取り巻き、その輝きで肉体を満たします。澄みきって輝く銀色の光を今、エネルギー・フィールドに取り込みます。

今度は混じりけのない白い光の神性体へ自分を開きます。わたしは心を神の愛へと向け、神の輝きがわたしという存在に注ぎ込まれるのを感じます。わたしが顔を神に向けると、神の愛の神々しい光がわたしという存在に注ぎ込まれます。神の愛の流れがわたしの周囲で震え、輝きます。わたしは神の美しい愛の光に満たされます。神の光がわたしのエネルギー・フィールドを美と恩寵で満たすのです。わたしは神の愛の神性の光に身をゆだね、神の輝きの至福を浴びます。混じりけのない白い光を呼吸し、わたしのエネルギー・フィールド全体に取り込みます。わたしはこの愛にあふれた神の存在と統合されます。

わたしは神がそうであるところの愛です。わたしは神がそうであるところの光です。わたしは神がそうであるところの力です。わたしは神がそうであるところの強さです。わたしは神がそうであるところの至福です。

深呼吸をして、さらに深く入っていきます。

わたしのエネルギー体は、今広がって宇宙全体を包むようになり、わたしは宇宙体を意識しています。この体は大きく、膨大で、深遠です。創造された世界全体にわたって波動を発し、銀河の光、神性の輝き、宇宙の至福で照らします。わたしの体は、宇宙の生命で満たされ、あらゆる星、銀河、天の川がわたしの体を駆けめぐります。わたしは宇宙の生命の息を呼吸し、わたしという存在に取り込みます。

わたしは宇宙体の境界のさらに向こうへと広がっていきます。わたしは今、完全体を体験しています。名前もなく、形もなく、完全で、限界がなく、境界がなく、あらゆる相対的状況を超えています。まったき静寂、深い不変の平和、全能で全知の永遠の生命。わたしは透明な悟りの光を今、わたしという存在に取り込みます。

わたしは二重の性境界を超えています。わたしは一体となっています。わたしは全体です。わたしは完全な存在です。わたしは今、あらゆる場所において完全です。わたしはそれです。御身はそれです。このすべてはそれです。それだけが存在するのです。

深呼吸をして、一体性と完全に融け合い、まったき静寂のなかにしばらくすわっています。

この瞑想と、わたしの受けた深遠なる経験に対して神さまに感謝します。この瞑想からゆっくりと、ロウソクを吹き消すようなつもりで、深く勢いのある呼吸をして、目覚めていきます。ゆっくりと自分自身の個人性を意識しはじめながら、わたしはロウソクを何本か〝吹き消し〟ます。身体のなかの感覚に気づいたら、さらに何本かロウソクを吹き消します。伸びをして身体の動きを感じたら、さらに何本かロウソクを吹き消します。周囲を意識し、わたしのまわりの空気や音に気づいたら、さらに何本かロウソクを吹き消します。戻ってきたと感じたら、ゆっくりと目をあけます。

今、はっきりとした声で、こう言います。

〝わたしは目覚めています。わたしはとてもよく目覚めています。わたしは気づいています。わたしはとてもよく気づいています。わたしは内面も外面も調和がとれています。わたしは自分がよくわかっています。わたしは、わたしの人生の唯一の権威です。わたしはわたしという存在の光によって神に守られています。わたしは自分の中の神以外のすべてに対して自分のオーラを、光の体を閉じます。神さまに感謝を。心からの感謝を〟

終わりに

〝あなたのオーラ・フィールドは神の光、愛、力、輝き、そしてエネルギーの素晴らしい場所です。この多次元にわたる神の色とりどりの光にあふれた不思議な場所を毎日訪れ、楽しく探検してください。本書で紹介されたオーラ・フィールドを変容する、浄化する、豊かにする、強化する、拡張する、増大するさまざまな方法を利用しましょう。自分が本当はどれほどまばゆく、力にあふれた、神聖な光の存在であるかを知ったとき、あなたの人生は奇跡に満たされます。愛しい輝く光よ、あなたの道のりには、わたしの祝福があります。まっすぐに進み、生命の光を、神のエネルギーの光を輝かせてください。あなたの光で皆を祝福してください。心安らかでありますように〟――聖霊より

カバー写真提供（オーラ写真）
有限会社　オーラジャパン
オーラビジョンカメラ日本総販売本部（PROGEN 日本支社）オーラ機器の販売。
オーラ写真の撮影とカウンセリング、カラースクール（全予約制）もおこなっています。
ご希望の方は、下記にご連絡ください。
東京都渋谷区神宮前 4 -17- 3　アークアトリウム ＃202
TEL&FAX : 03-3401-2013
http://www.aurajapan.com/　　　e-mail：aurajapan@aol.com

著者 = 名誉神学博士　スーザン・シュムスキー　Susan G Shumsky

サンディエゴ、直観的形而上学教習所（ピーター・メイヤー博士創設）神学博士。
何十年にもわたり、瞑想、自己開発の訓練、勉強、実践を重ね専門知識を深めてきた。神の存在と接触し、内なる声に耳を傾ける完全テクニックを教える“Divine Revelation（神の啓示の意）”を創設、多くの生徒に実際の効果があらわれている。現在、モーターホームに住み、世界中でワークショップやセミナーを開催すると同時に、個人的なスピリチュアルなコーチ、カウンセラー、ヒーラーとして活躍しているほか、ビデオやオーディオ・プログラムも発表している。また、メディアに登場したり、瞑想をおこなったり、世界中の聖地を訪れたりもしている。著書の“Divine Revelation”は8版を重ね海外数カ国でも出版され、ほかに“Exploring Meditation”“Exploring Chakras”もある。
さらに詳しく知りたい方は
divinerev@aol.com. にメールでお問い合わせいただくか
www.divinerevelation.org のサイトをご覧ください。

訳者 = 小林淳子

翻訳家。東京生まれ。主な訳書に『宇宙旅行ハンドブック』（文藝春秋）『ドッグトレーニング』『犬と話そう』『ドッグトリック』（以上ペットライフ社）『ハンス・クリスチャン・アンデルセン——哀しき道化』（共訳：愛育社）『シンプリー・パーム』（ソフトバンク・パブリッシング）『顔の若さを保つ』（産調出版）『北欧労働市場のジェンダー平等と職業分離』（共訳：女性労働協会）など。
R.I.C.Publications Asia (www.ricpublications.com)

EXPLORING AURAS

Original English language edition published by Career Press, Inc.
3 Tice Rd., PO BOX 687, Franklin Lakes, NJ 07417 USA.

Japanese translation rights arranged with Career Press through Japan UNI Agency, Inc.

［魂の保護バリア］オーラ・ヒーリング

第1刷　2006年10月31日
第4刷　2009年6月30日

著　者　スーザン・シュムスキー
訳　者　小林淳子（R. I. C. Publications）
発行者　岩渕　徹
発行所　株式会社徳間書店
〒105-8055　東京都港区芝大門2-2-1
電話　編集（03）5403－4344　販売（048）451－5960
振替00140-0-44392
編集担当　石井健資
印　　刷　本郷印刷（株）
カバー印刷　真生印刷（株）
製　　本　（株）宮本製本所

ISBN978-4-19-862245-9